Wolfgang Eiden

Präzise Unschärfe

Informationsmodellierung durch Fuzzy-Mengen

Mit 130 Abbildungen

Wolfgang Eiden

PRÄZISE UNSCHÄRFE

Informationsmodellierung durch Fuzzy-Mengen

ibidem-Verlag
Stuttgart

Bibliografische Information Der Deutschen Bibliothek

Die Deutsche Bibliothek verzeichnet diese Publikation in der Deutschen Nationalbibliografie; detaillierte bibliografische Daten sind im Internet über <http://dnb.ddb.de> abrufbar.

∞

Gedruckt auf alterungsbeständigem, säurefreien Papier
Printed on acid-free paper

ISBN: 3-89821-230-0

Printed in Germany

Vorwort

In life it is never a mathematical proposition which we need, but we use mathematical propositions only in order to infer from propositions which do not belong to mathematics to others which equally do not belong to mathematics.

LUDWIG WITTGENSTEIN (1889-1951),
TRACTATUS LOGIO-PHILOSOPHICUS (1922)

Sprachen, egal ob in verbaler oder in schriftlicher Form, ermöglichen uns Informationen darzustellen und zu vermitteln. Da sich speziell die natürlichen Sprachen durch den fortwährenden Prozess ihrer Entwicklung an unsere spezifischen Bedürfnisse angepasst haben, sind sie als alltägliches Kommunikationsmittel zweifellos für die rasche Informationsvermittlung und -aufnahme geeignet, obwohl sie sich unscharfer Konzepte und Mechanismen bedienen. Man denke beispielsweise an Ausdrücke wie „niedriger Grundstückspreis“ oder „sehr kalt“, die uns sehr deutlich sowohl die Vagheit und Ungenauigkeit menschlicher Urteile als auch die Mehrdeutigkeit und Kontextsensivität der natürlichen Sprachen vor Augen führen. So differieren beispielsweise die „niedrigen Grundstückspreise“ in der Stadt oder auf dem Land trotz gleicher sprachlicher Bezeichnung in ihrer numerischen Ausprägung ganz erheblich.

Die sachgerechte Verarbeitung von ungenauen und unscharfen Informationen ist für unser menschliches Gehirn im Gegensatz zur, weitgehend auf der klassischen Mengenlehre basierenden, Mathematik unproblematisch. Dabei war es jedoch gerade die klassische Mengenlehre, die nahezu alle Gebiete der Mathematik entscheidend vorangebracht bzw. überhaupt erst ermöglicht hatte und somit zu einem unverzichtbaren Handwerkszeug der Mathematik und deren Anwendungen geworden ist. Daher erscheint es nur sinnvoll, auf dem Fundament der klassischen Mengenlehre aufzusetzen und durch eine geschickte Erweiterung die Darstellung und Verarbeitung von unscharfen Informationen zu ermöglichen. Diesen Ansatz verfolgte auch

Lotfi Asker Zadeh, als er 1965 das grundlegende Konzept der heutigen Fuzzy-Mengentheorie vorstellte [30].

Der primäre Kerngedanke dieser Theorie besteht zweckmäßigerweise darin, ein mathematisch-logisches Konzept zur formalen Repräsentation von linguistischen Komponenten zur Verfügung zu stellen, bei der eine weitgehend verlustfreie Abbildung der Spezifika natürlicher Sprache stattfindet. Da das Potential zur Berücksichtigung von inhärenten Unschärfen somit eine Grundanforderung an ein formales Konzept zur Abbildung linguistischer Elemente darstellt (vgl. [3]), stieß die Theorie der Fuzzy-Mengen in den ersten 25 Jahren ihrer Existenz gerade im Abendland auf wenig Resonanz - wurde sogar als Provokation verstanden. Zwar entstanden auch in diesen Jahren viele darauf aufbauende Arbeiten, doch erst seit den neunziger Jahren des 20. Jahrhunderts fand sie verstärktes Interesse in Europa und Amerika, nachdem die japanische Industrie das Potential dieser Theorie durch erste kommerzielle Produkte unter Beweis stellte. Mittlerweile haben sich die Fuzzy-Mengenlehre und die darauf basierenden Theorien und Anwendungen in interdiziplinärer Art und Weise zu einem hochaktuellen Forschungssektor in vielen verschiedenen Wissenschaftsdisziplinen entwickelt.

Frankfurt am Main, den 20. Oktober 2002 Wolfgang Eiden

Inhaltsverzeichnis

Verzeichnis der Definitionen, Sätze und Beispiele

Abbildungsverzeichnis

Tabellenverzeichnis

Überblick

What is it indeed that gives us the feeling of elegance in a solution, in a demonstration? It is the harmony of the diverse parts, their symmetry, their happy balance; in a word it is all that introduces order, all that gives unity, that permits us to see clearly and to comprehend at once both the ensemble and the details.

POINCARÉ, JULES HENRI (1854-1912)

Dieses Buch gibt in sechs Kapiteln einen fundierten Einstieg in praktische und theoretische Aspekte der Fuzzy-Mengenlehre. Es beginnt im ersten Kapitel mit der Motivation und den elementaren Grundlagen von Fuzzy-Mengen. Da Fuzzy-Mengen durch *Zugehörigkeitsfunktionen* charakterisiert sind, richten wir hierbei unser Hauptaugenmerk auf diejenigen Zugehörigkeitsfunktionen, welche sich besonders in praktischen Anwendungen etabliert haben, wie beispielsweise trianguläre, trapezförmige, sigmoide und darauf basierende Funktionen. Über diese parametrisierten Zugehörigkeitsfunktionen hinaus werden wir in Hinblick auf technische Anwendungen auch nicht parametrisierte Zugehörigkeitsfunktionen von diskret gegebenen Fuzzy-Mengen kennenlernen. Neben den sogenannten generellen Fuzzy-Mengen stellen wir hierbei Spline-interpolierte Fuzzy-Mengen vor, die sich speziell für die Modellierung und Steuerung von dynamischen Systemen eignen.

Da es in der Praxis zu einem konkreten Modellierungsproblem oftmals eine Vielzahl von möglichen Modellierungen in Form von unterschiedlichen Fuzzy-Mengen gibt, wird im zweiten Kapitel die Frage behandelt, inwieweit verschiedene Modellierungen „ähnlich" zueinander sind. Die Beantwortung dieser Frage setzt voraus, dass wir konkret gegebene Fuzzy-Mengen miteinander vergleichen und deren spezifische Charakteristika herausstellen können. Die Grundidee besteht hierbei darin, wesentliche Kenngrößen über eindeutig ableitbare Crisp-Mengen zu definieren. Dass dies auch sinnvoll ist, wird der Zerlegungssatz zeigen, mit dem es möglich ist, beliebige Fuzzy-Mengen eineindeutig in Familien von Crisp-Mengen zu zerlegen. Ausgehend davon werden wir dann einen Ähnlichkeitsbegriff (sowohl in einer abgeschwächten als auch in einer stärkeren Form) entwickeln. Darauf aufbauend werden wir dann verdeutlichen, dass es sogar im Sinne der beiden Ähnlichkeitsbegriffe dem Entscheidungsträger überlassen ist, ob er im konkreten Anwendungsfall zur Modellierung nun generelle Fuzzy-Mengen wählt oder Fuzzy-Mengen auf Basis der Standard-Zugehörigkeitsfunktionen zweiten Grades. Auf Grundlage dieses Instrumentariums sind wir darüber hinaus in der Lage, fuzzy-ähnliche Modellierungen zu erkennen und somit besser geeignete aufgabenspezifische Modellierungen zu finden.

Im Anschluß werden wir uns im dritten Kapitel zur adäquaten Modellierung von Informationen linguistischer Art zunächst den sogenannten linguistischen Variablen widmen. Mit Hilfe dieser Variablen können Eigenschaften, Prozesse und Phänomene approximativ charakterisiert werden, die entweder zu komplex, zu schlecht strukturiert oder einfach nur schwer zu erfassen sind und damit einer Beschreibung durch konventionelle quantitative Methoden nicht zugänglich sind. Um nun auch die in der Alltagssprache ständig verwendeten linguistischen Modifikationen (wie beispielsweise „sehr" und „ziemlich") zu erfassen, werden wir uns dann überlegen, wie wir diese mathematisch nachbilden können.

Damit wir unscharfe Informationen miteinander in Bezug setzen und neue Informationen generieren können, benötigen wir für Fuzzy-Mengen noch geeignete Operationen und Verknüpfungen wie das Komplement, die Vereinigung und den Durchschnitt. Wir werden uns hierbei aber im vierten Kapitel nicht nur auf die jeweiligen zugrundeliegenden Standard-Operationen beschränken, sondern in einem übergeordneten Kontext auch allgemeine Negationen, T- und S-Normen betrachten. Da es zu jeder klassischen Menge eine natürliche Fuzzy-

Darstellung gibt, werden die Operatoren zur Sicherung der Verträglichkeit hierbei so gewählt, dass bei Fuzzy-Darstellungen klassischer Mengen die induzierten Fuzzy-Operationen mit den klassischen Operationen übereinstimmen.

Da das menschliche Abwägungsverhalten und die Kompromissfähigkeit oftmals wesentliche Entscheidungsfaktoren darstellen - es also unter Umständen nicht wichtig ist, dass jede Eigenschaft in vollem Maße erfüllt ist, sondern dass der „Gesamteindruck“ ungefähr stimmt - werden wir uns im fünften Kapitel überlegen, wie wir dies mathematisch modellieren können. Dort werden wir u.a. die sogenannten mittelnden Operatoren kennenlernen, die sich speziell hierfür in besonderem Maße eignen.

Im sechsten Kapitel betrachten wir dann die Theorie der Fuzzy-Mengen von einem übergeordneten Standpunkt aus und zeigen anhand zweier Beispiele einen Teil der Anwendungsmöglichkeiten dieser grundlegenden Theorie.

Zur Vertiefung finden sich am jeweiligen Ende der ersten fünf Kapitel Übungsaufgaben, deren Lösungen im Anhang angesiedelt sind.

Kapitel 1

Fuzzy-Mengen und Zugehörigkeitsfunktionen

Natura non facit saltum (Die Natur macht keine Sprünge).

CARL VON LINNÉS (1707-1778)
PHILOSOPHIA BOTANICA (1751)

1.1 Einführung

Die klassische Mengenlehre nach GEORG CANTOR basiert axiomatisch insbesondere auf dem Prinzip des *tertium non datur*, nach dem ein Element eindeutig entweder zu einer gegebenen Menge gehört oder nicht. Getreu diesem Prinzip liefert die charakteristische Funktion χ_M einer Menge M bei Zugehörigkeit eines Elements x zur Menge M den Wert Eins, ansonsten den Wert Null. Daher sind also eine Menge M und ihre zugehörige Komplementärmenge exakte und somit scharf voneinander abgrenzbare Mengen. Aus diesem Grunde heißen die klassischen Mengen auch scharfe Mengen (beziehungsweise Crisp-Mengen). Wie das folgende Beispiel zeigt, ist es aber nicht immer eindeutig entscheidbar, ob ein Element zu einer bestimmten Menge gehört oder nicht (vgl. [20]).

(1.1) Beispiel:

Ein spezialisierter Maschinenhersteller kann aufgrund seiner Produktionsstruktur pro Arbeitstag maximal 6 Maschinen eines bestimmten Typs herstellen.

Die Anzahl der produzierten Maschinen eines Tages - der sogenannte Tagesoutput - lässt sich hier eindeutig von der Anzahl noch produzierbarer Maschinen abgrenzen. Hierbei sind alle Elemente der Menge des möglichen Tagesoutputs

$$M := \{1, 2, 3, 4, 5, 6\} \subset \mathbb{N}$$

insofern gleichwertig, als dass alle diese Stückzahlen gleichermaßen produzierbar sind.

In Abhängigkeit vom gewählten Tagesoutput entstehen der Firma (aufgrund der jeweils unterschiedlichen Gesamtkosten für das Material und das benötigte Personal) unterschiedlich hohe Kosten, wie uns die folgende Tabelle zeigt:

Stück	1	2	3	4	5	6
Stückkosten	13000 €	12000 €	10000 €	11000 €	11200 €	12600 €

Diese Kostenaufstellung können wir bei Verwendung einer geordneten Paar-Menge auch mathematisch fassen, indem wir jeder möglichen Stückzahl die zugehörigen Stückkosten (in 1000 € ausgedrückt) zuordnen:

$$K := \{(1, 13), (2, 12), (3, 10), (4, 11), (5, 11.2), (6, 12.6)\}.$$

Beträgt der Verkaufspreis pro Stück 12500 €, so erhalten wir folgende Tagesgewinne:

Stückanzahl	1	2	3	4	5	6
Gewinn pro Stück	- 500 €	500 €	2500 €	1500 €	1300 €	- 100 €
Gesamtgewinn	- 500 €	1000 €	7500 €	6000 €	6500 €	- 600 €

> Hat die Firma das Ziel mit „minimalen Stückkosten" zu produzieren, so wird sie 3 Maschinen pro Tag herstellen. Hierbei ist die „Produktionsmenge bei minimalen Stückkosten" P eine von der Menge M eindeutig abgrenzbare Teilmenge, es gilt nämlich
>
> $$P = \{3\} \subset M.$$
>
> Verfolgt der Maschinenhersteller jedoch das Ziel „zu angemessenen Stückkosten" zu produzieren, können wir bei dieser Zielvorgabe keine eindeutige „Produktionsmenge" als Teilmenge von M abgrenzen, da neben dem Stückpreis und dem Verkaufspreis noch viele weitere Bezugsgrößen wie beispielsweise Zinslage, Höhe des gebundenen Kapitals u.v.m. in Betracht kommen könnten. Ob dabei die Stückzahl 2 (die „nur" zu einem Tagesgewinn von 1000 € führt) Element der Menge „Tagesproduktion zu angemessenen Stückkosten" ist oder nicht, hängt sowohl von den subjektiven Vorstellungen der Unternehmungsführung ab als auch von den vorliegenden externen Rahmenbedingungen. Aber auch die übrigen (Gewinn bringenden) Stückzahlen 3,4 und 5 gehören nicht mit der jeweils gleichen Sicherheit zur gesuchten Teilmenge. Wir können allerdings davon ausgehen, dass bei einem höheren Stückgewinn die entsprechende Stückanzahl um so eher die gewünschte Eigenschaft besitzt.

Die Grundidee der Fuzzy-Mengenlehre besteht nun darin, jedem Element x einer Grundmenge (respektive eines Universums) den Grad seiner Zugehörigkeit als reellwertige Zahl zuzuordnen. Damit die auf diesem Prinzip basierenden Fuzzy-Mengen eine möglichst hohe Verträglichkeit mit den klassischen Mengen aufweisen, verallgemeinert die Theorie der Fuzzy-Mengen die $\{0,1\}$-wertige charakteristische Funktion einer klassischen Menge zu einer $[0,1]$-wertigen Zugehörigkeitsfunktion einer Fuzzy-Menge und verabschiedet sich somit vom klassischen Zweiwertigkeitsprinzip.

(1.2) Definition:

Es sei U ein nichtleeres Universum und μ eine Funktion von U in das reelle Einheitsintervall, d.h.

$$\mu : U \to [0,1] \subset \mathbb{R}$$

Dann heißt

$$\widetilde{M} := \{(x, \mu(x)) : x \in U\}$$

Fuzzy-Menge über U und $\mu_{\widetilde{M}} := \mu$ die *Zugehörigkeitsfunktion* der Fuzzy-Menge $\widetilde{M}$.

Neben dem Begriff der *Zugehörigkeitsfunktion* werden je nach Anwendungsgebiet auch eine Reihe weiterer Bezeichnungen wie beispielsweise *Gewichtungsfunktion* oder *Wahrheitsfunktion* verwendet. Ein konkreter Wert der Zugehörigkeitsfunktion einer unscharfen Menge über einem Universum U heißt entsprechend *Zugehörigkeitsgrad*, *Gewichtung* oder *Wahrheitsgrad*.

Eine Fuzzy-Menge enthält stets alle Elemente des Universums, wobei die Elemente mit einem Zugehörigkeitsgrad gleich Null (also diejenigen Elemente, welche eine geforderte Eigenschaft mit Sicherheit nicht besitzen) nicht notwendigerweise explizit notiert werden.

(1.3) Beispiele:

① Um die Menge der „Tagesproduktion zu angemessenen Stückkosten“ aus Beispiel 1.1 (Seite 6) zu bestimmen, können wir beispielsweise die Gewinne pro Stück zugrunde legen, da sich in diesen Größen jeweils die unterschiedlichen Stückkosten in Relation zum Verkaufspreis widerspiegeln. Ordnen wir nun den Verlustpositionen einen Zugehörigkeitsgrad zur Menge der „Tagesproduktion zu angemessenen Stückkosten“ von Null zu (in diesem Fall sind die Stückkosten wohl definitiv nicht angemessen) und setzen die Gewinnpositionen in Relation zum Maximalgewinn, dann erhalten wir die

Fuzzy-Menge

$$\widetilde{P} := \{(1,0), (2, \tfrac{500}{2500}), (3, \tfrac{2500}{2500}), (4, \tfrac{1500}{2500}), (5, \tfrac{1300}{2500}), (6,0)\}$$

zur Modellierung der „Tagesproduktion zu angemessenen Stückkosten“ (siehe Abbildung 1.3.1).

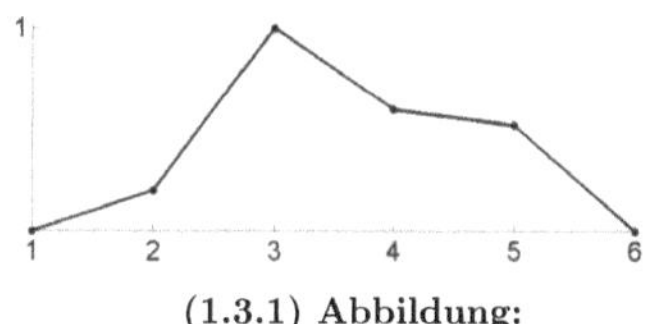

(1.3.1) Abbildung:
Tagesproduktion zu angemessenen Stückkosten

② Es sei $M := \{x \in \mathbb{R} : 2 < x \leq 6\}$. Die Fuzzy-Repräsentation $\widetilde{M}$ der Crisp-Menge M ist dann durch die Zugehörigkeitsfunktion $\mu_{\widetilde{M}}$ mit

$$\mu_{\widetilde{M}}(x) := \begin{cases} 1 & \text{falls } 2 < x \leq 6 \\ 0 & \text{sonst} \end{cases}$$

eindeutig definiert (siehe Abbildung 1.3.2).

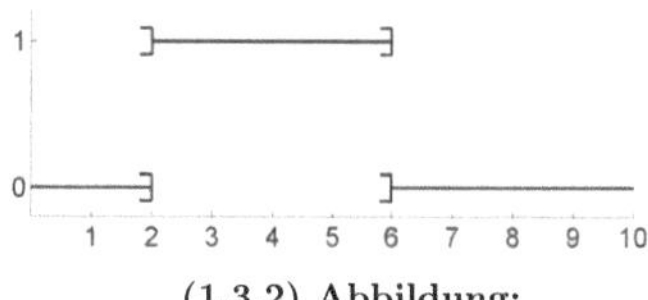

(1.3.2) Abbildung:
Fuzzy-Repräsentation einer Crisp-Menge

③ Es sei $f : \mathbb{R}^2 \to \mathbb{R}$ die durch

$$f(x_1, x_2) := \frac{2(1 + \sin(\sqrt{x_1{}^2 + x_2{}^2}))}{2 + \sqrt{x_1{}^2 + x_2{}^2}}$$

definierte Funktion. Wegen $f(x_1, x_2) \in [0,1]$ für alle $x_1, x_2 \in \mathbb{R}$, kann mittels f eine Fuzzy-Menge M über $\mathbb{R}^2$ durch die Zugehörigkeitsfunktion $\mu_{\widetilde{M}} := f$ definiert werden (siehe Abbildung 1.3.3).

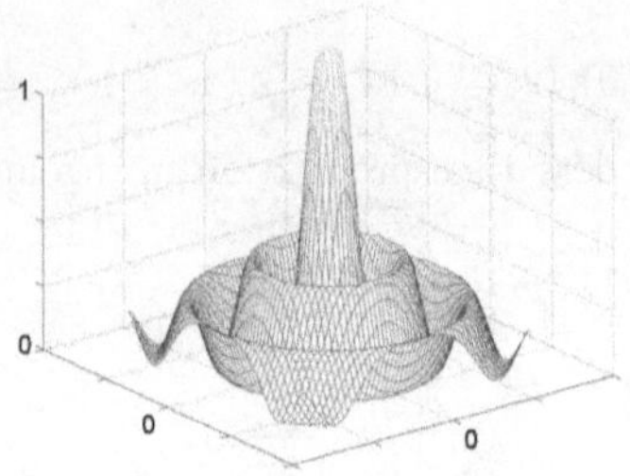

(1.3.3) Abbildung:
Zugehörigkeitsfunktion auf $\mathbb{R}^2$

Da die Zugehörigkeitsfunktion den Grad der Zugehörigkeit eines Crisp-Elements als reellen Wert aus dem kontinuierlichen Intervall $[0, 1]$ angibt, sind die Crisp-Mengen aus der übergeordneten Fuzzy-Sicht jene Spezialfälle von Fuzzy-Mengen, bei denen die Zugehörigkeitsfunktionen nur die Werte Null und Eins annehmen. Die Festlegung des Einheitsintervalls als maximalen Wertebereich der Zugehörigkeitsfunktion erfüllt neben der erreichten Verträglichkeit mit den klassischen Mengen auch einen normativen Zweck. Prinzipiell wäre auch jedes andere geschlossene reelle Intervall zur Definition geeignet gewesen. Da wir aber jedes reelle Intervall $[a, b]$ mit $a < b$ durch die bijektive Abbildung

$$\phi : [a, b] \to [0, 1] \text{ mit } \phi(x) := \frac{x - a}{b - a}$$

eindeutig in das Einheitsintervall abbilden können, stellt die getroffene Konvention keine Einschränkung dar.

(1.4) Bemerkungen:

① Neben der hier verwendeten Definition der Fuzzy-Menge als Paarmenge (Definition 1.2) gibt es in der Literatur auch Definitionen, welche bereits die Zugehörigkeitsfunktion $\mu : U \to [0, 1]$ selbst als Fuzzy-Menge bezeichnen (vgl. [16]). Diese beiden Ansätze sind aber inhaltlich völlig gleichbedeutend, da eine Fuzzy-Menge $\widetilde{M}$ durch die

Angabe ihrer Zugehörigkeitsfunktion $\mu_{\widetilde{M}}$ vollständig und eindeutig definiert ist.

② In der Literatur findet man auch andere Darstellungsformen für Fuzzy-Mengen. So verwendet beispielsweise LOTFI ASKER ZADEH (vgl. [32]) für eine Fuzzy-Menge $\widetilde{M}$ über einem endlichen Universum $U = \{x_1, x_2, \ldots, x_n\}$ die Schreibweise

$$\widetilde{M} = \mu_{\widetilde{M}}(x_1)/x_1 + \ldots + \mu_{\widetilde{M}}(x_n)/x_n = \sum_{i=1}^{n} \mu_{\widetilde{M}}(x_i)/x_i$$

und

$$\widetilde{M} = \int_U \mu_{\widetilde{M}}(x)/x$$

für eine Fuzzy-Menge $\widetilde{M}$ über einem nicht endlichen Universum U.

Obwohl es aus mathematischer Sicht keinen Grund für eine Bevorzugung spezieller Funktionstypen als Beschreibungsform unscharfer Mengen gibt, macht dies in der Praxis durchaus Sinn, da die Handhabung und Umsetzbarkeit der Theorie in konkrete technische Anwendungen wesentlich von der Komplexität der Beschreibungsform bestimmt wird: Je einfacher eine Fuzzy-Menge mathematisch beschrieben werden kann, desto einfacher wird sich auch die operationelle Weiterverarbeitung und Implementation gestalten.

1.2 Zugehörigkeitsfunktionen von diskret gegebenen Fuzzy-Mengen

Es sei $\widetilde{M}$ eine Fuzzy-Menge über einem Kontinuum. Besitzt $\widetilde{M}$ nur endlich viele Elemente mit einem Zugehörigkeitsgrad größer als Null und möchten wir die Zugehörigkeitsfunktion sinnvoll auf das vollständige Kontinuum erweitern (um beispielsweise eine (möglichst) sprungfreie Zugehörigkeitsfunktion zu erhalten), dann können wir zunächst einzelnen Elementen mit dem Zugehörigkeitsgrad von Null einen neuen Zugehörigkeitsgrad zuweisen. Wie dies zweckmäßig geschehen kann, differiert je nach Anwendungsfall.

1.2.1 Generelle Fuzzy-Mengen

Eine Möglichkeit der Erweiterung besteht darin, eine lineare Fortsetzung der Zugehörigkeitsfunktion zu definieren, welche die gegebenen Wertepaare $(x, \mu_{\widetilde{M}}(x))$ einer Fuzzy-Menge $\widetilde{M}$ genau als die Punkte interpretiert, an denen sich die Steigung der Zugehörigkeitsfunktion ändert [18]. Die durch eine solche erweiterte Zugehörigkeitsfunktion definierte Fuzzy-Menge bezeichnet man als *generelle Fuzzy-Menge*.

(1.5) Beispiele:

① Es sei $\widetilde{M} := \{(3,0), (4,1), (6,1), (7,0)\}$ eine Fuzzy-Menge über den reellen Zahlen und $\widetilde{M}_G$ die generelle Fuzzy-Menge zu $\widetilde{M}$. Die Fuzzy-Menge $\widetilde{M}_G$ ist eine mögliche Modellierung für „reelle Zahlen, ungefähr zwischen 4 und 6" (siehe Abbildung 1.5.1).

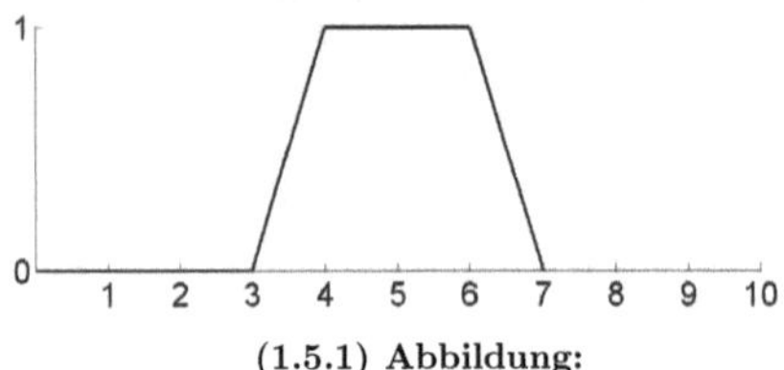

(1.5.1) Abbildung:
Modellierung für „reelle Zahlen, ungefähr zwischen 4 und 6"

② Es sei

$$\widetilde{M} := \{(1,0), (4,0.6), (5,0.6), (6,1), (8,1), (9,0.8), (12,0.9), (14,1), (17,0), (18,0), (19,0.2), (21,0)\}$$

eine Fuzzy-Menge über den reellen Zahlen und $\widetilde{M}_G$ die generelle Fuzzy-Menge zu $\widetilde{M}$. Die Zugehörigkeitsfunktion der Fuzzy-Menge $\widetilde{M}_G$ (siehe Abbildung 1.5.2) könnte beispielsweise eine Steuerungsfunktion aus dem technischen Bereich sein.

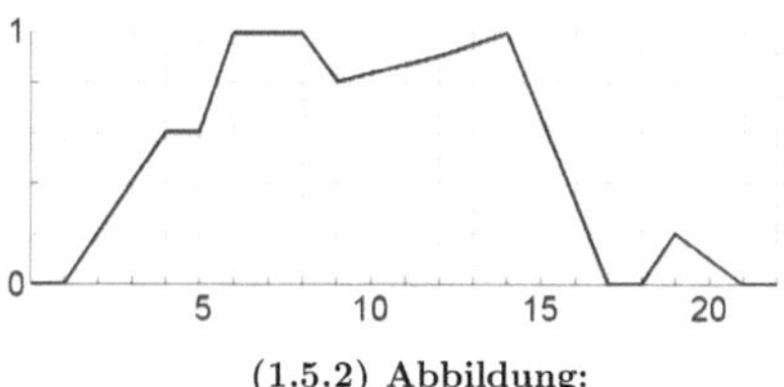

(1.5.2) Abbildung:
Zugehörigkeitsfunktion einer generellen Fuzzy-Menge

Wir leiten nun die Funktionsvorschrift für eine generelle Fuzzy-Menge her. Sei dazu $n \in \mathbb{N}$ und

$$\widetilde{M} := \{(x_i, y_i) : 1 \leq i \leq n\}$$

eine Fuzzy-Menge über den reellen Zahlen. Ohne Beschränkung der Allgemeinheit gelte für alle $i \in \mathbb{N}$ mit $1 \leq i \leq n-1$

$$x_i < x_{i+1}.$$

Bezeichnen wir mit $\widetilde{M_G}$ die gesuchte generelle Fuzzy-Menge zu $\widetilde{M}$, dann fordern wir

$$\mu_{\widetilde{M_G}}(x) = y_1 \text{ für } x \leq x_1,$$
$$\mu_{\widetilde{M_G}}(x) = y_n \text{ für } x \geq x_n,$$
$$\mu_{\widetilde{M_G}}(x_i) = y_i \text{ für } 1 \leq i \leq n.$$

Ist nun $1 \leq i \leq n-1$ und $x \in]x_i, x_{i+1}[$, dann fordern wir

$$\mu_{\widetilde{M_G}}(x_i) - y_i = \triangle m_i \, (x - x_i)$$

mit

$$\triangle m_i := \frac{y_{i+1} - y_i}{x_{i+1} - x_i}.$$

Wir erhalten also

$$\mu_{\widetilde{M_G}}(x) = \begin{cases} y_1 & \text{für } x < x_1 \\ y_i & \text{für } x = x_i, \; 1 \leq i \leq n \\ y_n & \text{für } x > x_n \\ y_i + \frac{y_{i+1} - y_i}{x_{i+1} - x_i}(x - x_i) & \text{für } x \in]x_i, x_{i+1}[, \; 1 \leq i \leq n-1 \end{cases}$$

und können damit die *generelle Fuzzy-Menge* definieren.

(1.6) Definition:

Ist $n \in \mathbb{N}$ und $\widetilde{M} := \{(x_i, y_i) : 1 \leq i \leq n\}$ eine Fuzzy-Menge über den reellen Zahlen mit $x_i < x_{i+1}$ für alle $i \in \mathbb{N}$ mit $1 \leq i \leq n-1$, dann heißt

$$\mathfrak{G}(\widetilde{M}) := \{(x, \mu_{\mathfrak{G}(\widetilde{M})}(x)) : x \in \mathbb{R}\}$$

mit

$$\mu_{\mathfrak{G}(\widetilde{M})}(x) := \begin{cases} y_1 & \text{für } x < x_1 \\ y_i + \frac{y_{i+1}-y_i}{x_{i+1}-x_i}(x - x_i) & \text{für } x \in [x_i, x_{i+1}[,\ 1 \leq i \leq n-1 \\ y_n & \text{für } x \geq x_n \end{cases}$$

die *generelle Fuzzy-Menge* zu $\widetilde{M}$.

Mittels der generellen Fuzzy-Mengen können wir also eine gegebene Fuzzy-Menge über einem endlichen Universum $U \subset \mathbb{R}$ auf eine Fuzzy-Menge über $\mathbb{R}$ abbilden.

(1.7) Beispiel:

Es sei $\widetilde{M} := \{(2,0), (4,0.5), (8,0.5), (10,1), (13,0)\}$ eine Fuzzy-Menge über den reellen Zahlen. Ist $\mathfrak{G}(\widetilde{M})$ die generelle Fuzzy-Menge zu $\widetilde{M}$ (siehe Abbildung 1.7.1), so gilt für die Zugehörigkeitsfunktion $\mu_{\mathfrak{G}(\widetilde{M})}(x)$ der Fuzzy-Menge $\mathfrak{G}(\widetilde{M})$

$$\mu_{\mathfrak{G}(\widetilde{M})}(x) = \begin{cases} \frac{0.5-0}{4-2}(x-2) + 0 & \text{für } x \in [2, 4[\\ \frac{0.5-0.5}{8-4}(x-4) + 0.5 & \text{für } x \in [4, 8[\\ \frac{1-0.5}{10-8}(x-8) + 0.5 & \text{für } x \in [8, 10[\\ \frac{0-1}{13-10}(x-10) + 1 & \text{für } x \in [10, 13[\\ 0 & \text{sonst} \end{cases}$$

und somit

$$\mu_{\mathfrak{G}(\widetilde{M})}(x) = \begin{cases} \frac{1}{4}(x-2) & \text{für } x \in [2,4[\\ \frac{1}{2} & \text{für } x \in [4,8[\\ \frac{1}{4}(x-8)+\frac{1}{2} & \text{für } x \in [8,10[\\ -\frac{1}{3}(x-10)+1 & \text{für } x \in [10,13[\\ 0 & \text{sonst.} \end{cases}$$

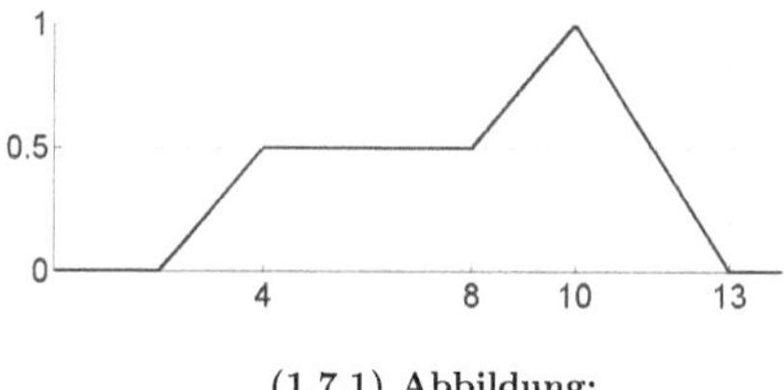

(1.7.1) Abbildung:
Zugehörigkeitsfunktion einer generellen Fuzzy-Menge

Vom technischen Standpunkt her gesehen, legen wir bei der Verwendung von generellen Fuzzy-Mengen durch die gegebenen Wertepaare der Ausgangsmenge einen Polygonzug (vgl [20]). Dies ist aber nicht die einzige Möglichkeit, wie wir nun sehen werden.

1.2.2 Spline-interpolierte Fuzzy-Mengen

In manchen Anwendungsfällen ist die Verwendung von nicht linearen Zugehörigkeitsfunktionen mit (überwiegend) fließenden Übergängen sinnvoll. Dies ist beispielsweise bei der Modellierung und Steuerung von dynamischen Systemen der Fall. Diese Systeme finden wir auf natürliche Weise in vielen Bereichen, exemplarisch sei hier die Physik und die Chemie genannt. Ebenso finden sich in der Prozesssteuerung und der (nicht linearen) Regelungstechnik zahlreiche Anwendungsbeispiele und -möglichkeiten ([1],[17],[25]): So werden beispielsweise die U-Bahnzüge im japanischen Sendai auf einem ca. 20 km langen Netz von Fuzzy-Reglern gesteuert. Das Abbrems- und Kurvenverhalten der Züge werden von den Fahrgästen aufgrund der Ruckfreiheit als vorbildlich eingestuft (Wegen der genaueren Regelungsmöglichkeiten zeigt sich hier sogar ein Energiespareffekt). Solche Steuerungsfunktionen können wir im Rahmen der Theorie der Fuzzy-Mengen unter Verwendung von nicht linearen Zugehörigkeitsfunktionen mit (überwiegend) fließenden Übergängen realisieren. So könnten wir beispielsweise zunächst durch die jeweils spezifizierten Soll-Wertepaare $(x, \mu_{\widetilde{M}}(x))$ eine kubische Spline-Funktion[1] legen und diese dann geeignet auf das Einheitsintervall einschränken.

(1.8) Beispiel:

Es sei

$$\widetilde{M} := \{(2,0), (4,0.5), (8,0.5), (10,1), (13,0)\}$$

eine Fuzzy-Menge über den reellen Zahlen (vgl. Beispiel 1.7). Definieren wir die erweiterte Zugehörigkeitsfunktion über einen, durch die gegebenen Punkte verlaufenden, angepassten kubischen Spline, dann könnten wir beispielsweise die in Abbildung 1.8.1 visualisierte Zugehörigkeitsfunktion erhalten.

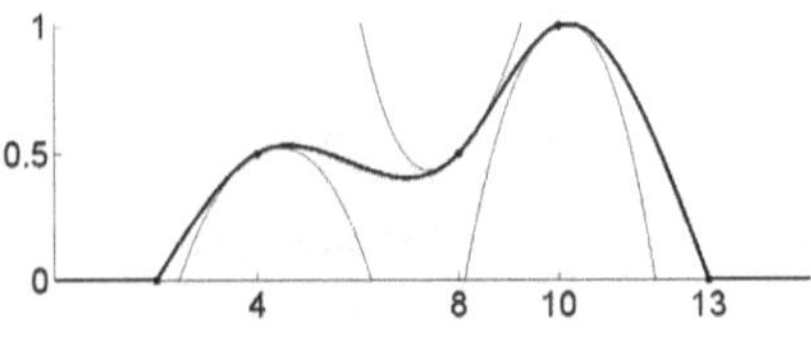

(1.8.1) Abbildung:
Spline-interpolierte Zugehörigkeitsfunktion

[1] Eine kubische Spline-Funktion ist eine zweimal stetig differenzierbare Funktion, die durch aneinandergeschlossene Polynome dritten Grades abschnittsweise definiert ist.

Wir werden nun diesen Ansatz weiter verfolgen und die Funktionsvorschrift für die gesuchte Spline-Funktion herleiten. Sei dazu $n \in \mathbb{N}$ und

$$\widetilde{M} := \{(x_i, y_i) : 1 \leq i \leq n\}$$

eine Fuzzy-Menge über den reellen Zahlen. Ohne Beschränkung der Allgemeinheit gelte auch hier $x_i < x_{i+1}$ für alle $i \in \mathbb{N}$ mit $1 \leq i \leq n-1$. Die gesuchte kubische Spline-Funktion $s : \mathbb{R} \to \mathbb{R}$ besitzt dann die folgende Gestalt:

$$s(x) := \begin{cases} p_1(x) & \text{für } x < x_2 \\ p_i(x) & \text{für } x \in [x_i, x_{i+1}[, 2 \leq i \leq n-2 \\ p_{n-1}(x) & \text{für } x \geq x_{n-1} \end{cases} \tag{1.1}$$

mit

$$p_k(x) = a_{(k,3)}(x - x_k)^3 + a_{(k,2)}(x - x_k)^2 + a_{(k,1)}(x - x_k) + a_{(k,0)} \tag{1.2}$$

für $1 \leq k \leq n-1$. An die Polynome stellen wir hierbei folgende Bedingungen:

1. An den Stützstellen x_i müssen die Funktionswerte y_i angenommen werden $(1 \leq i \leq n)$.
2. Die Tangentensteigung und das Krümmungsverhalten müssen von zwei benachbarten Polynomen an deren gemeinsamen Stützpunkt identisch sein.

Wir werden nun die $4(n-1)$ Koeffizienten so bestimmen, dass diese Bedingungen erfüllt werden. Betrachten wir ein festes Intervall $[x_k, x_{k+1}]$ mit $(1 \leq k \leq n-1)$, so fordern wir also für die Polynome die Eigenschaften

$$p_k(x_k) = y_k$$
$$p_k(x_{k+1}) = y_{k+1}$$

und für die Ableitungen

$$p'_k(x_k) =: y'_k$$
$$p'_k(x_{k+1}) =: y'_{k+1}$$
$$p''_k(x_k) =: y''_k$$
$$p''_k(x_{k+1}) =: y''_{k+1}.$$

Berechnen wir die jeweiligen Funktionswerte an den Stützstellen, so erhalten wir demnach mit

$$\triangle x_k := x_{k+1} - x_k$$

für $1 \leq k \leq n-1$ die Bedingungen

$$p_k(x_k) = a_{(k,0)} = y_k \tag{1.3}$$

$$p_k(x_{k+1}) = a_{(k,3)} \triangle {x_k}^3 + a_{(k,2)} \triangle {x_k}^2 + a_{(k,1)} \triangle x_k + a_{(k,0)} = y_{k+1} \tag{1.4}$$

$$p'_k(x_k) = a_{(k,1)} = y'_k \tag{1.5}$$

$$p'_k(x_{k+1}) = 3a_{(k,3)} \triangle {x_k}^2 + 2a_{(k,2)} \triangle x_k + a_{(k,1)} \tag{1.6}$$

$$p''_k(x_k) = 2a_{(k,2)} = y''_k \tag{1.7}$$

$$p''_k(x_{k+1}) = 6a_{(k,3)} \triangle x_k + 2a_{(k,2)} = y''_{k+1}. \tag{1.8}$$

Setzen wir nun (1.3) in (1.4) ein, so erhalten wir

$$y_{k+1} = a_{(k,3)} \triangle {x_k}^3 + a_{(k,2)} \triangle {x_k}^2 + a_{(k,1)} \triangle x_k + y_k.$$

Auflösen dieser Gleichung nach $a_{(k,1)}$ liefert mit

$$\triangle y_k := y_{k+1} - y_k$$

für $1 \leq k \leq n-1$

$$\begin{aligned} a_{(k,1)} &= \frac{\triangle y_k}{\triangle x_k} - a_{(k,3)} \triangle {x_k}^2 - a_{(k,2)} \triangle x_k \\ &= \frac{\triangle y_k}{\triangle x_k} - \triangle x_k (a_{(k,3)} \triangle x_k + a_{(k,2)}) \\ &= \frac{\triangle y_k}{\triangle x_k} - \frac{\triangle x_k}{6} (6a_{(k,3)} \triangle x_k + 2a_{(k,2)} + 4a_{(k,2)}) \end{aligned}$$

und somit nach (1.7) und (1.8)

$$a_{(k,1)} = \frac{\triangle y_k}{\triangle x_k} - \frac{\triangle x_k}{6} (y''_{k+1} + 2y''_k). \tag{1.9}$$

Lösen wir die Gleichung (1.8) nach $a_{(k,3)}$ auf, so erhalten wir

$$a_{(k,3)} = \frac{y''_{k+1} - 2a_{(k,2)}}{6 \triangle x_k}$$

und somit nach (1.7)

$$a_{(k,3)} = \frac{y''_{k+1} - y''_k}{6 \bigtriangleup x_k}. \tag{1.10}$$

Nach (1.3), (1.7), (1.9) und (1.10) gelten somit für die Koeffizienten die Beziehungen

$$\begin{aligned} a_{(k,0)} &= y_k \\ a_{(k,1)} &= \frac{\bigtriangleup y_k}{\bigtriangleup x_k} - \frac{\bigtriangleup x_k}{6}(y''_{k+1} + 2y''_k) \\ a_{(k,2)} &= \frac{y''_k}{2} \\ a_{(k,3)} &= \frac{y''_{k+1} - y''_k}{6 \bigtriangleup x_k} \end{aligned} \tag{1.11}$$

mit $1 \leq k \leq n-1$. Wir müssen also nur noch die n Unbekannten $y''_1, \ldots, y''_n$ geeignet bestimmen. Dies gelingt uns über die Forderung nach der Stetigkeit der ersten Ableitung. Nach (1.5) und (1.6) liefert uns dies für $2 \leq k \leq n-1$ die Kopplungsbedingungen

$$3a_{(k-1,3)} \bigtriangleup x_{k-1}{}^2 + 2a_{(k-1,2)} \bigtriangleup x_{k-1} + a_{(k-1,1)} = a_{(k,1)}$$

und somit

$$\bigtriangleup x_{k-1} \left(3a_{(k-1,3)} \bigtriangleup x_{k-1} + 2a_{(k-1,2)}\right) = a_{(k,1)} - a_{(k-1,1)}.$$

Setzen wir (1.8) in diese Gleichung ein, so erhalten wir

$$\bigtriangleup x_{k-1} \left(\tfrac{y''_k}{2} + a_{(k-1,2)}\right) = a_{(k,1)} - a_{(k-1,1)}$$

und durch Einsetzen von (1.7) und (1.9) schließlich

$$\bigtriangleup x_{k-1} \frac{y''_k + y''_{k-1}}{2} = \frac{\bigtriangleup y_k}{\bigtriangleup x_k} - \frac{\bigtriangleup x_k}{6}(y''_{k+1} + 2y''_k) - \frac{\bigtriangleup y_{k-1}}{\bigtriangleup x_{k-1}} + \frac{\bigtriangleup x_{k-1}}{6}\left(y''_k + 2y''_{k-1}\right).$$

Elementare Umformungen liefern uns dann

$$\begin{aligned} 6\left(\tfrac{\bigtriangleup y_k}{\bigtriangleup x_k} - \tfrac{\bigtriangleup y_{k-1}}{\bigtriangleup x_{k-1}}\right) &= \bigtriangleup x_{k-1}(3y''_k + 3y''_{k-1} - (y''_k + 2y''_{k-1})) + \bigtriangleup x_k(y''_{k+1} + 2y''_k) \\ &= \bigtriangleup x_{k-1}(2y''_k + y''_{k-1}) + \bigtriangleup x_k(y''_{k+1} + 2y''_k) \\ &= 2 \bigtriangleup x_{k-1} y''_k + \bigtriangleup x_{k-1} y''_{k-1} + \bigtriangleup x_k y''_{k+1} + 2 \bigtriangleup x_k y''_k \end{aligned}$$

und somit gilt

$$\triangle x_{k-1} y''_{k-1} + 2(\triangle x_{k-1} + \triangle x_k) y''_k + \triangle x_k y''_{k+1} = 6 \left(\frac{\triangle y_k}{\triangle x_k} - \frac{\triangle y_{k-1}}{\triangle x_{k-1}} \right)$$

für $2 \leq k \leq n-1$. Dies sind $n-2$ Gleichungen für die zu bestimmenden Unbekannten $y''_1, \ldots, y''_n$, aus denen wir dann zusammen mit den gegebenen Wertepaaren die Koeffizienten nach (1.11) ermitteln können.

Setzen wir

$$y''_1 := y''_n := 0$$

(wir sprechen dann von einem *natürlichen kubischen Spline*), so erhalten wir das eindeutig lösbare quadratische lineare Gleichungssystem

$$A \begin{pmatrix} y''_2 \\ y''_3 \\ y''_4 \\ \vdots \\ y''_{n-1} \end{pmatrix} = \begin{pmatrix} 6 \left(\frac{\triangle y_2}{\triangle x_2} - \frac{\triangle y_1}{\triangle x_1} \right) \\ 6 \left(\frac{\triangle y_3}{\triangle x_3} - \frac{\triangle y_2}{\triangle x_2} \right) \\ 6 \left(\frac{\triangle y_4}{\triangle x_4} - \frac{\triangle y_3}{\triangle x_3} \right) \\ \vdots \\ 6 \left(\frac{\triangle y_{n-1}}{\triangle x_{n-1}} - \frac{\triangle y_{n-2}}{\triangle x_{n-2}} \right) \end{pmatrix}$$

mit der tridiagonalen und symmetrischen Matrix

$$A := \begin{pmatrix} 2(\triangle x_1 + \triangle x_2) & \triangle x_2 & & & \\ \triangle x_2 & 2(\triangle x_2 + \triangle x_3) & \triangle x_3 & & \\ & \triangle x_3 & 2(\triangle x_3 + \triangle x_4) & \triangle x_4 & \\ & & \ddots & & \\ & & \triangle x_{n-2} & 2(\triangle x_{n-2} + \triangle x_{n-1}) \end{pmatrix}.$$

Die Koeffizienten der Polynome erhalten wir dann durch Einsetzen der berechneten Werte in (1.11) und nach (1.2) schließlich die, den Spline s nach (1.1) vollständig definierenden, Polynome $p_1, \ldots, p_{n-1}$.

Damit können wir nun die kubische Spline-Funktion definieren.

(1.9) Definition:

Es sei $n \in \mathbb{N}$ und $M := \{(x_i, y_i) : 1 \leq i \leq n\} \subseteq \mathbb{R}^2$ eine Menge von Punkten mit $x_i < x_{i+1}$ für alle $i \in \mathbb{N}$ mit $1 \leq i \leq n-1$. Ferner seien $\triangle x_k := x_{k+1} - x_k$ und $\triangle y_k := y_{k+1} - y_k$ für $1 \leq k \leq n-1$. Desweiteren sei $y_1'' := y_n'' := 0$ und $y_2'', \ldots, y_{n-1}''$ gegeben durch

$$\begin{pmatrix} y_2'' \\ y_3'' \\ y_4'' \\ \vdots \\ y_{n-1}'' \end{pmatrix} := A^{-1} \begin{pmatrix} 6\,(\frac{\triangle y_2}{\triangle x_2} - \frac{\triangle y_1}{\triangle x_1}) \\ 6\,(\frac{\triangle y_3}{\triangle x_3} - \frac{\triangle y_2}{\triangle x_2}) \\ 6\,(\frac{\triangle y_4}{\triangle x_4} - \frac{\triangle y_3}{\triangle x_3}) \\ \vdots \\ 6\,(\frac{\triangle y_{n-1}}{\triangle x_{n-1}} - \frac{\triangle y_{n-2}}{\triangle x_{n-2}}) \end{pmatrix}$$

mit

$$A := \begin{pmatrix} 2(\triangle x_1 + \triangle x_2) & \triangle x_2 & & & \\ \triangle x_2 & 2(\triangle x_2 + \triangle x_3) & \triangle x_3 & & \\ & \triangle x_3 & 2(\triangle x_3 + \triangle x_4) & \triangle x_4 & \\ & & \ddots & & \\ & & & \triangle x_{n-2} & 2(\triangle x_{n-2} + \triangle x_{n-1}) \end{pmatrix}.$$

Gilt für $1 \leq k \leq n-1$

$$\begin{aligned} p_k(x) = & \frac{y_{k+1}'' - y_k''}{6 \triangle x_k}(x - x_k)^3 + \frac{y_k''}{2}(x - x_k)^2 \\ & + \left(\tfrac{\triangle y_k}{\triangle x_k} - \tfrac{\triangle x_k}{6}(y_{k+1}'' + 2y_k'')\right)(x - x_k) + y_k, \end{aligned}$$

dann heißt die Funktion $s : \mathbb{R} \to \mathbb{R}$ mit

$$s(x) := \begin{cases} p_1(x) & \text{für } x < x_2 \\ p_i(x) & \text{für } x \in [x_i, x_{i+1}[, 2 \leq i \leq n-2 \\ p_{n-1}(x) & \text{für } x \geq x_{n-1} \end{cases}$$

der *durch M induzierte, natürliche kubische Spline.*

Damit wir nun auf Basis des gefundenen Splines eine Zugehörigkeitsfunktion definieren können, müssen wir die Funktionswerte noch geeignet auf das Einheitsintervall einschränken, wie wir dies beispielsweise durch die Funktion

$$f : \mathbb{R} \to [0,1] \text{ mit } \mathrm{f(x)} := \begin{cases} 0 & \text{für } x < 0 \\ x & \text{für } x \in [0,1] \\ 1 & \text{für } x > 1, \end{cases}$$

erreichen, indem wir die Zugehörigkeitsfunktion $\mu_{\widetilde{M}_S}$ der erweiterten Fuzzy-Menge $\widetilde{M}_S$ durch $\mu_{\widetilde{M}_S}(x) := f(s(x))$ definieren.

(1.10) Definition:

Es sei $n \in \mathbb{N}$ und $\widetilde{M} := \{(x_i, y_i) : 1 \leq i \leq n\}$ eine Fuzzy-Menge über den reellen Zahlen mit $x_i < x_{i+1}$ für alle $i \in \mathbb{N}$ mit $1 \leq i \leq n-1$. Ist s eine Spline-Funktion durch die gegebenen Wertepaare von $\widetilde{M}$, dann heißt

$$\{(x, \mu_{\widetilde{M}_S}(x)) : x \in \mathbb{R}\}$$

mit

$$\mu_{\widetilde{M}_S}(x) := \begin{cases} 0 & \text{für } s(x) < 0 \\ s(x) & \text{für } s(x) \in [0,1] \\ 1 & \text{für } s(x) > 0 \end{cases}$$

die *s-interpolierte Fuzzy-Menge* zu $\widetilde{M}$.

Anhand eines Beispiels werden wir nun auf Basis unserer Herleitungen eine konkret vorgegebene Fuzzy-Menge mit einem natürlichen kubischen Spline interpolieren.

(1.11) Beispiel:

Betrachten wir wieder die Fuzzy-Menge

$$\widetilde{M} := \{(2,0), (4,0.5), (8,0.5), (10,1), (13,0)\}$$

über den reellen Zahlen aus den Beispielen 1.7 und 1.8. Wir werden nun die Funktionsvorschrift für den induzierten, natürlichen kubischen Spline berechnen und damit die Fuzzy-Menge interpolieren. Sei also analog zu den Bezeichnungen unserer Herleitung

$$\begin{array}{lllll} x_1 := 2 & x_2 := 4 & x_3 := 8 & x_4 := 10 & x_5 := 13 \\ y_1 := 0 & y_2 := 0.5 & y_3 := 0.5 & y_4 := 1 & y_5 := 0. \end{array}$$

Wir erhalten damit

$$\begin{array}{ll} \triangle x_1 = x_2 - x_1 = 2 & \triangle x_2 = x_3 - x_2 = 4 \\ \triangle x_3 = x_4 - x_3 = 2 & \triangle x_4 = x_5 - x_4 = 3 \\ \triangle y_1 = y_2 - y_1 = 0.5 & \triangle y_2 = y_3 - y_2 = 0 \\ \triangle y_3 = y_4 - y_3 = 0.5 & \triangle y_4 = y_5 - y_4 = -1, \end{array}$$

somit die Matrix

$$A = \begin{pmatrix} 2(2+4) & 4 & 0 \\ 4 & 2(4+2) & 2 \\ 0 & 2 & 2(2+3) \end{pmatrix} = \begin{pmatrix} 12 & 4 & 0 \\ 4 & 12 & 2 \\ 0 & 2 & 10 \end{pmatrix}$$

und dadurch das lineare Gleichungssystem

$$\begin{pmatrix} 12 & 4 & 0 \\ 4 & 12 & 2 \\ 0 & 2 & 10 \end{pmatrix} \begin{pmatrix} y_2'' \\ y_3'' \\ y_4'' \end{pmatrix} = \begin{pmatrix} 6(\frac{0}{4} - \frac{0.5}{2}) \\ 6(\frac{0.5}{2} - \frac{0}{4}) \\ 6(\frac{-1}{3} - \frac{0.5}{2}) \end{pmatrix} = \begin{pmatrix} -\frac{3}{2} \\ +\frac{3}{2} \\ -\frac{7}{2} \end{pmatrix}.$$

Daraus folgt

$$\begin{pmatrix} y_2'' \\ y_3'' \\ y_4'' \end{pmatrix} = \begin{pmatrix} 12 & 4 & 0 \\ 4 & 12 & 2 \\ 0 & 2 & 10 \end{pmatrix}^{-1} \begin{pmatrix} -\frac{3}{2} \\ +\frac{3}{2} \\ -\frac{7}{2} \end{pmatrix} = \begin{pmatrix} -\frac{131}{616} \\ +\frac{81}{308} \\ -\frac{31}{77} \end{pmatrix}.$$

Wir erhalten damit für den Spline die Funktionsvorschrift

$$s(x) := \begin{cases} -\frac{131}{7392}(x-2)^3 + \frac{593}{1848}(x-2) & \text{für } x < 4 \\ \frac{293}{14784}(x-4)^3 - \frac{131}{1232}(x-4)^2 + \frac{25}{231}(x-4) + \frac{1}{2} & \text{für } x \in [4,8[\\ -\frac{205}{3696}(x-8)^3 + \frac{81}{616}(x-8)^2 + \frac{193}{924}(x-8) + \frac{1}{2} & \text{für } x \in [8,10[\\ \frac{31}{1386}(x-10)^3 - \frac{31}{154}(x-10)^2 + \frac{16}{231}(x-10) + 1 & \text{für } x \geq 10. \end{cases}$$

Die Zugehörigkeitsfunktion der s-interpolierten Fuzzy-Menge zu $\widetilde{M}$ ist in den Abbildungen 1.8.1 und 1.11.1 visualisiert. In der Abbildung 1.8.1 sind zusätzlich die einzelnen Polynome (außerhalb des beim Spline verwendeten Ausschnitts) dargestellt. Die Abbildung 1.11.1 ermöglicht den Vergleich zwischen der Zugehörigkeitsfunktion der spline-interpolierten Fuzzy-Menge und der generellen Fuzzy-Menge zu $\widetilde{M}$.

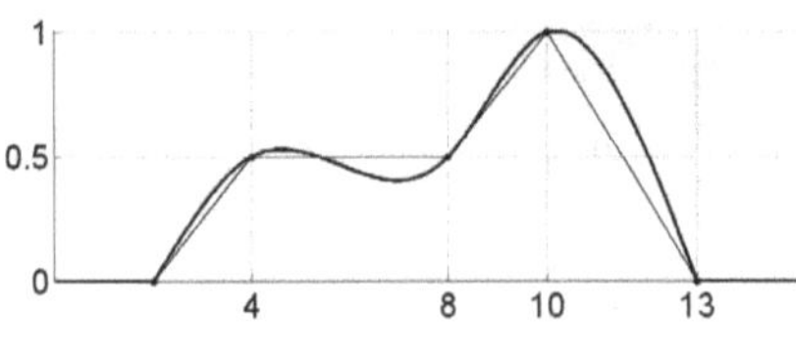

(1.11.1) Abbildung:
Vergleich zwischen der Zugehörigkeitsfunktion einer spline-interpolierten und einer generellen Fuzzy-Menge

Wie wir gesehen haben, können wir mittels der angepassten Spline-Interpolation zu einer diskret gegebenen Fuzzy-Menge eine Zugehörigkeitsfunktion mit überwiegend fließenden Übergängen finden. Die Störung des Flusses der Zugehörigkeitsfunktion tritt hierbei nur an den Stellen auf, in dem der nicht angepasste Spline Funktionswerte außerhalb des betrachteten Einheitsintervalles einnimmt, also das Minimum von Null unterschreitet oder das Maximum von

Eins überschreitet. Im Gegensatz zu der folgenden Gegebenheit dürfte diese Störung in den meisten Anwendungsfällen aufgrund der jeweils „harmonischen Hinführung“ keine größere Relevanz besitzen. Die Interpolation mit Splines (beziehungsweise die nicht lineare Interpolation im Allgemeinen) kann zur Erzeugung von lokalen Minima und Maxima führen (siehe Abbildung 1.11.1). Dies ist allerdings nicht immer erwünscht. Im Gegensatz zu anderen Interpolationsverfahren, wie beispielsweise der Interpolation nach LAGRANGE oder BÉZIER, ist bei der Spline-Interpolation aber der Polynomgrad von der Anzahl der Punkte unabhängig. Da wir den maximalen Polynomgrad kennen (in unseren Ausführungen ist dieser „drei“) und in der Lage sind die Polynomkoeffizienten problemlos auszurechnen, erreichen wir bei einer technischen Umsetzung durch Einsatz entsprechend optimierter Komponenten eine hohe Effizienz.

1.3 Parametrisierte Zugehörigkeitsfunktionen

Ist $\widetilde{M}$ eine Fuzzy-Menge über einem Universum, welches entweder endlich und von großer Mächtigkeit oder unendlich ist (beispielsweise bei einem Kontinuum), bieten sich parametrisierte Darstellungen von Fuzzy-Mengen an. Dazu werden Funktionen verwendet, deren Charakteristiken durch Variation der Parameter verändert werden können. Während durch eine hinreichend feine Diskretisierung bei diskreten Darstellungsformen die gewünschte Zugehörigkeitsfunktion fast beliebig angenährt werden kann, sind bei parametrisierten Darstellungen der Approximation gewisse Grenzen gesetzt. Dennoch gewinnt gerade diese Form aufgrund des wesentlich geringeren Beschreibungsaufwands, der effizienten Berechenbarkeit von Zugehörigkeitsgraden und der Übersichtlichkeit aus anwendungstechnischer Sicht eine enorme Bedeutung.

1.3.1 Trianguläre und trapezförmige Funktionen

Alle (mindestens abschnittsweise) linear definierten Zugehörigkeitsfunktionen sind für die anwendungsorientierte Fuzzy-Mengen-Theorie von elementarer Bedeutung. Daher sind aufgrund ihrer Einfachheit gerade die *triangulären* und *trapezförmigen* Darstellungen (siehe Abbildung 1.11.2 und 1.11.3) weit verbreitet ([11],[14],[18]).

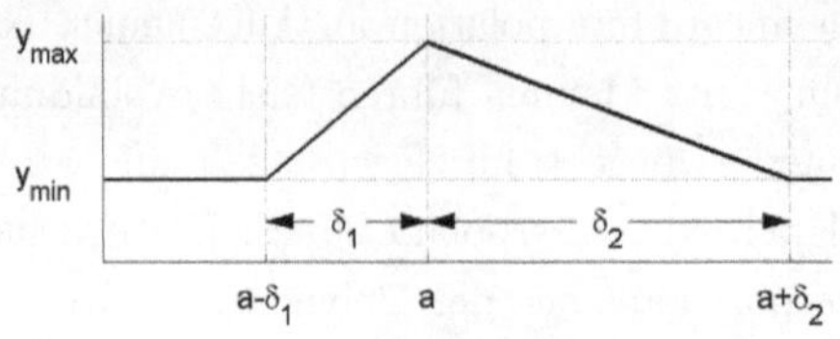

(1.11.2) Abbildung:
Dreiecksförmige Zugehörigkeitsfunktion

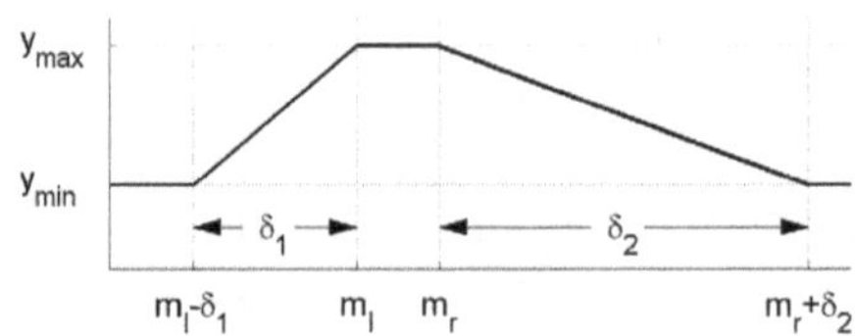

(1.11.3) Abbildung:
Trapezförmige Zugehörigkeitsfunktion

Wir leiten nun zunächst die Funktionsvorschrift für die Zugehörigkeitsfunktion einer *trapezförmigen* Fuzzy-Menge $\widetilde{M}$ gemäß Abbildung 1.11.3 her. Seien dazu $m_l, m_r, \delta_1, \delta_2 \in \mathbb{R}$ mit $m_l \leq m_r$, $\delta_1, \delta_2 > 0$. Sei ferner $y_{min}, y_{max} \in [0,1]$ mit $y_{min} \leq y_{max}$. Für $x \in \mathbb{R}$ mit $x \notin \,]m_l - \delta_1, m_r + \delta_2[$ fordern wir

$$\mu_{\widetilde{M}}(x) = y_{min}$$

und für $x \in [m_l, m_r]$

$$\mu_{\widetilde{M}}(x) = y_{max}.$$

Für $x \in [m_l - \delta_1, m_l]$ ergibt sich die Forderung

$$\mu_{\widetilde{M}}(x) - y_{min} = \triangle m_l \,(x - (m_l - \delta_1))$$

mit $\triangle m_l := \frac{y_{max}-y_{min}}{\delta_1}$ und für $x \in [m_r, b]$

$$\mu_{\widetilde{M}}(x) - y_{min} = \triangle m_r \left(x - (m_r + \delta_2)\right)$$

mit $\triangle m_r := -\frac{y_{max}-y_{min}}{\delta_2}$. Wir erhalten also

$$\mu_{\widetilde{M}}(x) = \begin{cases} y_{min} + \frac{y_{max}-y_{min}}{\delta_1}(x - m_l + \delta_1) & \text{für } x \in]m_l - \delta_1, m_l[\\ y_{max} & \text{für } x \in [m_l, m_r] \\ y_{min} + \frac{y_{max}-y_{min}}{\delta_2}(m_r + \delta_2 - x) & \text{für } x \in]m_r, m_r + \delta_2[\\ y_{min} & \text{sonst.} \end{cases}$$

Bei Verwendung des Maximumoperators gilt für $x < m_l$ auch

$$\mu_{\widetilde{M}}(x) = \max\left(y_{min}, y_{min} + \frac{y_{max}-y_{min}}{\delta_1}(x - m_l + \delta_1)\right)$$

und für $x > m_r$

$$\mu_{\widetilde{M}}(x) = \max\left(y_{min}, y_{min} + \frac{y_{max}-y_{min}}{\delta_2}(m_r + \delta_2 - x)\right).$$

Wir können also definieren:

(1.12) Definition:

Es seien $m_l, m_r, \delta_1, \delta_2 \in \mathbb{R}$ mit $\delta_1, \delta_2 > 0$ und $m_l \leq m_r$. Sind desweiteren $y_{min}, y_{max} \in [0, 1]$ mit $y_{min} \leq y_{max}$, dann heißt die parametrisierte Funktion

$$\Lambda_{(m_l, m_r, \delta_1, \delta_2, y_{min}, y_{max})} : \mathbb{R} \to [\mathrm{y_{min}}, \mathrm{y_{max}}] \subseteq [0, 1]$$

mit

$$\Lambda_{(\ldots)}(x) := \begin{cases} \max\left(y_{min}, y_{min} + \frac{y_{max}-y_{min}}{\delta_1}(x - m_l + \delta_1)\right) & \text{für } x < m_l \\ y_{max} & \text{für } x \in [m_l, m_r] \\ \max\left(y_{min}, y_{min} + \frac{y_{max}-y_{min}}{\delta_2}(m_r + \delta_2 - x)\right) & \text{für } x > m_r \end{cases}$$

Trapezfunktion über $[y_{min}, y_{max}]$. Hierbei heißt δ_1 *linke Spannweite*, δ_2 *rechte Spannweite*, m_l *linke Maximalstelle* und m_r *rechte Maximalstelle*.

Je nach Wahl der Parameter δ_1 und δ_2 erhalten wir eine symmetrische oder eine nicht symmetrische Trapezfunktion und je nach Wahl der Parameter m_l und m_r stellt der Maximalbereich ein echtes Intervall oder eine Zahl dar.

(1.13) Definition:

Es seien $a, m_l, m_r, \delta_1, \delta_2 \in \mathbb{R}$ mit $\delta_1, \delta_2 > 0$ und $m_l \leq m_r$. Ferner seien $y_{min}, y_{max} \in [0,1]$ mit $y_{min} \leq y_{max}$. Ist Λ eine Trapezfunktion gemäß Definition 1.12 dann heißt

$$\Lambda_{\mathrm{S}(m_l,m_r,\delta,y_{min},y_{max})} := \Lambda_{(m_l,m_r,\delta,\delta,y_{min},y_{max})}$$

symmetrische Trapezfunktion mit dem Maximalbereich $[m_l, m_r]$ und der Spannweite δ,

$$\Lambda_{\mathrm{N}(a,\delta_1,\delta_2,y_{min},y_{max})} := \Lambda_{(a,a,\delta_1,\delta_2,y_{min},y_{max})}$$

Dreiecksfunktion mit der Maximalstelle a und

$$\Lambda_{\mathrm{SN}(a,\delta,y_{min},y_{max})} := \Lambda_{\mathrm{N}(a,\delta,\delta,y_{min},y_{max})} = \Lambda_{(a,a,\delta,\delta,y_{min},y_{max})}$$

symmetrische Dreiecksfunktion mit der Maximalstelle a und der Spannweite δ.

Für die Funktionsvorschrift der Zugehörigkeitsfunktion einer *triangulären* Fuzzy-Menge gilt also

(1.14) Korollar:

Ist $\Lambda_{\mathrm{N}(a,\delta_1,\delta_2,y_{min},y_{max})}$ eine trianguläre Funktion gemäß Definition 1.13, dann gilt

$$\Lambda_{\mathrm{N}(\dots)}(x) := \begin{cases} \max\left(y_{min}, y_{min} + \frac{y_{max}-y_{min}}{\delta_1}(x - a + \delta_1)\right) & \text{für } x \leq a \\ \max\left(y_{min}, y_{min} + \frac{y_{max}-y_{min}}{\delta_2}(a + \delta_2 - x)\right) & \text{für } x > a. \end{cases}$$

Betrachten wir nun einige Beispiele.

(1.15) Beispiele:

① Es sei $\mu := \Lambda_{(4,6,2,2,0,1)}$ eine Trapezfunktion über $[0,1]$ gemäß Definition 1.12. Dann hat $\mu : \mathbb{R} \to [0,1]$ mit

$$\mu(x) := \begin{cases} \max(0, \frac{1}{2}(x-2)) & \text{für } x < 4 \\ 1 & \text{für } x \in [4,6] \\ \max(0, \frac{1}{2}(8-x)) & \text{für } x > 6 \end{cases}$$

die linke Maximalstelle 4, die rechte Maximalstelle 6 und 2 als linke und rechte Spannweite (siehe Abbildung 1.15.1). Da die linke und die rechte Spannweite miteinander übereinstimmen, ist die Zugehörigkeitsfunktion symmetrisch und es gilt $\mu = \Lambda_{S(4,6,2,0,1)}$. Die zugehörige Fuzzy-Menge ist eine mögliche Modellierung für „reelle Zahlen, ungefähr zwischen 4 und 6“.

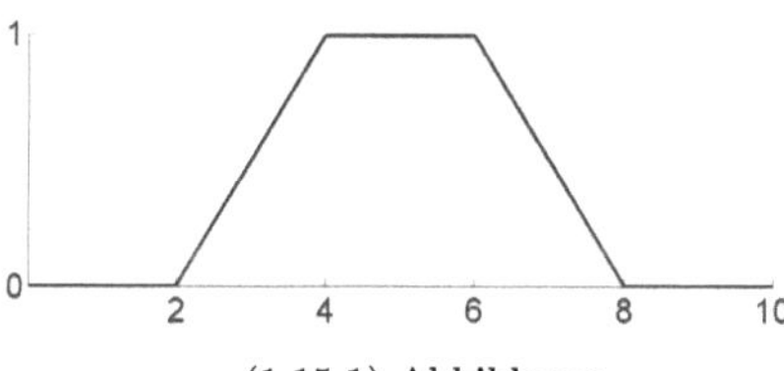

(1.15.1) Abbildung:
Symmetrische, trapezförmige Zugehörigkeitsfunktion

② Es sei $\mu := \Lambda_{(4,6,1,2,0,1)}$ eine Trapezfunktion über $[0,1]$ gemäß Definition 1.12. Dann hat $\mu : \mathbb{R} \to [0,1]$ mit

$$\mu(x) := \begin{cases} \max(0, x-3) & \text{für } x < 4 \\ 1 & \text{für } x \in [4,6] \\ \max(0, \frac{1}{2}(8-x)) & \text{für } x > 6 \end{cases}$$

die linke Maximalstelle 4, die rechte Maximalstelle 6, die linke Spannweite 1 und die rechte Spannweite 2. Die zugehörige Fuzzy-Menge ist eine mögliche Modellierung für „reelle Zahlen zwischen 4 und ungefähr 6“ (siehe Abbildung 1.15.2).

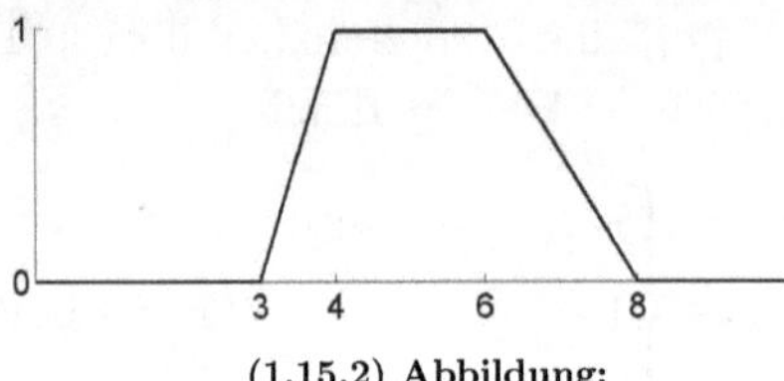

(1.15.2) Abbildung:
Trapezförmige Zugehörigkeitsfunktion

③ Es sei $\mu := \Lambda_{\mathrm{N}(6,4,1,0,1)}$ eine Dreiecksfunktion über $[0,1]$ gemäß Definition 1.13. Dann hat $\mu : \mathbb{R} \to [0,1]$ mit

$$\mu(x) := \begin{cases} \max(0, \frac{1}{4}(x-2)) & \text{für } x < 6 \\ 1 & \text{für } x = 6 \\ \max(0, 7-x) & \text{für } x > 6 \end{cases}$$

die Maximalstelle 6, die linke Spannweite 4 und die rechte Spannweite 1. Die zugehörige Fuzzy-Menge ist eine mögliche Modellierung für „reelle Zahlen gleich 6, eher etwas weniger“ (siehe Abbildung 1.15.3).

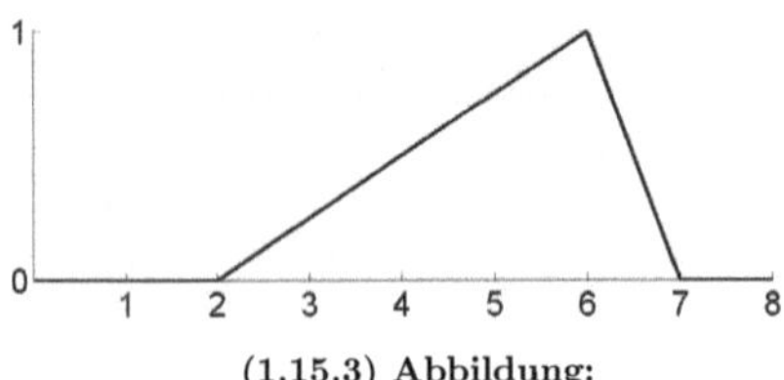

(1.15.3) Abbildung:
Dreiecksförmige Zugehörigkeitsfunktion

1.3.2 Sigmoide und darauf basierende Funktionen

Die bisher vorgestellten parametrisierten Zugehörigkeitsfunktionen sind linear definiert und besitzen daher keine fließenden Übergänge. Wie wir bereits bei der Interpolation von diskret gegebenen Fuzzy-Mengen gesehen haben, ist die Verwendung von Zugehörigkeitsfunktionen mit fließenden bzw. glatten Übergängen in speziellen Anwendungsfällen durchaus sinnvoll und wünschenswert. Eine weit verbreitete Möglichkeit zur Definition von parametrisierten Zugehörigkeitsfunktionen mit dieser Eigenschaft ist die Verwendung von sigmoiden Funktionen (auch *S-Funktionen* genannt) und der darauf basierenden Funktionen ([18],[32]). Die sigmoiden Funktionen zeichnen sich dadurch aus, dass ihre Graphen vom Funktionsminimum ausgehend zunächst ein konvexes und nach dem Wendepunkt ein konkaves Krümmungsverhalten aufweisen, um dann schließlich das Funktionsmaximum einzunehmen (siehe Abbildung 1.15.4).

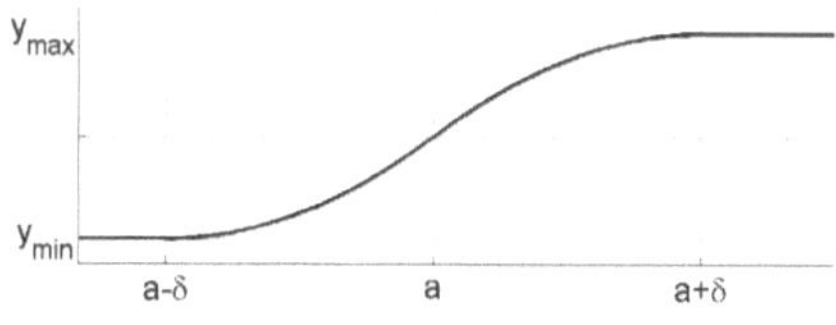

(1.15.4) Abbildung:
Sigmoide Zugehörigkeitsfunktion

Wir leiten nun die Funktionsvorschrift für eine sigmoide Funktion zweiten Grades gemäß Abbildung 1.15.4 her. Seien dazu $y_{min}, y_{max} \in [0,1]$ mit $y_{min} \leq y_{max}$ und $a, \delta \in \mathbb{R}$ mit $\delta > 0$. Sei ferner $x \in \mathbb{R}$ und $f : \mathbb{R} \to [\mathrm{y_{min}}, \mathrm{y_{max}}] \subseteq [0,1]$ unsere gesuchte sigmoide Funktion. Dann fordern wir zunächst für $x \leq a - \delta$

$$f(x) = y_{min}$$

und für $x \geq a + \delta$

$$f(x) = y_{max}.$$

Aus den weiteren Forderungen

$$f(a - \delta) = y_{min}$$

und

$$f(a) = \frac{y_{min} + y_{max}}{2}$$

ergibt sich

$$f(x) = y_{min} + \frac{y_{max} - y_{min}}{2}\left(1 + \tfrac{1}{\delta}(x-a)\right)^2$$

für $a - \delta \leq x \leq a$. Analog erhalten wir wegen der Forderung

$$f(a+\delta) = y_{max}$$

für $a \leq x \leq a + \delta$

$$f(x) = y_{max} - \frac{y_{max} - y_{min}}{2}\left(1 + \tfrac{1}{\delta}(a-x)\right)^2.$$

Wir erhalten damit

$$f(x) = \begin{cases} y_{min} & \text{für } x \leq a - \delta \\ y_{min} + \frac{y_{max}-y_{min}}{2}\left(1 + \frac{1}{\delta}(x-a)\right)^2 & \text{für } x \in]a-\delta, a] \\ y_{max} - \frac{y_{max}-y_{min}}{2}\left(1 + \frac{1}{\delta}(a-x)\right)^2 & \text{für } x \in]a, a+\delta[\\ y_{max} & \text{für } x \geq a + \delta. \end{cases}$$

und können somit definieren:

(1.16) Definition:

Sind $a, \delta \in \mathbb{R}$ und $y_{min}, y_{max} \in [0,1]$ mit $\delta > 0$ und $y_{min} \leq y_{max}$, dann heißt die parametrisierte Funktion

$$S_{(a,\delta,y_{min},y_{max})} : \mathbb{R} \to [\mathrm{y_{min}}, \mathrm{y_{max}}] \subseteq [0,1]$$

mit

$$S_{(\ldots)}(x) := \begin{cases} y_{min} & \text{für } x \leq a - \delta \\ y_{min} + \frac{y_{max}-y_{min}}{2}\left(1 + \frac{1}{\delta}(x-a)\right)^2 & \text{für } x \in]a-\delta, a] \\ y_{max} - \frac{y_{max}-y_{min}}{2}\left(1 + \frac{1}{\delta}(a-x)\right)^2 & \text{für } x \in]a, a+\delta[\\ y_{max} & \text{für } x \geq a + \delta. \end{cases}$$

sigmoide Funktion (oder *S-Funktion*) über $[y_{min}, y_{max}]$ mit der *Wendestelle* a und der *Distanz* δ.

Die Neigung der Kurve einer sigmoiden Funktion nach Definition 1.16 ist selbstverständlich umso flacher, je größer die Distanz δ gewählt wird. Wählen wir $y_{min} = 0$ und $y_{max} = 1$, so erhalten wir

$$S'_{(a,\delta)} := S_{(a,\delta,0,1)}(x) := \begin{cases} 0 & \text{für } x \leq a - \delta \\ \frac{1}{2}(1 + \frac{1}{\delta}(x-a))^2 & \text{für } x \in]a-\delta, a] \\ 1 - \frac{1}{2}(1 + \frac{1}{\delta}(a-x))^2 & \text{für } x \in]a, a+\delta[\\ 1 & \text{für } x \geq a + \delta \end{cases}$$

$$= \begin{cases} 0 & \text{für } x \leq a - \delta \\ 2(\frac{x-a+\delta}{2\delta})^2 & \text{für } x \in]a-\delta, a] \\ 1 - 2(\frac{a+\delta-x}{2\delta})^2 & \text{für } x \in]a, a+\delta[\\ 1 & \text{für } x \geq a + \delta, \end{cases}$$

die in der Literatur am weitesten verbreitete Form ([14],[18],[32]).

(1.17) Beispiel:

Es sei $\mu := S_{(5,4,0,1)}$ eine sigmoide Funktion über $[0, 1]$ gemäß Definition 1.16. Dann hat $\mu : \mathbb{R} \to [0, 1]$ mit

$$\mu(x) := \begin{cases} 0 & \text{für } x \leq 1 \\ \frac{(x-1)^2}{32} & \text{für } x \in]1, 5] \\ 1 - \frac{(9-x)^2}{32} & \text{für } x \in]5, 9[\\ 1 & \text{für } x \geq 9 \end{cases}$$

die Wendestelle 5 und die Distanz 4. Die zugehörige Fuzzy-Menge ist eine mögliche Modellierung für „reelle Zahlen, wesentlich größer als Eins“.

Das klassische Gegenstück zu den sigmoiden Funktionen sind die *Z-Funktionen* [18]. Diese zeichnen sich dadurch aus, dass ihre Graphen vom Funktionsmaximum ausgehend zunächst ein konkaves und nach dem Wendepunkt ein konvexes

Krümmungsverhalten aufweisen, um dann schließlich das Funktionsminimum einzunehmen (siehe Abbildung 1.17.1).

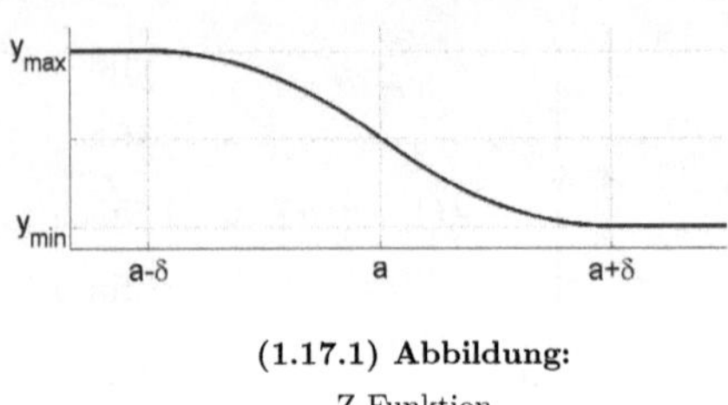

(1.17.1) Abbildung:
Z-Funktion

Wir erhalten für eine Z-Funktion Z zweiten Grades bei Verwendung einer sigmoiden Funktion S gemäß Definition 1.16 die Funktionsvorschrift ganz leicht, indem wir

$$Z_{(a,\delta,y_{min},y_{max})}(x) := y_{min} + (y_{max} - S_{(a,\delta,y_{min},y_{max})}(x))$$

setzen.

(1.18) Definition:

Es seien $a, \delta \in \mathbb{R}$ mit $\delta > 0$ und $y_{min}, y_{max} \in [0,1]$ mit $y_{min} \leq y_{max}$. Ist $S_{(\ldots)}$ eine sigmoide Funktion gemäß Definition 1.16, dann heißt die parametrisierte Funktion

$$Z_{(a,\delta,y_{min},y_{max})} : \mathbb{R} \rightarrow [\mathrm{y_{min}}, \mathrm{y_{max}}] \subseteq [0,1]$$

mit

$$Z_{(\ldots)}(x) := y_{min} + (y_{max} - S_{(a,\delta,y_{min},y_{max})}(x))$$

Z-Funktion über $[y_{min}, y_{max}]$ mit der *Wendestelle* a und der *Distanz* δ.

Kombinieren wir nun eine sigmoide Funktion und eine Z-Funktion auf kanonische Art und Weise, so erhalten wir die sogenannte PI-Funktion (siehe Abbildung 1.19.1).

(1.19) Definition:

Es seien $m_l, m_r, \delta_1, \delta_2 \in \mathbb{R}$ mit $\delta_1, \delta_2 > 0$ und $m_l \leq m_r$. Ferner seien $y_{min}, y_{max} \in [0,1]$ mit $y_{min} \leq y_{max}$. Ist $S_{(\ldots)}$ eine sigmoide Funktion und $Z_{(\ldots)}$ eine Z-Funktion, dann heißt die parametrisierte Funktion

$$\Pi_{(m_l,m_r,\delta_1,\delta_2,y_{min},y_{max})} : \mathbb{R} \to [\mathrm{y}_{\min}, \mathrm{y}_{\max}] \subseteq [0,1]$$

mit

$$\Pi_{(\ldots)}(x) := \begin{cases} S_{(m_l-\frac{\delta_1}{2},\frac{\delta_1}{2},y_{min},y_{max})}(x) & \text{für } x < m_l \\ y_{max} & \text{für } x \in [m_l, m_r] \\ Z_{(m_r+\frac{\delta_2}{2},\frac{\delta_2}{2},y_{min},y_{max})}(x) & \text{für } x > m_r \end{cases}$$

PI-Funktion über $[y_{min}, y_{max}]$. Hierbei heißt δ_1 *linke Spannweite*, δ_2 *rechte Spannweite*, m_l *linke Maximalstelle* und m_r *rechte Maximalstelle*.

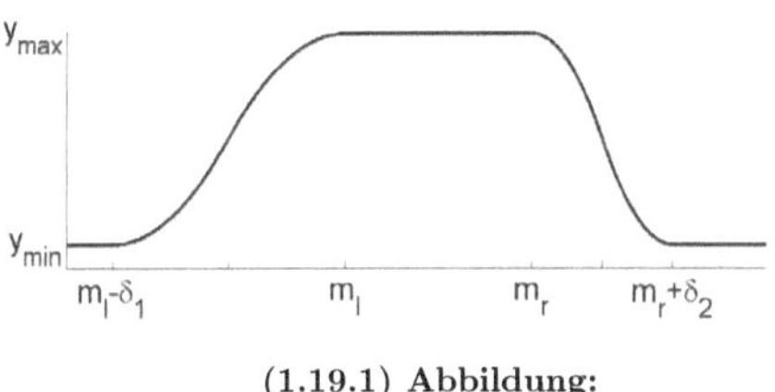

(1.19.1) Abbildung:
PI-Funktion

Je nach Wahl der Parameter δ_1 und δ_2 erhalten wir in Analogie zu den Trapezfunktionen eine symmetrische oder eine nicht symmetrische PI-Funktion und je nach Wahl der Parameter m_l und m_r stellt der Maximalbereich ein echtes Intervall oder eine Zahl dar.

(1.20) Definition:

Es seien $m_l, m_r, \delta_1, \delta_2 \in \mathbb{R}$ mit $\delta_1, \delta_2 > 0$ und $m_l \leq m_r$. Ferner seien $y_{min}, y_{max} \in [0,1]$ mit $y_{min} \leq y_{max}$. Ist $\Pi_{(\ldots)}$ eine PI-Funktion gemäß Definition 1.19 dann heißt

$$\Pi_{\mathrm{S}(m_l,m_r,\delta,y_{min},y_{max})} := \Pi_{(m_l,m_r,\delta,\delta,y_{min},y_{max})}$$

symmetrische PI-Funktion mit dem Maximalbereich $[m_l, m_r]$ und der Spannweite δ,

$$\Pi_{\mathrm{N}(a,\delta_1,\delta_2,y_{min},y_{max})} := \Pi_{(a,a,\delta_1,\delta_2,y_{min},y_{max})}$$

PI-Funktion mit der Maximalstelle a und

$$\Pi_{\mathrm{SN}(a,\delta,y_{min},y_{max})} := \Pi_{\mathrm{N}(a,\delta,\delta,y_{min},y_{max})} = \Pi_{(a,a,\delta,\delta,y_{min},y_{max})}$$

symmetrische PI-Funktion mit der Maximalstelle a und der Spannweite δ.

Um das Handling mit PI-Funktionen zu vereinfachen, werden wir nun für diese die konkreten Funktionsvorschriften bezüglich der in den Definitionen 1.16 und 1.18 definierten S- und Z-Funktionen herleiten und soweit wie möglich vereinfachen.

(1.21) Korollar:

Es seien $a, m_l, m_r, \delta_1, \delta_2 \in \mathbb{R}$ mit $\delta_1, \delta_2 > 0, m_l \leq m_r$. Ferner sei $y_{min}, y_{max} \in [0,1]$ mit $y_{min} \leq y_{max}$. Dann gilt

i) $\Pi_{(m_l,m_r,\delta_1,\delta_2,y_{min},y_{max})} =$

$$\begin{cases} y_{min} + 2(y_{max} - y_{min})(1 + \frac{1}{\delta_1}(x - m_l))^2 & \text{für } x \in \,]m_l - \delta_1, m_l - \frac{\delta_1}{2}] \\ y_{max} - 2(y_{max} - y_{min})(\frac{1}{\delta_1}(m_l - x))^2 & \text{für } x \in \,]m_l - \frac{\delta_1}{2}, m_l[\\ y_{max} & \text{für } x \in [m_l, m_r] \\ y_{max} - 2(y_{max} - y_{min})(\frac{1}{\delta_2}(x - m_r))^2 & \text{für } x \in \,]m_r, m_r + \frac{\delta_2}{2}] \\ y_{min} + 2(y_{max} - y_{min})(1 + \frac{1}{\delta_2}(m_r - x))^2 & \text{für } x \in \,]m_r + \frac{\delta_2}{2}, m_r + \delta_2] \\ y_{min} & \text{sonst} \end{cases}$$

(vgl. Abbildung 1.19.1),

ii) $\Pi_{\mathrm{N}(a,\delta_1,\delta_2,y_{min},y_{max})} =$

$$\begin{cases} y_{min} + 2(y_{max} - y_{min})(1 + \frac{1}{\delta_1}(x-a))^2 & \text{für } x \in]a-\delta_1, a-\frac{\delta_1}{2}] \\ y_{max} - 2(y_{max} - y_{min})(\frac{1}{\delta_1}(a-x))^2 & \text{für } x \in]a-\frac{\delta_1}{2}, a] \\ y_{max} - 2(y_{max} - y_{min})(\frac{1}{\delta_2}(x-a))^2 & \text{für } x \in]a, a+\frac{\delta_2}{2}] \\ y_{min} + 2(y_{max} - y_{min})(1 + \frac{1}{\delta_2}(a-x))^2 & \text{für } x \in]a+\frac{\delta_2}{2}, a+\delta_2] \\ y_{min} & \text{sonst} \end{cases}$$

(vgl. Abbildung 1.21.1),

iii) $\Pi_{\mathrm{SN}(a,\delta,y_{min},y_{max})} =$

$$\begin{cases} y_{min} + 2(y_{max} - y_{min})(1 + \frac{1}{\delta}(x-a))^2 & \text{für } x \in]a-\delta, a-\frac{\delta}{2}] \\ y_{max} - 2(y_{max} - y_{min})(\frac{1}{\delta}(a-x))^2 & \text{für } x \in]a-\frac{\delta}{2}, a+\frac{\delta}{2}] \\ y_{min} + 2(y_{max} - y_{min})(1 + \frac{1}{\delta}(a-x))^2 & \text{für } x \in]a+\frac{\delta}{2}, a+\delta] \\ y_{min} & \text{sonst} \end{cases}$$

(vgl. Abbildung 1.21.2).

Beweis.

Seien also $a, m_l, m_r, \delta_1, \delta_2 \in \mathbb{R}$ mit $\delta_1, \delta_2 > 0, m_l \leq m_r$ und $y_{min}, y_{max} \in [0,1]$ mit $y_{min} \leq y_{max}$. Dann gilt nach Definition 1.19 zunächst

$$\Pi_{(\ldots)} = \begin{cases} S_{(m_l - \frac{\delta_1}{2}, \frac{\delta_1}{2}, y_{min}, y_{max})}(x) & \text{für } x < m_l \\ y_{max} & \text{für } x \in [m_l, m_r] \\ Z_{(m_r + \frac{\delta_2}{2}, \frac{\delta_2}{2}, y_{min}, y_{max})}(x) & \text{für } x > m_r \end{cases}$$

$$= \begin{cases} y_{min} & \text{für } x \leq m_l - \delta_1 \\ y_{min} + \frac{y_{max}-y_{min}}{2}(1 + \frac{2}{\delta_1}(x - m_l + \frac{\delta_1}{2}))^2 & \text{für } x \in]m_l - \delta_1, m_l - \frac{\delta_1}{2}] \\ y_{max} - \frac{y_{max}-y_{min}}{2}(1 + \frac{2}{\delta_1}(m_l - \frac{\delta_1}{2} - x))^2 & \text{für } x \in]m_l - \frac{\delta_1}{2}, m_l[\\ y_{max} & \text{für } x \in [m_l, m_r] \\ y_{max} - \frac{y_{max}-y_{min}}{2}(1 + \frac{2}{\delta_2}(x - m_r - \frac{\delta_2}{2}))^2 & \text{für } x \in]m_r, m_r + \frac{\delta_2}{2}] \\ y_{min} + \frac{y_{max}-y_{min}}{2}(1 + \frac{2}{\delta_2}(m_r + \frac{\delta_2}{2} - x))^2 & \text{für } x \in]m_r + \frac{\delta_2}{2}, m_r + \delta_2] \\ y_{min} & \text{für } x \geq m_r + \delta_2, \end{cases}$$

damit

$$\Pi_{(\dots)} = \begin{cases} y_{min} + \frac{y_{max}-y_{min}}{2}(2 + \frac{2}{\delta_1}(x - m_l))^2 & \text{für } x \in]m_l - \delta_1, m_l - \frac{\delta_1}{2}] \\ y_{max} - \frac{y_{max}-y_{min}}{2}(\frac{2}{\delta_1}(m_l - x))^2 & \text{für } x \in]m_l - \frac{\delta_1}{2}, m_l[\\ y_{max} & \text{für } x \in [m_l, m_r] \\ y_{max} - \frac{y_{max}-y_{min}}{2}(\frac{2}{\delta_2}(x - m_r))^2 & \text{für } x \in]m_r, m_r + \frac{\delta_2}{2}] \\ y_{min} + \frac{y_{max}-y_{min}}{2}(2 + \frac{2}{\delta_2}(m_r - x))^2 & \text{für } x \in]m_r + \frac{\delta_2}{2}, m_r + \delta_2] \\ y_{min} & \text{sonst} \end{cases}$$

und somit für $\Pi_{(m_l,m_r,\delta_1,\delta_2,y_{min},y_{max})}$ die angegebene Funktionsvorschrift. Hieraus ergeben sich auch direkt die Funktionsvorschriften $\Pi_{\mathrm{N}(a,\delta_1,\delta_2,y_{min},y_{max})}$ (für eine PI-Funktion mit einer Zahl als Maximalbereich; vgl. Abbildung 1.21.1) und $\Pi_{\mathrm{SN}(a,\delta_1,\delta_2,y_{min},y_{max})}$ (für eine symmetrische PI-Funktion mit einer Zahl als Maximalbereich; vgl. Abbildung 1.21.2). □

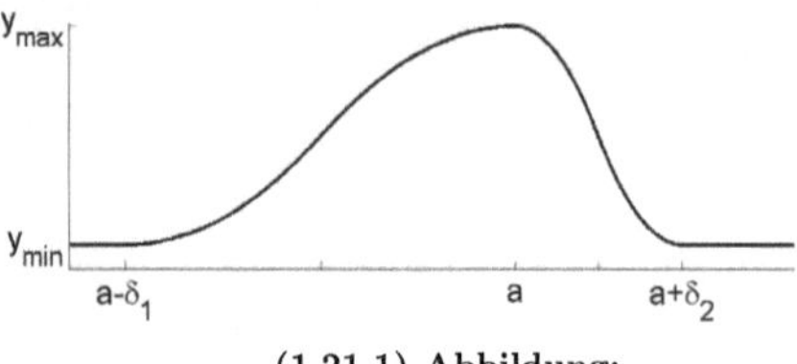

(1.21.1) Abbildung:
nicht symmetrische PI-Funktion mit Maximalstelle

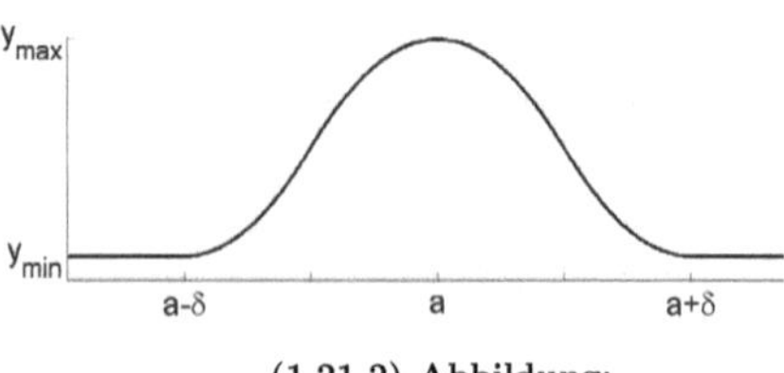

(1.21.2) Abbildung:
symmetrische PI-Funktion mit Maximalstelle

(1.22) Beispiele:

① Es sei $\mu := \Pi_{\mathrm{SN}(5,4,0,1)}$ eine symmetrische PI-Funktion über $[0,1]$ gemäß Definition 1.20. Dann hat μ die Maximalstelle 5 und die Spannweite 4 (siehe Abbildung 1.22.1). Die zugehörige Fuzzy-Menge ist eine mögliche Modellierung für „reelle Zahlen, ungefähr gleich 5“.

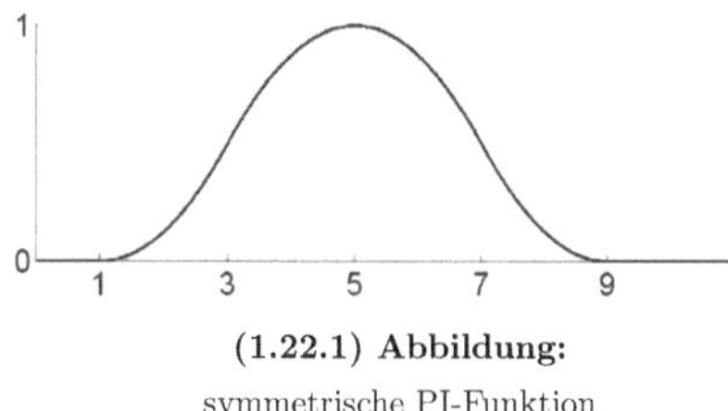

(1.22.1) Abbildung:
symmetrische PI-Funktion

② Es sei $\mu := \Pi_{\mathrm{N}(6,2,4,0,1)}$ eine PI-Funktion gemäß Definition 1.20. Dann hat μ hat die Maximalstelle 6, eine linke Spannweite von 2 und eine rechte Spannweite von 4 (siehe Abbildung 1.22.2). Die zugehörige Fuzzy-Menge ist eine mögliche Modellierung für „reelle Zahlen, ungefähr gleich (oder höchstens etwas größer als) 6“.

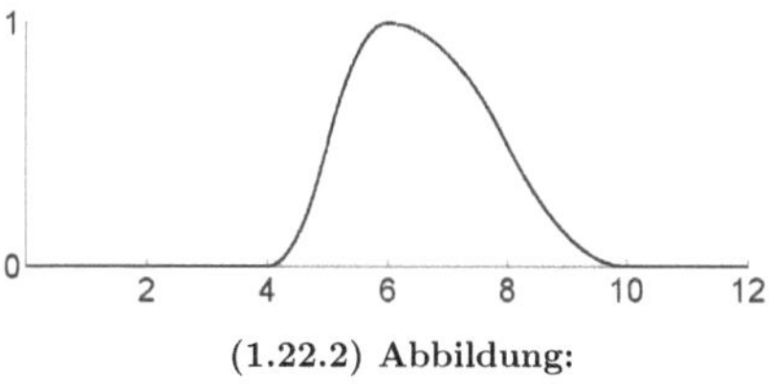

(1.22.2) Abbildung:
nicht symmetrische PI-Funktion

1.3.3 Fuzzy-Zahlen und -Intervalle mit L-R-Darstellung

Wie wir gesehen haben, können wir auf Basis der parametrisierten Zugehörigkeitsfunktionen Λ und Π auf einfache Art und Weise Fuzzy-Mengen zur Modellierung von Fuzzy-Zahlen und Fuzzy-Intervallen definieren (vgl. Beispiel 1.15 und Beispiel 1.22). Insbesondere erfahren hiervon die triangulären bzw. trapezförmigen Zugehörigkeitsfunktionen in praktischen Anwendungen die meiste Verwendung (Warum dies durchaus auch sinnvoll ist, werden wir am Ende des nächsten Kapitels erfahren, wo wir uns mit der Ähnlichkeit von Modellierungen beschäftigen werden).

Zur Modellierung von Fuzzy-Zahlen und -Intervalle werden die Fuzzy-Mengen hierbei so definiert, dass ein Zugehörigkeitsgrad für die zu modellierende scharfe Zahl bzw. das zu modellierende Intervall von Eins angenommen wird. Unter dieser Voraussetzung sind sowohl die durch eine PI-Funktion als auch die durch eine Trapezfunktion definierten Fuzzy-Mengen letztendlich Repräsentanten der sogenannten *Fuzzy-Zahlen* bzw. *Fuzzy-Intervalle* mit *L-R-Darstellung* (auch *L-R-Fuzzy-Zahlen* bzw. *L-R-Fuzzy-Intervalle* genannt). So läßt sich beispielsweise die Trapezfunktion mit der Zugehörigkeitsfunktion

$$\Lambda_{(m_l,m_r,\delta_1,\delta_2,0,1)} = \begin{cases} \max(0, \frac{1}{\delta_1}(x - m_l + \delta_1)) & \text{für } x < m_l \\ 1 & \text{für } x \in [m_l, m_r] \\ \max(0, \frac{1}{\delta_2}(m_r + \delta_2 - x)) & \text{für } x > m_r \end{cases}$$

(vgl. Definition 1.12) auch notieren als

$$\Lambda_{(m_l,m_r,\delta_1,\delta_2,0,1)} = \begin{cases} L_\Lambda\left(\frac{m_l - x}{\delta_1}\right) & \text{für } x < m_l \\ 1 & \text{für } x \in [m_l, m_r] \\ R_\Lambda\left(\frac{x - m_r}{\delta_2}\right) & \text{für } x > m_r \end{cases}$$

mit

$$L_\Lambda(u) := R_\Lambda(u) := \max(0, 1 - u).$$

Hierbei nennt man L_Λ und R_Λ *Referenzfunktionen.*

Allgemein definiert man (vgl. [20]):

(1.23) Definition:

Es seien $a, m_l, m_r, \delta_1, \delta_2 \in \mathbb{R}$ mit $\delta_1, \delta_2 > 0$ und $m_l < m_r$. Dann heißt eine Fuzzy-Menge $\widetilde{M}$

1. *L-R-Fuzzy-Zahl*, wenn sich ihre Zugehörigkeitsfunktion $\mu_{\widetilde{M}}$ darstellen läßt als

$$\mu_{\widetilde{M}}(x) = \begin{cases} L\left(\frac{a-x}{\delta_1}\right) & \text{für } x \leq a \\ R\left(\frac{x-a}{\delta_2}\right) & \text{für } x > a \end{cases}$$

beziehungsweise

2. *L-R-Fuzzy-Intervall*, wenn sich ihre Zugehörigkeitsfunktion $\mu_{\widetilde{M}}$ darstellen läßt als

$$\mu_{\widetilde{M}}(x) = \begin{cases} L\left(\frac{m_l-x}{\delta_1}\right) & \text{für } x < m_l \\ 1 & \text{für } x \in [m_l, m_r] \\ R\left(\frac{x-m_r}{\delta_2}\right) & \text{für } x > m_r, \end{cases}$$

wobei $L, R : [0, \infty[\longrightarrow [0, 1]$ nicht steigende Funktionen in $[0, \infty[$ sind mit $L(0) = R(0) = 1$. Die Funktion L bzw. R heißt dann *linke* bzw. *rechte Referenzfunktion* der L-R-Fuzzy-Zahl $(a; \delta_1; \delta_2)_{LR}$ bzw. des L-R-Fuzzy-Intervalls $(m_l; m_r; \delta_1; \delta_2)_{LR}$ und die Größen δ_1, δ_2 *linke* bzw. *rechte Spannweite* von $\widetilde{M}$.

Betrachten wir dazu einige Beispiele.

(1.24) Beispiele:

① Die Trapezfunktion läßt sich (wie bereits gesehen) mit Hilfe der Referenzfunktionen L_Λ und R_Λ mit

$$L_\Lambda(u) := R_\Lambda(u) := \max(0, 1-u)$$

darstellen. Daher ist beispielsweise $\widetilde{M} := (4; 6; 1; 2)_{L_\Lambda R_\Lambda}$ eine mögliche Modellierung für „reelle Zahlen zwischen 4 und ungefähr 6" (siehe Abbildung 1.15.2).

② Die PI-Funktion läßt sich mit Hilfe der Referenzfunktionen L_Π und R_Π mit

$$L_\Pi(u) := R_\Pi(u) := \begin{cases} 1 - 2u^2 & \text{für } u \leq \frac{1}{2} \\ \max(0, 2(1-u)^2) & \text{für } u > \frac{1}{2} \end{cases}$$

darstellen. Daher ist beispielsweise $\widetilde{M} := (6; 2; 4)_{L_\Pi R_\Pi}$ eine mögliche Modellierung für „reelle Zahlen, ungefähr gleich (oder höchstens etwas größer als) 6" (siehe Abbildung 1.22.2).

③ Es seien

$$L(u) := L_\Lambda(u) := \max(0, 1-u)$$

und

$$R(u) := \frac{1}{1+u^2}$$

die Referenzfunktionen der L-R-Fuzzy-Zahl $\widetilde{M} := (4; 2; 1)_{LR}$. Die Fuzzy-Menge $\widetilde{M}$ ist dann eine mögliche Modellierung für „reelle Zahlen, ungefähr gleich (oder etwas größer als) 4" (siehe Abbildung 1.24.1).

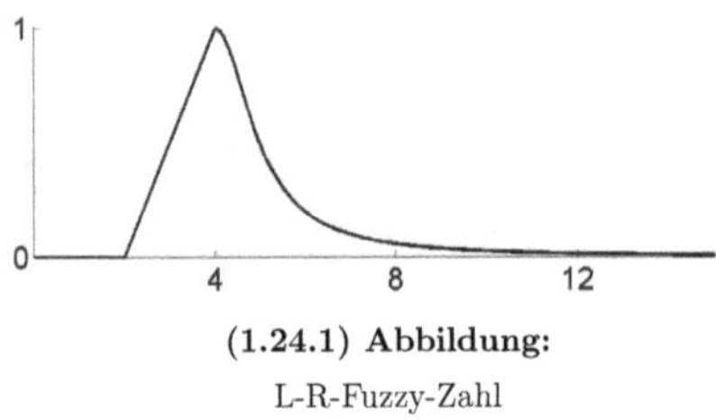

(1.24.1) Abbildung:
L-R-Fuzzy-Zahl

Es stellt sich nun die Frage in wieweit sich verschiedene (potentielle) Modellierungen voneinander unterscheiden. So besitzt beispielsweise der Kurvenverlauf einer PI-Funktion ähnliche Merkmale wie der einer trapez- bzw. dreiecksförmigen Zugehörigkeitsfunktion. Wir werden daher im nächsten Kapitel ein Instrumentarium zum Vergleich von Fuzzy-Mengen entwickeln.

1.4 Übungsaufgaben

(1.25) Aufgaben:

Aufgabe 1 (Zugehörigkeiten versus Wahrscheinlichkeiten):

Am Ende eines erfolgreichen 22 Mio. € - Gewinnspiels werden dem potentiellen Gewinner zwei Koffer angeboten, zwischen denen er sich entscheiden muss. Der erste Koffer enthält den Gewinn mit einer Wahrscheinlichkeit von 0.01 und der zweite Koffer gehört mit dem Zugehörigkeitsgrad 0.01 zum Gewinn. Wie entscheidet er sich, wenn er ...

a) ... sehr risikofreudig ist?

b) ... kein hohes Wagnis eingehen will?

Aufgabe 2 (Modellierungen):

Modellieren Sie mit L-R-Zahlen bzw. L-R-Intervallen die folgenden linguistischen Beschreibungen:

(a) „eine reelle Zahl ungefähr gleich 6“,

(b) „eine reelle Zahl ungefähr zwischen 2 und 5“,

(c) „einen Zeitraum ungefähr zwischen 30 und 35 Minuten“,

(d) „einen Zeitpunkt um ca. 20 Uhr“,

(e) „eine Länge von ca. 1.2 Meter“,

(f) „einen Höchstpreis von ca. 15000 €“.

Visualisieren Sie diese sowohl mit den Referenzfunktionen L_Λ, R_Λ als auch mit den Referenzfunktionen L_Π und R_Π.

Aufgabe 3 (Zugehörigkeitsfunktionen):

Es seien

$$\widetilde{A} := \{(0,0),(180,0),(190,0.5),(200,1),(230,1)\}$$
$$\widetilde{B} := \{(0,0),(1.5,0),(2,1),(4,1),(4.5,0),(6,0)\}$$
$$\widetilde{C} := \{(0,1),(3.5,1),(4,0),(6,0),(6.5,1),(10,1)\}$$

Fuzzy-Mengen über den reellen Zahlen.

(a) Bestimmen und visualisieren Sie für jede dieser Fuzzy-Mengen die zugehörige generelle Fuzzy-Menge über einem geeigneten Teilintervall der reellen Zahlen.

(b) Bestimmen Sie zur Fuzzy-Menge $\widetilde{B}$ die zugehörige - mit einem natürlichen kubischen Spline interpolierte - Fuzzy-Menge $\widetilde{B}_S$.

Aufgabe 4 (Interpretation):

Es seien

$$\widetilde{A} := \{(0,0),(180,0),(190,0.5),(200,1),(230,1)\}$$
$$\widetilde{B} := \{(0,0),(1.5,0),(2,1),(4,1),(4.5,0),(6,0)\}$$
$$\widetilde{C} := \{(0,1),(3.5,1),(4,0),(6,0),(6.5,1),(10,1)\}$$

Fuzzy-Mengen über den reellen Zahlen (vgl. Aufgabe 3 auf Seite 44). Geben Sie für jede dieser Fuzzy-Mengen eine mögliche Modellierungsabsicht an.

Kapitel 2

Charakterisierung und Ähnlichkeit von Fuzzy-Mengen

Die erste Regel, an die man sich in der Mathematik halten muss, ist, exakt zu sein. Die zweite Regel ist, klar und deutlich zu sein und nach Möglichkeit einfach.

LAZARE NICOLAS MARGUERITE CARNOT
(1753-1823)

2.1 Einführung

In der Praxis gibt es zu einem konkreten Modellierungsproblem oftmals eine Vielzahl von möglichen Modellierungen in Form von unterschiedlichen Fuzzy-Mengen. Möchten wir beispielsweise eine Modellierung für „reelle Zahlen, die ungefähr zwischen einer reellen Zahl m_l und einer reellen Zahl m_r liegen", so wäre beispielsweise sowohl eine PI-Funktion als auch eine Trapezfunktion denkbar. Es stellt sich somit die Frage, inwieweit verschiedene Modellierungen ähnlich zueinander sind bzw. welche Modellierung im konkreten Anwendungsfall vorzuziehen ist. Die Beantwortung dieser Frage setzt voraus, dass wir Fuzzy-Mengen miteinander vergleichen und deren spezifischen Charakteristika herausstellen können.

Die Grundidee bei der Charakterisierung und dem Vergleich von Fuzzy-Mengen besteht dabei darin, wesentliche Kenngrößen über eindeutig ableitbare Crisp-Mengen zu definieren. Dass dies auch sinnvoll ist, wird uns der sogenannte *Zerlegungssatz* (Satz 2.12) zeigen, mit dem es uns möglich ist beliebige Fuzzy-Mengen eineindeutig in Familien von Crisp-Mengen zu zerlegen. Ausgehend davon werden wir dann einen Ähnlichkeitsbegriff (sowohl in einer abgeschwächten als auch in einer stärkeren Form) entwickeln, den wir über die sogenannten *α-Schnitte* definieren werden (vgl. [10],[14],[20]).

(2.1) Definition:

Ist $\widetilde{M}$ eine Fuzzy-Menge über einem Universum U, dann heißt

1. $\text{cut}_{\geq\alpha}(\widetilde{M}) := \{x \in U : \mu_{\widetilde{M}}(x) \geq \alpha \text{ mit } \alpha \in]0,1]\}$ *α-Schnitt*,
2. $\text{cut}_{>\alpha}(\widetilde{M}) := \{x \in U : \mu_{\widetilde{M}}(x) > \alpha \text{ mit } \alpha \in [0,1[\}$ *scharfer α-Schnitt*,
3. $\text{supp}(\widetilde{M}) := \text{cut}_{>0}(\widetilde{M})$ *Träger* (Support),
4. $\text{core}(\widetilde{M}) := \text{cut}_{\geq 1}(\widetilde{M})$ *Kern*

der Fuzzy-Menge $\widetilde{M}$.

Enthält der Träger nur ein einziges Element, bezeichnet man die Fuzzy-Menge als *Singleton*. Ein Singleton ist aber durch seinen Träger noch nicht eindeutig bestimmt, da der genaue Zugehörigkeitsgrad noch unbekannt ist.

(2.2) Beispiele:

① Es sei

$$\widetilde{M} := \{(1,0),(4,0.6),(5,0.6),(6,1),(8,1),(9,0.8),(10,0.8),(11,0.9) \\ (12,0.9),(13,1),(14,1),(17,0),(18,0),(19,0.2),(20,0.2),(21,0)\}$$

eine Fuzzy-Menge über den reellen Zahlen und $\mathfrak{G}(\widetilde{M})$ die generelle Fuzzy-Menge zu $\widetilde{M}$. Die Zugehörigkeitsfunktion von $\mathfrak{G}(M)$ ist in Abbildung 2.2.1 dargestellt.

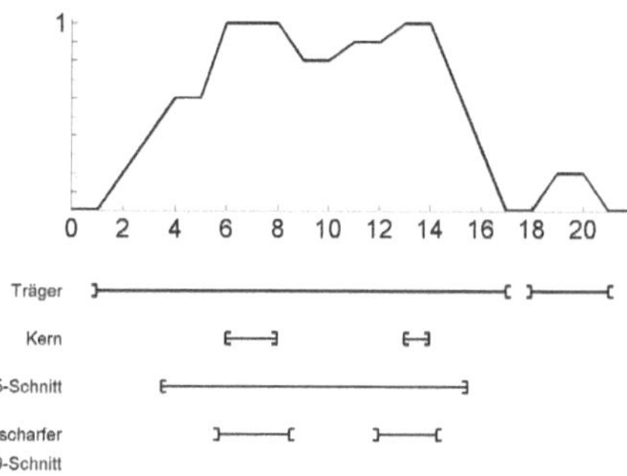

(2.2.1) Abbildung:
α-Schnitte, Träger und Kern einer Fuzzy-Menge

Für den Träger der Fuzzy-Menge $\mathfrak{G}(\widetilde{M})$ gilt

$$\operatorname{supp}(\mathfrak{G}(\widetilde{M})) =]1, 17[\cup]18, 21[,$$

für den Kern

$$\operatorname{core}(\mathfrak{G}(\widetilde{M})) = [6, 8] \cup [13, 14],$$

für den 0.5-Schnitt

$$\operatorname{cut}_{\geq 0.5}(\mathfrak{G}(\widetilde{M})) = [3.5, 15.5]$$

und schließlich

$$\operatorname{cut}_{>0.9}(\mathfrak{G}(\widetilde{M})) =]5.75, 8.5[\cup]12, 14.3[$$

für den scharfen 0.9-Schnitt von $\mathfrak{G}(\widetilde{M})$.

② Ist $\mu := \Lambda_{(m_l, m_r, \delta_1, \delta_2, y_{min}, y_{max})}$ eine Trapezfunktion gemäß Definition 1.12 und $\widetilde{M}$ die zugehörige Fuzzy-Menge, dann gilt für den Träger der Fuzzy-Menge $\widetilde{M}$

$$\operatorname{supp}(\widetilde{M}) = \mathbb{R},$$

falls $y_{min} > 0$ und

$$\operatorname{supp}(\widetilde{M}) =]m_l - \delta_1, m_r + \delta_2[,$$

falls $y_{min} = 0$. Für den Kern der Fuzzy-Menge $\widetilde{M}$ gilt

$$\text{core}(\widetilde{M}) = \emptyset,$$

falls $y_{max} < 1$ und

$$\text{core}(\widetilde{M}) = [m_l, m_r],$$

falls $y_{max} = 1$ (siehe Abbildung 1.11.3 auf Seite 26).

Da eine Fuzzy-Menge vor allem durch die Elemente mit einem Zugehörigkeitsgrad größer Null charakterisiert ist, erlangt der Träger einer Fuzzy-Menge eine besondere Bedeutung. Zwei Spezialfälle stellen die *leere* und die *universelle* Fuzzy-Menge dar, bei denen der Träger im ersten Fall leer ist und im zweiten Fall mit dem Universum übereinstimmt.

(2.3) Definition:

Ist $\widetilde{M}$ eine Fuzzy-Menge über einem Universum U, dann heißt

1. $\widetilde{\emptyset}_U := \{(x, 0) : x \in U\}$ *leere Fuzzy-Menge* über U,
2. $\widetilde{\mathfrak{U}}_U := \{(x, 1) : x \in U\}$ *universelle Fuzzy-Menge* über U.

Gilt für eine Fuzzy-Menge $\widetilde{M}$ über einem Universum U

$$\text{supp}(\widetilde{M}) = \text{core}(\widetilde{M}),$$

so können wir $\widetilde{M}$ als Fuzzy-Repräsentation einer klassischen Menge interpretieren, da nur die Zugehörigkeitsgrade Null und Eins angenommen werden. Die Abbildung 2.3.1 zeigt ein solches Beispiel.

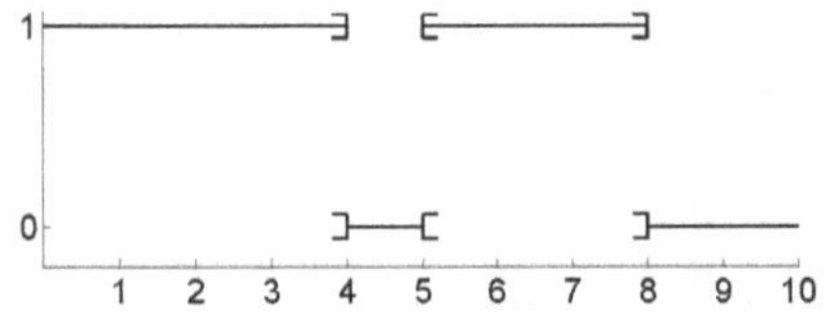

(2.3.1) Abbildung:
Fuzzy-Repräsentation einer Crisp-Menge

Da nach Definition die Werte der Zugehörigkeitsfunktion aus dem reellen Einheitsintervall sind, ist der Kern einer Fuzzy-Menge der niveauhöchste α-Schnitt. Dieser ist genau dann leer, wenn kein Element der betrachteten Fuzzy-Menge den Zugehörigkeitsgrad Eins besitzt. In diesem Fall interessiert man sich insbesondere für das Supremum der Zugehörigkeitsgrade.

(2.4) Definition:

Ist $\widetilde{M}$ eine Fuzzy-Menge über einem Universum U, dann heißt

$$\mathrm{hgt}(\widetilde{M}) := \sup_{x \in U} \mu_{\widetilde{M}}(x)$$

Höhe von $\widetilde{M}$. Gilt $\mathrm{hgt}(\widetilde{M}) = 1$, dann heißt $\widetilde{M}$ *normal.*

Obwohl hier die Höhe einer Fuzzy-Menge $\widetilde{M}$ über das Supremum der Zugehörigkeitsgrade definiert ist, stimmen in fast allen Anwendungsfällen das Supremum und das Maximum miteinander überein.

(2.5) Beispiele:

① Ist $\widetilde{M}$ die Fuzzy-Repräsentation einer nicht leeren klassischen Menge, dann besitzt $\widetilde{M}$ die Höhe 1.

② Es sei $f : \mathbb{R} \to [0,1]$ mit $f(x) := \frac{1}{1+(\frac{x}{4})^2}$. Ferner seien $\widetilde{N}$ und $\widetilde{S}$ die Fuzzy-Mengen mit den Zugehörigkeitsfunktionen $\mu_{\widetilde{N}} := f$ und $\mu_{\widetilde{S}} := \frac{2f}{3}$. Dann ist $\widetilde{N}$ wegen

$$\mathrm{hgt}(\widetilde{N}) = \sup_{x \in \mathbf{R}} \mu_{\widetilde{N}}(x) = \max_{x \in \mathbf{R}} \mu_{\widetilde{N}}(x) = 1$$

eine normale Fuzzy-Menge und $\widetilde{S}$ wegen

$$\mathrm{hgt}(\widetilde{S}) = \sup_{x \in \mathbf{R}} \mu_{\widetilde{S}}(x) = \max_{x \in \mathbf{R}} \mu_{\widetilde{S}}(x) = \frac{2}{3} < 1$$

keine normale Fuzzy-Menge im Sinne der Definition 2.4 (siehe Abbildung 2.5.1).

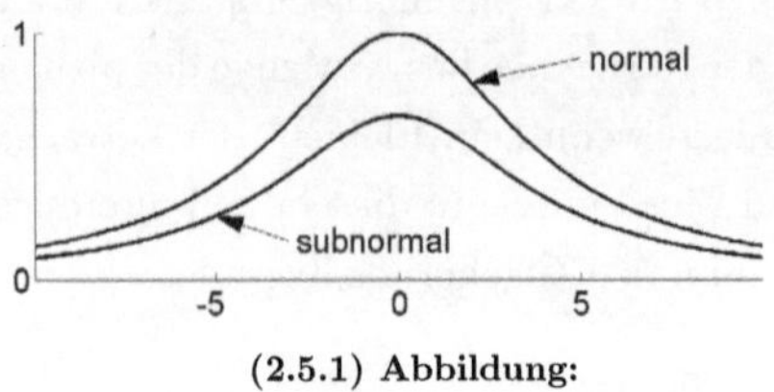

(2.5.1) Abbildung:
Normale und subnormale Fuzzy-Menge

Jede nicht leere Fuzzy-Menge $\widetilde{M}$ können wir durch eine einfache Maßstabstransformation der Zugehörigkeitswerte in eine normale Fuzzy-Menge $\Gamma(\widetilde{M})$ transformieren, indem wir die Zugehörigkeitsfunktion von $\Gamma(\widetilde{M})$ durch

$$\mu_{\Gamma(\widetilde{M})}(x) := \frac{\mu_{\widetilde{M}}(x)}{\mathrm{hgt}(\widetilde{M})}$$

definieren.

(2.6) Definition:

Ist $\widetilde{M}$ eine Fuzzy-Menge über einem Universum U mit der Zugehörigkeitsfunktion $\mu_{\widetilde{M}}$, dann ist für alle $\alpha \in \mathbb{R}$ mit $0 \leq \alpha \leq (\mathrm{hgt}(\widetilde{M}))^{-1}$ das α-*Vielfache* der Fuzzy-Menge $\widetilde{M}$ definiert durch:

$$\alpha\widetilde{M} := \{(x, \alpha\mu_{\widetilde{M}}(x)) : x \in U\}.$$

Ist $\widetilde{M}$ nicht leer, dann heißt die Fuzzy-Menge

$$\Gamma(\widetilde{M}) := \tfrac{1}{\mathrm{hgt}(\widetilde{M})}\,\widetilde{M}$$

normalisierte Fuzzy-Menge zu $\widetilde{M}$.

Die Normalisierung von Fuzzy-Mengen ist unter anderem dann nützlich, wenn man die Charakteristika der entsprechenden Zugehörigkeitsfunktionen miteinander vergleichen möchte. Hierbei sind in Analogie zur klassischen Mengenlehre in besonderem Maße die Teilmengenbeziehungen von Interesse, denen wir uns nun etwas näher widmen werden.

2.2 Teilmengenbeziehungen

Da Fuzzy-Mengen über ihre Zugehörigkeitsfunktionen eindeutig festgelegt sind, definiert man die Beziehungen zwischen Fuzzy-Mengen auf Basis ihrer Zugehörigkeitsfunktionen.

(2.7) Definition:

Es seien $\widetilde{A}$ und $\widetilde{B}$ zwei Fuzzy-Mengen mit den Zugehörigkeitsfunktionen $\mu_{\widetilde{A}}$ und $\mu_{\widetilde{B}}$ über einem gemeinsamen Universum U.

1. $\widetilde{A}$ und $\widetilde{B}$ heißen *gleich* (in Zeichen $\widetilde{A} = \widetilde{B}$), wenn für alle $x \in U$ gilt: $\mu_{\widetilde{A}}(x) = \mu_{\widetilde{B}}(x)$.
2. $\widetilde{A}$ heißt *Fuzzy-Teilmenge* von $\widetilde{B}$ (in Zeichen $\widetilde{A} \subseteq \widetilde{B}$), wenn für alle $x \in U$ gilt: $\mu_{\widetilde{A}}(x) \leq \mu_{\widetilde{B}}(x)$.
3. $\widetilde{A}$ heißt *echte Fuzzy-Teilmenge* von $\widetilde{B}$ (in Zeichen $\widetilde{A} \subset \widetilde{B}$), wenn für alle $x \in U$ gilt: $\mu_{\widetilde{A}}(x) < \mu_{\widetilde{B}}(x)$.

Betrachten wir die Fuzzy-Repräsentation von Crisp-Mengen, so übertragen sich die klassischen Teilmengenbeziehungen in kanonischer Art und Weise auf die der Fuzzy-Mengen. Sind beispielsweise $\widetilde{A}$ und $\widetilde{B}$ Fuzzy-Repräsentationen von zwei Crisp-Mengen über einem gemeinsamen Universum, dann ist $\widetilde{A}$ Fuzzy-Teilmenge von $\widetilde{B}$ genau dann, wenn auch die klassische Teilmengenbeziehung bezüglich der beiden Crisp-Mengen gilt. Die definierten Teilmengenbeziehungen für Fuzzy-Mengen sind somit eine echte Verallgemeinerung der Teilmengenbeziehungen für Crisp-Mengen.

(2.8) Beispiele:

① Jede Fuzzy-Menge ist eine Fuzzy-Teilmenge ihrer normalisierten Fuzzy-Menge.

② Es seien $\widetilde{A}$ und $\widetilde{B}$ Fuzzy-Mengen über den reellen Zahlen mit den Zugehörigkeitsfunktionen

$$\mu_{\widetilde{A}} : \mathbb{R} \to [0,1[\text{ mit } \mu_{\widetilde{\mathrm{A}}}(\mathrm{x}) := \begin{cases} 1 - \frac{1}{x} & \text{für } x > 1 \\ 0 & \text{sonst} \end{cases}$$

und

$$\mu_{\widetilde{B}} : \mathbb{R} \to [0,1[\text{ mit } \mu_{\widetilde{\mathrm{B}}}(\mathrm{x}) := \begin{cases} 1 - \frac{1}{e^{(x-1)}} & \text{für } x > 1 \\ 0 & \text{sonst.} \end{cases}$$

Wegen $e^{(x-1)} \geq x$ für alle $x > 1$ und $\mu_{\widetilde{A}}(x) = \mu_{\widetilde{B}}(x) = 0$ für alle $x \leq 1$ gilt $\mu_{\widetilde{A}}(x) \leq \mu_{\widetilde{B}}(x)$ für alle $x \in \mathbb{R}$. Somit ist $\widetilde{A}$ eine Fuzzy-Teilmenge von $\widetilde{B}$ (siehe Abbildung 2.8.1). $\widetilde{A}$ und $\widetilde{B}$ sind zwei mögliche Modellierungen für „reelle Zahlen, sehr viel größer als 1" (vgl. [10]).

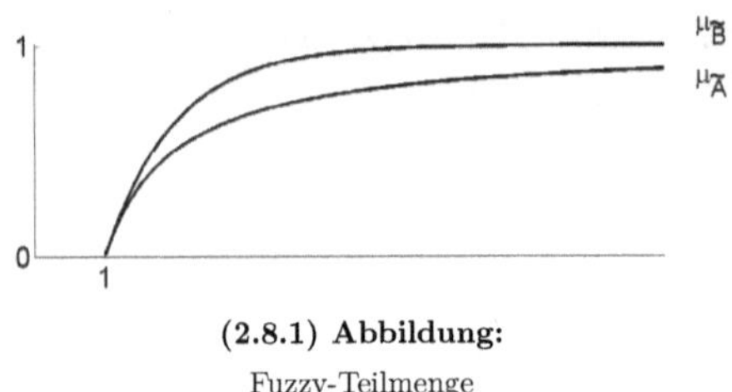

(2.8.1) Abbildung:
Fuzzy-Teilmenge

③ Es sei

$$\widetilde{A} := \{(1,0),(5,1),(8,0.5),(11,0.5),(15,0)\}$$

eine Fuzzy-Menge über den reellen Zahlen und $\widetilde{M_G}$ die generelle Fuzzy-Menge zu $\widetilde{A}$. Ist ferner $\mu := \Pi_{\mathrm{SN}(8,7,0,0.5)}$ eine symmetrische PI-Funktion über $[0, \frac{1}{2}]$ gemäß Definition 1.20 und $\widetilde{B}$ die zugehörige Fuzzy-Menge, dann ist $\widetilde{B}$ eine Fuzzy-Teilmenge von $\widetilde{A}$ (siehe Abbildung 2.8.2).

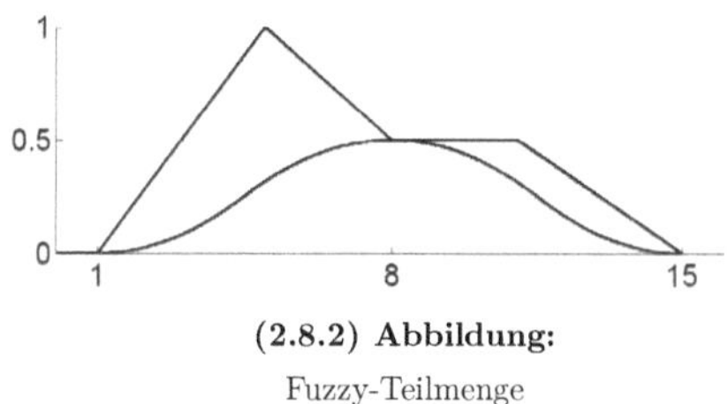

(2.8.2) Abbildung:
Fuzzy-Teilmenge

2.2.1 Eigenschaften der Teilmengenbeziehungen

Die definierten Teilmengenbeziehungen für Fuzzy-Mengen implizieren eine Reihe weiterer Eigenschaften und Beziehungen, wie der folgende Satz zeigt (vgl. [2],[10],[11],[17]).

(2.9) Satz:

Sind $\widetilde{A}$, $\widetilde{B}$ und $\widetilde{C}$ Fuzzy-Mengen über einem gemeinsamen Universum U, dann gilt:

1. $\widetilde{\emptyset}_U \subseteq \widetilde{A} \subseteq \widetilde{\mathfrak{U}}_U$.
2. Aus $\widetilde{A} \subset \widetilde{B}$ folgt: $\mathrm{hgt}(\widetilde{A}) < \mathrm{hgt}(\widetilde{B})$.
3. Aus $\widetilde{A} \subseteq \widetilde{B}$ folgt: $\mathrm{hgt}(\widetilde{A}) \leq \mathrm{hgt}(\widetilde{B})$.
4. $\widetilde{A} \subseteq \widetilde{A}$. (Reflexivität von $\subseteq$)
5. Aus $\widetilde{A} \subset \widetilde{B}$ und $\widetilde{B} \subset \widetilde{C}$ folgt: $\widetilde{A} \subset \widetilde{C}$. (Transitivität von $\subset$)
6. Aus $\widetilde{A} \subseteq \widetilde{B}$ und $\widetilde{B} \subseteq \widetilde{C}$ folgt: $\widetilde{A} \subseteq \widetilde{C}$. (Transitivität von $\subseteq$)
7. $\widetilde{A} = \widetilde{B}$ gdw. $\widetilde{A} \subseteq \widetilde{B}$ und $\widetilde{B} \subseteq \widetilde{A}$. (Antisymmetrie von $\subseteq$)

Beweis.

(siehe Aufgabe 9 auf Seite 71).

Jede Fuzzy-Menge über einem Universum U ist nach Satz 2.9 eine Fuzzy-Teilmenge der universellen Fuzzy-Menge über U. Daher ist es auch nicht weiter verwunderlich, dass man standardmäßig die universelle Fuzzy-Menge als Bezugsmenge für die Bildung des Komplements einer Fuzzy-Menge verwendet.

(2.10) Definition:

Ist $\widetilde{M}$ eine Fuzzy-Menge mit der Zugehörigkeitsfunktion $\mu_{\widetilde{M}}$ über einem Universum U, dann heißt

$$\underset{s}{\neg}\widetilde{M} := \{(x, 1 - \mu_{\widetilde{M}}(x)) : x \in U\}$$

Standard-Komplementärmenge zur Fuzzy-Menge $\widetilde{M}$.

Wie wir in Kapitel 4 noch sehen werden, ist diese Komplementärmenge zwar nicht die einzig denkbare, aber doch die am häufigsten verwendete Modellierung zur Bildung des Komplements.

(2.11) Beispiel:

Es sei

$$\widetilde{M} := \{(1,0), (5,1), (8,0.4), (12,0.8), (14,0.3), (18,0)\}$$

eine Fuzzy-Menge über den reellen Zahlen und $\widetilde{M_G}$ die generelle Fuzzy-Menge zu $\widetilde{M}$. Die Zugehörigkeitsfunktionen der Fuzzy-Mengen $\widetilde{M_G}$ und $\underset{s}{\neg}\widetilde{M_G}$ sind in Abbildung 2.11.1 dargestellt.

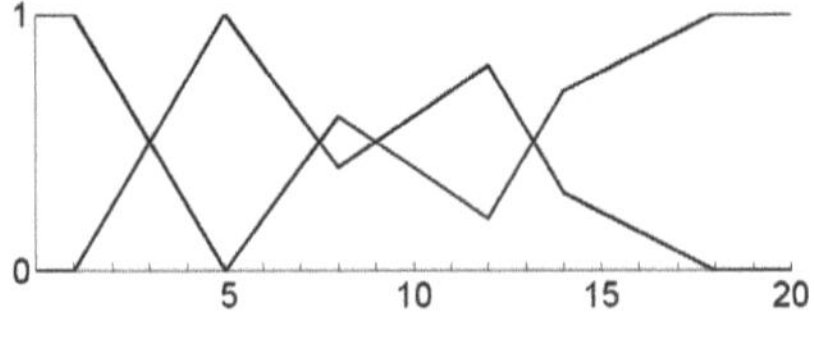

(2.11.1) Abbildung:
Standard-Komplementärmenge

Um nicht weiter vorzugreifen, werden wir an dieser Stelle die verschiedenen Modellierungsmöglichkeiten nicht zum Gegenstand unserer aktuellen Betrachtungen machen. Stattdessen widmen wir uns nun hier einem fundamentalen Zusammenhang zwischen einer Fuzzy-Menge und ihren α-Schnitten.

2.2.2 Reduktion auf Crisp-Mengen via Zerlegungssatz

Trivialerweise bestimmt eine Fuzzy-Menge alle ihre α-Schnitte. Interessant und wichtig ist, dass umgekehrt auch sowohl die Gesamtheit aller α-Schnitte als auch die Gesamtheit aller scharfen α-Schnitte eine Fuzzy-Menge eindeutig bestimmen (vgl. [10],[17]).

(2.12) Satz (Zerlegungssatz):

Ist $\widetilde{M}$ eine Fuzzy-Menge mit der Zugehörigkeitsfunktion $\mu_{\widetilde{M}}$ über einem Universum U, dann gilt

$$\mu_{\widetilde{M}}(x) = \sup_{\alpha\in\,]0,1]} (\alpha\chi_{\mathrm{cut}_{\geq\alpha}(\widetilde{M})}(x)) = \sup_{\alpha\in[0,1[} (\alpha\chi_{\mathrm{cut}_{>\alpha}(\widetilde{M})}(x)).$$

Beweis.

Sicherlich gilt

$$\sup_{\alpha\in\,]0,1]} (\alpha\chi_{\mathrm{cut}_{\geq\alpha}(\widetilde{M})}(x)) = \sup_{\alpha\in\,]0,\mu_{\widetilde{M}}(x)]} (\alpha\chi_{\mathrm{cut}_{\geq\alpha}(\widetilde{M})}(x)).$$

Wegen

$$\chi_{\mathrm{cut}_{\geq\alpha}(\widetilde{M})}(x) = 1$$

für alle $\mu_{\widetilde{M}}(x) \geq \alpha$ gilt in diesem Falle zunächst

$$\alpha\chi_{\mathrm{cut}_{\geq\alpha}(\widetilde{M})}(x) = \alpha$$

und damit

$$\sup_{\alpha\in\,]0,\mu_{\widetilde{M}}(x)]} (\alpha\chi_{\mathrm{cut}_{\geq\alpha}(\widetilde{M})}(x)) = \sup_{\alpha\in\,]0,\mu_{\widetilde{M}}(x)]} (\alpha) = \mu_{\widetilde{M}}(x).$$

Also gilt auch

$$\mu_{\widetilde{M}}(x) = \sup_{\alpha \in]0,1]} (\alpha \chi_{\mathrm{cut}_{\geq\alpha}(\widetilde{M})}(x)),$$

was wir zeigen wollten. Der Beweis von

$$\mu_{\widetilde{M}}(x) = \sup_{\alpha \in [0,1[} (\alpha \chi_{\mathrm{cut}_{>\alpha}(\widetilde{M})}(x))$$

verläuft analog. □

Mit diesem Satz erhalten wir die Möglichkeit eine beliebige Fuzzy-Menge in eine Familie von Crisp-Mengen zu zerlegen. Diese Splittung wird oft dazu benutzt die Beziehungen und Verknüpfungen zwischen Fuzzy-Mengen auf die der Crisp-Mengen zurückzuführen [2]. Wir werden uns dies nun am Beispiel der Inklusion für Fuzzy-Mengen verdeutlichen.

Es seien $\widetilde{A}$ und $\widetilde{B}$ zwei Fuzzy-Mengen über dem gleichen Universum mit $\widetilde{A} \subseteq \widetilde{B}$. Dann gilt zunächst

$$\mathrm{cut}_{>\alpha}(\widetilde{A}) \subseteq \mathrm{cut}_{>\alpha}(\widetilde{B})$$

für alle $\alpha \in [0,1[$ und

$$\mathrm{cut}_{\geq\alpha}(\widetilde{A}) \subseteq \mathrm{cut}_{\geq\alpha}(\widetilde{B})$$

für alle $\alpha \in]0,1]$ und somit insbesondere

$$\mathrm{supp}(\widetilde{A}) \subseteq \mathrm{supp}(\widetilde{B}).$$

Von besonderer Wichtigkeit ist aber, dass nach dem Zerlegungssatz

$$\begin{aligned} \widetilde{A} \subseteq \widetilde{B} \text{ gdw. } & \mathrm{cut}_{>\alpha}(\widetilde{A}) \subseteq \mathrm{cut}_{>\alpha}(\widetilde{B}) \text{ für alle } \alpha \in [0,1[\\ \text{gdw. } & \mathrm{cut}_{\geq\alpha}(\widetilde{A}) \subseteq \mathrm{cut}_{\geq\alpha}(\widetilde{B}) \text{ für alle } \alpha \in]0,1] \end{aligned} \tag{2.1}$$

gilt. Wir können die Inklusionsbeziehung für Fuzzy-Mengen also mittels der klassischen Inklusionsbeziehung zwischen den α-Schnitten dieser Fuzzy-Mengen charakterisieren. Mit

$$\widetilde{A} = \widetilde{B} \text{ gdw. } \widetilde{A} \subseteq \widetilde{B} \text{ und } \widetilde{B} \subseteq \widetilde{A}$$

(siehe Satz 2.9), ergibt sich wegen

$$\begin{aligned}\widetilde{A} = \widetilde{B} \text{ gdw. } & \text{cut}_{>\alpha}(\widetilde{A}) = \text{cut}_{>\alpha}(\widetilde{B}) \text{ für alle } \alpha \in [0,1[\\ \text{gdw. } & \text{cut}_{\geq\alpha}(\widetilde{A}) = \text{cut}_{\geq\alpha}(\widetilde{B}) \text{ für alle } \alpha \in]0,1]\end{aligned}$$

über die α-Schnitte sogar eine Charakterisierung der Gleichheit zweier Fuzzy-Mengen.

2.3 Ähnlichkeit von Fuzzy-Mengen

Wie Beispiel 2.8.② exemplarisch zeigt, gibt es in der Praxis zu einem konkreten Modellierungsproblem eine Vielzahl von möglichen Modellierungen in Form von unterschiedlichen Fuzzy-Mengen. Daher ist es durchaus nützlich eine Abschwächung dieses Gleichheitskriteriums zu entwickeln, um „ähnliche" Modellierungen zu erkennen. Hierbei liegt es nahe ein Vergleichskriterium zu entwickeln, welches das Flankenverhalten der Fuzzy-Mengen miteinander vergleicht und einen identischen Kern der zu vergleichenden Fuzzy-Mengen voraussetzt.

Dies gelingt uns für zwei Fuzzy-Mengen beispielsweise dann, wenn wir fordern, dass wir jeweils eine der beiden Fuzzy-Mengen auf jedem α-Niveau unter die andere Fuzzy-Menge „drücken" können (unter Berücksichtigung noch zu ermittelnder Randbedingungen). Auf Basis der Inklusionsbeziehung für zwei nicht leere Fuzzy-Mengen $\widetilde{A}$ und $\widetilde{B}$ aus Gleichung (2.1) fordern wir also, dass nicht die Fuzzy-Menge $\widetilde{A}$ selbst, sondern nur ein kleineres Vielfache von ihr eine Teilmenge von $\widetilde{B}$ ist und umgekehrt. Betrachten wir die scharfen α-Schnitte, so fordern wir also zu jedem $\alpha \in [0,1[$ die Existenz von reellen Zahlen α_1 und α_2 derart, dass

$$\text{cut}_{>\alpha}(\alpha_1\widetilde{A}) \subseteq \text{cut}_{>\alpha}(\widetilde{B}) \tag{2.2}$$

und

$$\text{cut}_{>\alpha}(\alpha_2\widetilde{B}) \subseteq \text{cut}_{>\alpha}(\widetilde{A}) \tag{2.3}$$

gilt. Da das β-Vielfache einer nicht leeren Fuzzy-Menge $\widetilde{M}$ aber nur für alle $\beta \in [0, (\text{hgt}(\widetilde{M}))^{-1}]$ definiert ist, erhalten wir jeweils eine obere und eine untere

Schranke für α_1 und α_2. Die Schranken sind allerdings noch sehr grob gewählt, wie wir mit Hilfe des folgenden Lemmas zeigen werden:

(2.13) Lemma:

Ist $\widetilde{M}$ eine nicht leere Fuzzy-Menge über einem Universum U, dann gilt für alle β mit $0 < \beta \leq (\text{hgt}(\widetilde{M}))^{-1}$

1. $\text{cut}_{\geq\alpha}(\beta\widetilde{M}) = \text{cut}_{\geq\frac{\alpha}{\beta}}(\widetilde{M})$ für alle $\alpha \in]0,1]$.
2. $\text{cut}_{>\alpha}(\beta\widetilde{M}) = \text{cut}_{>\frac{\alpha}{\beta}}(\widetilde{M})$ für alle $\alpha \in [0,1[$.

Beweis.

Es sei $\widetilde{M}$ eine nicht leere Fuzzy-Menge über einem Universum U und $\alpha \in]0,1]$. Nach Definition gilt

$$\text{cut}_{\geq\alpha}(\beta\widetilde{M}) = \{x \in U : \beta\mu_{\widetilde{M}}(x)) \geq \alpha\} = \{x \in U : \mu_{\widetilde{M}}(x)) \geq \frac{\alpha}{\beta}\}$$

für alle β mit $0 < \beta \leq (\text{hgt}(\widetilde{M}))^{-1}$ und somit

$$\text{cut}_{\geq\alpha}(\beta\widetilde{M}) = \text{cut}_{\geq\frac{\alpha}{\beta}}(\widetilde{M}).$$

Der Beweis der zweiten Behauptung verläuft analog. □

Mit diesem Lemma können wir uns zunächst klar machen, dass sowohl für α_1 als auch für α_2 Werte kleiner gleich α nicht sinnvoll sind: Wir betrachten dies exemplarisch für α_1 (die gleiche Argumentation gilt aufgrund der Symmetrie natürlich auch für α_2).

Sei also $\alpha \in [0,1[$. Ist $\alpha_1 = 0$, so handelt es sich bei $\alpha_1\widetilde{A}$ um eine leere Fuzzy-Menge und somit gilt (2.2) trivialerweise. Wählen wir α_1 aus dem Intervall $]0,\alpha]$, dann folgt mit $\triangle\alpha_1 := \alpha - \alpha_1 \geq 0$ nach Lemma 2.13

$$\text{cut}_{>\alpha}(\alpha_1\widetilde{A}) = \text{cut}_{>\alpha}((\alpha - \triangle\alpha_1)\widetilde{A}) = \text{cut}_{>\frac{\alpha}{\alpha-\triangle\alpha_1}}(\widetilde{A}).$$

Wegen $0 < \alpha - \triangle\alpha_1 \leq \alpha$ wäre dann $\frac{\alpha}{\alpha-\triangle\alpha_1} \geq 1$ und der scharfe α-Schnitt wäre nicht definiert. Somit ist also α Infimum des Wertebereiches für α_1 und

α_2. Als sinnvolles Maximum ergibt sich für beide der Wert 1. Wir betrachten dies wieder exemplarisch für α_1. Sei also $\alpha \in [0,1[\subset \mathbb{R}$ und $\alpha_1 \in [1, (\text{hgt}(\widetilde{A}))^{-1}]$. Dann folgt mit $\triangle\alpha_1 := \alpha_1 - \alpha > 0$ nach Lemma 2.13 mit

$$\text{cut}_{>\alpha}(\alpha_1\widetilde{A}) = \text{cut}_{>\alpha}((\alpha + \triangle\alpha_1)\widetilde{A}) = \text{cut}_{>\frac{\alpha}{\alpha+\triangle\alpha_1}}(\widetilde{A})$$

wegen $\frac{\alpha}{\alpha+\triangle\alpha_1} < \alpha$ sofort

$$\text{cut}_{>\alpha}(\widetilde{1A}) = \text{cut}_{>\alpha}(\widetilde{A}) \subseteq \text{cut}_{>\alpha}(\alpha_1\widetilde{A}).$$

Wir erhalten also insgesamt das Intervall $]\alpha, 1]$ mit $\alpha \in [0,1[$ als sinnvollen Wertebereich für α_1 beziehungsweise α_2.

Darüber hinaus schließen wir zunächst die Schnitte auf dem Null-Niveau aus unseren Betrachtungen aus, da sonst nach Lemma 2.13 wegen

$$\text{cut}_{>0}(\alpha_1\widetilde{A}) = \text{cut}_{>\frac{0}{\alpha_1}}(\widetilde{A}) = \text{cut}_{>0}(\widetilde{A})$$

und

$$\text{cut}_{>0}(\alpha_2\widetilde{B}) = \text{cut}_{>\frac{0}{\alpha_2}}(\widetilde{B}) = \text{cut}_{>0}(\widetilde{B})$$

die Träger bei stetigen Zugehörigkeitsfunktionen identisch sein müssten, was (wie uns Beispiel 2.15 zeigen wird) aber hier zunächst nicht wünschenswert ist. Wie wir aber in Satz 2.16 noch sehen werden, besitzen fuzzy-ähnliche Mengen wie gefordert zumindest einen identischen Kern.

Wir können die Ähnlichkeit von Fuzzy-Mengen also nun wie folgt definieren (vgl. [10]):

(2.14) Definition:

Es seien $\widetilde{A}$ und $\widetilde{B}$ Fuzzy-Mengen über einem gemeinsamen Universum. Gibt es zu jedem $\alpha \in]0,1[$ reelle Zahlen $\alpha_{(1,\alpha)}, \alpha_{(2,\alpha)} \in]\alpha, 1]$, so dass

$$\text{cut}_{>\alpha}(\alpha_{(1,\alpha)}\widetilde{A}) \subseteq \text{cut}_{>\alpha}(\widetilde{B})$$

und

$$\text{cut}_{>\alpha}(\alpha_{(2,\alpha)}\widetilde{B}) \subseteq \text{cut}_{>\alpha}(\widetilde{A})$$

gilt, dann heißen $\widetilde{A}$ und $\widetilde{B}$ *fuzzy-ähnlich*.

Selbstverständlich sind zwei gleiche Fuzzy-Mengen nach dieser Definition auch fuzzy-ähnlich. Daher stellt die Fuzzy-Ähnlichkeit einerseits eine Abschwächung der Gleichheit von Fuzzy-Mengen dar und andererseits aber offensichtlich auch eine Verallgemeinerung der Gleichheit von Crisp-Mengen.

(2.15) Beispiel:

Es seien $\widetilde{A}$ und $\widetilde{B}$ zwei Fuzzy-Mengen mit den Zugehörigkeitsfunktionen $\mu_A := \Lambda_{S(6,12,5,0,1)}$ und $\mu_B := \Lambda_{S(6,12,4,0,1)}$ ($\widetilde{A}$ und $\widetilde{B}$ sind zwei mögliche Modellierungen für „reelle Zahlen, ungefähr zwischen 6 und 12“ - siehe Abbildung 2.15.1). Die beiden Fuzzy-Mengen sind trotz unterschiedlicher Trägermengen fuzzy-ähnlich, wie wir nun zeigen werden.

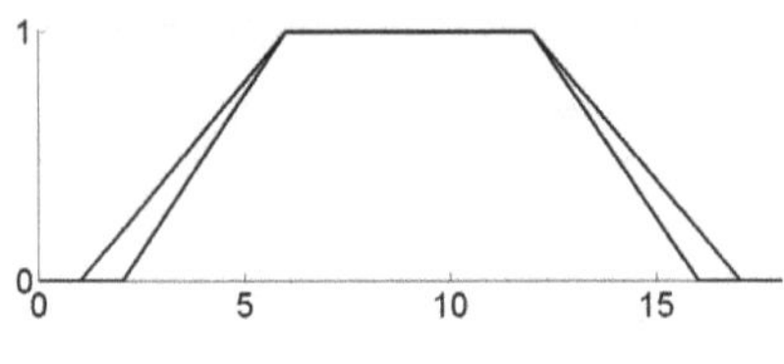

(2.15.1) Abbildung:
Fuzzy-ähnliche Mengen

Wegen $\mu_B(x) \leq \mu_A(x)$ für alle $x \in \mathbb{R}$ gilt

$$\mathrm{cut}_{>\alpha}(1\widetilde{B}) = \mathrm{cut}_{>\alpha}(\widetilde{B}) \subseteq \mathrm{cut}_{>\alpha}(\widetilde{A})$$

für alle $\alpha \in]0,1[$. Wir müssen also nur noch zeigen, dass es zu jedem $\alpha \in]0,1[$ eine reelle Zahl $\alpha_{(1,\alpha)} \in]\alpha, 1]$ derart gibt, dass

$$\mathrm{cut}_{>\alpha}(\alpha_{(1,\alpha)}\widetilde{A}) \subseteq \mathrm{cut}_{>\alpha}(\widetilde{B})$$

gilt. Wegen

$$\mu_A(x) = \begin{cases} 0 & \text{für } x \leq 1 \\ \frac{1}{5}x - \frac{1}{5} & \text{für } x \in]1, 6[\\ 1 & \text{für } x \in [6, 12] \\ -\frac{1}{5}x + \frac{17}{5} & \text{für } x \in]12, 17[\\ 0 & \text{für } x \geq 17 \end{cases}$$

(Definition 1.13) ist der scharfe α-Schnitt von $\alpha_{(1,\alpha)}\widetilde{A}$ mit $\alpha_{(1,\alpha)} \in]0, 1]$ das größtmögliche Intervall

$$]x_{l_{(1,\alpha)}}, x_{r_{(1,\alpha)}}[\subseteq]1, 17[$$

für das

$$\alpha_{(1,\alpha)}(\frac{1}{5}x_{l_{(1,\alpha)}} - \frac{1}{5}) > \alpha$$

und

$$\alpha_{(1,\alpha)}(-\frac{1}{5}x_{r_{(1,\alpha)}} + \frac{17}{5}) > \alpha$$

gilt. Wir erhalten somit

$$\text{cut}_{>\alpha}(\alpha_{(1,\alpha)}\widetilde{A}) =]1 + \frac{5\alpha}{\alpha_{(1,\alpha)}}, 17 - \frac{5\alpha}{\alpha_{(1,\alpha)}}[$$

für $\alpha \in]0, 1[$. Der scharfe α-Schnitt von $\widetilde{B}$ hingegen ist wegen

$$\mu_B(x) = \begin{cases} 0 & \text{für } x \leq 2 \\ \frac{1}{4}x - \frac{1}{2} & \text{für } x \in]2, 6[\\ 1 & \text{für } x \in [6, 12] \\ -\frac{1}{4}x + 4 & \text{für } x \in]12, 16[\\ 0 & \text{für } x \geq 16 \end{cases}$$

das größtmögliche Intervall

$$]x_{l_{(2,\alpha)}}, x_{r_{(2,\alpha)}}[\subseteq]2, 16[$$

für das

$$\frac{1}{4}x_{l_{(2,\alpha)}} - \frac{1}{2} > \alpha$$

und

$$-\frac{1}{4}x_{r_{(2,\alpha)}} + 4 > \alpha$$

gilt. Wir erhalten somit in diesem Fall

$$\text{cut}_{>\alpha}(\widetilde{B}) =]2 + 4\alpha, 16 - 4\alpha[$$

für $\alpha \in]0,1[$. Wir müssen nun in Abhängigkeit vom α-Niveau einen zulässigen Wert für $\alpha_{(1,\alpha)}$ bestimmen, so dass für alle $\alpha \in]0,1[$

$$\text{cut}_{>\alpha}(\alpha_{(1,\alpha)}\widetilde{A}) \subseteq \text{cut}_{>\alpha}(\widetilde{B})$$

und somit

$$]1 + \frac{5\alpha}{\alpha_{(1,\alpha)}}, 17 - \frac{5\alpha}{\alpha_{(1,\alpha)}}[\subseteq]2 + 4\alpha, 16 - 4\alpha[$$

gilt. Unter der Prämisse, dass wir das Teilintervall größtmöglich wählen wollen, können wir

$$1 + \frac{5\alpha}{\alpha_{(1,\alpha)}} = 2 + 4\alpha$$

und

$$17 - \frac{5\alpha}{\alpha_{(1,\alpha)}} = 16 - 4\alpha$$

für $\alpha \in]0,1[$ annehmen. Wir erhalten dann

$$\alpha_{(1,\alpha)} = \frac{5\alpha}{1 + 4\alpha}$$

für $\alpha \in]0,1[$. Wir müssen jetzt nur noch zeigen, dass $\alpha_{(1,\alpha)}$ für alle $\alpha \in]0,1[$ ein zulässiger Wert ist, d.h. wir müssen die Gültigkeit der Ungleichung

$$\alpha < \alpha_{(1,\alpha)} = \frac{5\alpha}{1 + 4\alpha} \leq 1$$

verifizieren. Wegen $\alpha < 1$ ist $5\alpha < 1 + 4\alpha < 5$ und somit gilt die obige Ungleichung. Damit ist alles gezeigt.

Die Abbildung 2.15.2 zeigt die Fuzzy-Menge $\widetilde{B}$ und in Abhängigkeit vom α-Niveau das entsprechende Vielfache der Fuzzy-Menge $\widetilde{A}$.

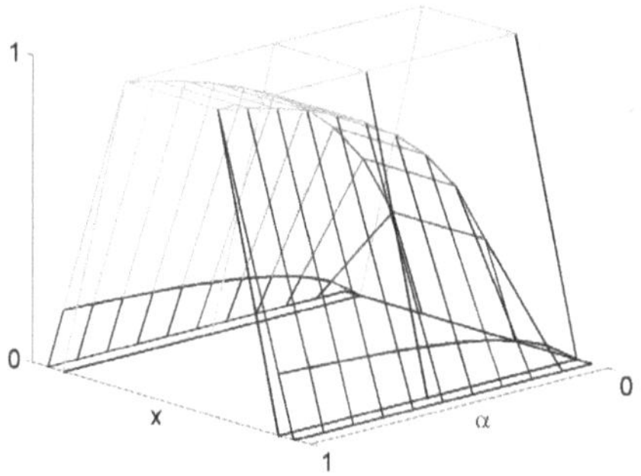

(2.15.2) Abbildung:
α-Niveaus fuzzy-ähnlicher Mengen

2.3.1 Strenge Fuzzy-Ähnlichkeit

Bei näherer Betrachtung unserer Beispiele zur Fuzzy-Ähnlichkeit fällt auf, dass die Kerne der betrachteten Fuzzy-Menge jeweils gleich sind. Das dies kein Zufall ist, liegt an der Gültigkeit des folgenden Satzes (vgl. [7],[10]).

(2.16) Satz:

Sind $\widetilde{A}$ und $\widetilde{B}$ zwei fuzzy-ähnliche Mengen, dann besitzen Sie einen identischen Kern.

Beweis.

Den Beweis entnehme man bitte [7].

Die Fuzzy-Ähnlichkeit zweier Fuzzy-Mengen impliziert demnach die Gleichheit ihrer Kerne und für die zugehörigen Komplementärmengen somit die Gleichheit der zugehörigen Träger. Wie uns Beispiel 2.15 (auf Seite 60) illustriert, müssen die Träger der fuzzy-ähnlichen Mengen nicht notwendigerweise miteinander übereinstimmen (vgl. Abbildung 2.15.1). In den meisten Anwendungsfällen ist dies nicht nur legitim, sondern auch zweckmäßig. Fordern wir aufbauend auf der Fuzzy-Ähnlichkeit zweier Fuzzy-Mengen nun noch die Fuzzy-Ähnlichkeit der zugehörigen Standard-Komplementärmengen (und somit auch die Gleichheit der Träger), so gelangen wir unmittelbar zum Begriff der *strengen Fuzzy-Ähnlichkeit.*

(2.17) Definition:

Es seien $\widetilde{A}$ und $\widetilde{B}$ zwei Fuzzy-Mengen über einem gemeinsamen Universum. Sind sowohl $\widetilde{A}$ und $\widetilde{B}$ als auch ihre Standard-Komplementärmengen fuzzy-ähnlich, dann heißen $\widetilde{A}$ und $\widetilde{B}$ *streng fuzzy-ähnlich.*

Kehren wir nun wieder zu unserem ursprünglichen Modellierungsproblem zurück: Am Anfang des Kapitels wollten wir eine angemessene Modellierung für reelle Zahlen finden, die „ungefähr zwischen einer reellen Zahl m_l und einer reellen Zahl m_r liegen" (siehe Abbildung 2.17.1).

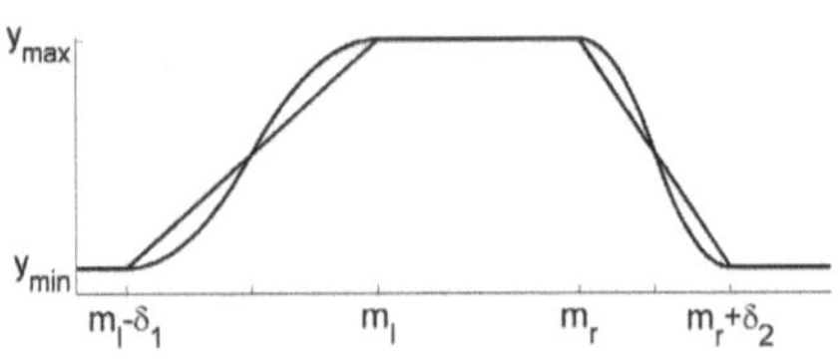

(2.17.1) Abbildung:
Streng fuzzy-ähnliche Mengen

Wir werden nun zeigen, dass Fuzzy-Mengen mit der Standard-PI-Funktion als Zugehörigkeitsfunktion und Fuzzy-Mengen mit der Standard-Trapezfunktion als Zugehörigkeitsfunktion streng fuzzy-ähnlich sind.

(2.18) Satz:

Es seien $m_l, m_r, \delta_1, \delta_2 \in \mathbb{R}$ und $y_{min}, y_{max} \in [0,1]$ mit $y_{min} < y_{max}$ und $\delta_1, \delta_2 > 0$ mit $m_l \leq m_r$. Ist $\widetilde{A}$ die Fuzzy-Menge mit der Zugehörigkeitsfunktion

$$\mu_A := \Pi_{(m_l, m_r, \delta_1, \delta_2, y_{min}, y_{max})}$$

(PI-Funktion nach Definition 1.19) und $\widetilde{B}$ die Fuzzy-Menge mit der Zugehörigkeitsfunktion

$$\mu_B := \Lambda_{(m_l, m_r, \delta_1, \delta_2, y_{min}, y_{max})}$$

(Trapezfunktion nach Definition 1.12), dann sind $\widetilde{A}$ und $\widetilde{B}$ streng fuzzy-ähnlich.

Beweis.

Da der Beweis dieses Satzes sehr technisch ist, geben wir hier nur die wesentliche Schritte und Zwischenergebnisse an (Nähere Details entnehme man bitte [7]).

1. Als erstes bestimmen wir die scharfen α-Schnitte der Fuzzy-Mengen $\alpha_{(1,\alpha)}\widetilde{A}$, $\alpha_{(2,\alpha)}\widetilde{B}$, $\beta_{(1,\alpha)}(\underset{s}{\neg}\widetilde{C})$ und $\beta_{(2,\alpha)}(\underset{s}{\neg}\widetilde{D})$. Durch elementare Betrachtungen und Umformungen erhalten wir dann:

$$\mathrm{cut}_{>\alpha}(\alpha_{(1,\alpha)}\widetilde{A}) =$$

$$\begin{cases} \mathbb{R} & \text{für } \alpha \in \left]0, \alpha_{(1,\alpha)} y_{min}\right[\\ \left]m_l - \delta_1 \left(1 - \sqrt{\frac{\frac{\alpha}{\alpha_{(1,\alpha)}} - y_{min}}{2(y_{max} - y_{min})}}\right)\right. & \text{für } \alpha \in \left[\alpha_{(1,\alpha)} y_{min},\right. \\ \left., m_r + \delta_2 \left(1 - \sqrt{\frac{\frac{\alpha}{\alpha_{(1,\alpha)}} - y_{min}}{2(y_{max} - y_{min})}}\right)\right[& \qquad \left.\alpha_{(1,\alpha)} \frac{y_{min} + y_{max}}{2}\right[\\ \left]m_l - \delta_1 \sqrt{\frac{y_{max} - \frac{\alpha}{\alpha_{(1,\alpha)}}}{2(y_{max} - y_{min})}}\right. & \text{für } \alpha \in \left[\alpha_{(1,\alpha)} \frac{y_{min} + y_{max}}{2},\right. \\ \left., m_r + \delta_2 \sqrt{\frac{y_{max} - \frac{\alpha}{\alpha_{(1,\alpha)}}}{2(y_{max} - y_{min})}}\right[& \qquad \left.\alpha_{(1,\alpha)} y_{max}\right[\\ \{\} & \text{für } \alpha \in \left[\alpha_{(1,\alpha)} y_{max}, 1\right[, \end{cases}$$

$$\mathrm{cut}_{>\alpha}(\alpha_{(2,\alpha)}\widetilde{B}) = \begin{cases} \mathbb{R} & \text{für } \alpha \in]0, \alpha_{(2,\alpha)}y_{min}[\\ ]m_l - \delta_1\left(1 - \frac{\frac{\alpha}{\alpha_{(2,\alpha)}} - y_{min}}{y_{max}-y_{min}}\right) & \text{für } \alpha \in [\alpha_{(2,\alpha)}y_{min}, \alpha_{(2,\alpha)}y_{max}[\\ \quad , m_r + \delta_2\left(1 - \frac{\frac{\alpha}{\alpha_{(2,\alpha)}} - y_{min}}{y_{max}-y_{min}}\right)[& \\ \{\} & \text{für } \alpha \in [\alpha_{(2,\alpha)}y_{max}, 1[, \end{cases}$$

$$\mathrm{cut}_{>\alpha}(\beta_{(1,\alpha)}(\underset{s}{\neg}\widetilde{A})) = \begin{cases} \mathbb{R} & \text{für } \alpha \in]0, \beta_{(1,\alpha)}(1-y_{max})[\\ ]-\infty, m_l - \delta_1\sqrt{\frac{\frac{\alpha}{\beta_{(1,\alpha)}}+y_{max}-1}{2(y_{max}-y_{min})}}[& \text{für } \alpha \in [\beta_{(1,\alpha)}(1-y_{max}), \\ \bigcup\,]m_r + \delta_2\sqrt{\frac{\frac{\alpha}{\beta_{(1,\alpha)}}+y_{max}-1}{2(y_{max}-y_{min})}}, \infty[& \quad \beta_{(1,\alpha)}(1-\frac{y_{min}+y_{max}}{2})[\\ ]-\infty, m_l - \delta_1\left(1-\sqrt{\frac{1-y_{min}-\frac{\alpha}{\beta_{(1,\alpha)}}}{2(y_{max}-y_{min})}}\right)[& \text{für } \alpha \in [\beta_{(1,\alpha)}(1-\frac{y_{min}+y_{max}}{2}) \\ \bigcup\,]m_r + \delta_2\left(1-\sqrt{\frac{1-y_{min}-\frac{\alpha}{\beta_{(1,\alpha)}}}{2(y_{max}-y_{min})}}\right), \infty[& \quad , \beta_{(1,\alpha)}(1-y_{min})[\\ \{\} & \text{für } \alpha \in [\beta_{(1,\alpha)}(1-y_{min}), 1[, \end{cases}$$

und

$$\mathrm{cut}_{>\alpha}(\beta_{(2,\alpha)}(\underset{s}{\neg}\widetilde{B})) = \begin{cases} \mathbb{R} & \text{für } \alpha \in]0, \beta_{(2,\alpha)}(1-y_{max})[\\ ]-\infty, m_l - \delta_1\left(1 - \frac{1-y_{min}-\frac{\alpha}{\beta_{(2,\alpha)}}}{y_{max}-y_{min}}\right)[& \text{für } \alpha \in [\beta_{(2,\alpha)}(1-y_{max}), \\ \bigcup\,]m_r + \delta_2\left(1 - \frac{1-y_{min}-\frac{\alpha}{\beta_{(2,\alpha)}}}{y_{max}-y_{min}}\right), \infty[& \quad \beta_{(2,\alpha)}(1-y_{min})[\\ \{\} & \text{für } \alpha \in [\beta_{(2,\alpha)}(1-y_{min}), 1[\end{cases}$$

für alle $\alpha \in]0, 1[$.

2. Dann zeigen wir die Fuzzy-Ähnlichkeit von $\widetilde{A}$ und $\widetilde{B}$. Dazu müssen wir nach Definition zeigen, dass es zu jedem $\alpha \in]0, 1[$ reelle Zahlen $\alpha_{(1,\alpha)}, \alpha_{(2,\alpha)} \in]\alpha, 1]$ gibt, so dass

$$\mathrm{cut}_{>\alpha}(\alpha_{(1,\alpha)}\widetilde{A}) \subseteq \mathrm{cut}_{>\alpha}(\widetilde{B}) \tag{2.4}$$

und

$$\mathrm{cut}_{>\alpha}(\alpha_{(2,\alpha)}\widetilde{B}) \subseteq \mathrm{cut}_{>\alpha}(\widetilde{A}) \tag{2.5}$$

gilt. Wegen $\mathrm{cut}_{>\alpha}(1\widetilde{A}) \subseteq \mathrm{cut}_{>\alpha}(\widetilde{B})$ und $\mathrm{cut}_{>\alpha}(1\widetilde{B}) \subseteq \mathrm{cut}_{>\alpha}(\widetilde{A})$ für alle $\alpha \in (\,]0, y_{min}] \bigcup\,]y_{max}, 1[)$ müssen wir nur noch die Gültigkeit bezüglich der Inklusionsbeziehungen (2.4) und (2.5) für $\alpha \in]y_{min}, y_{max}[$ zeigen. Durch Fallunterscheidung und elementare Betrachtungen erhalten wir dann die zulässigen und die Inklusionsbeziehungen erfüllenden Werte

$$\alpha_{(1,\alpha)} := \begin{cases} 1 & \text{für } \alpha \in]y_{min}, \frac{y_{min}+y_{max}}{2}[\\ \frac{\alpha}{y_{max}-2(y_{max}-y_{min})(1-\frac{\alpha-y_{min}}{y_{max}-y_{min}})^2} & \text{für } \alpha \in [\frac{y_{min}+y_{max}}{2}, y_{max}[\end{cases}$$

und

$$\alpha_{(2,\alpha)} := \begin{cases} \frac{\alpha}{y_{min}+\sqrt{\frac{\alpha-y_{min}}{2}(y_{max}-y_{min})}} & \text{für } \alpha \in]y_{min}, \frac{y_{min}+y_{max}}{2}[\\ 1 & \text{für } \alpha \in [\frac{y_{min}+y_{max}}{2}, y_{max}[. \end{cases}$$

3. Schließlich zeigen wir die Fuzzy-Ähnlichkeit von $\underset{s}{\neg}\widetilde{A}$ und $\underset{s}{\neg}\widetilde{B}$. Dazu müssen wir nach Definition zeigen, dass es zu jedem $\alpha \in]0, 1[$ reelle Zahlen $\beta_{(1,\alpha)}, \beta_{(2,\alpha)} \in]\alpha, 1]$ gibt, so dass

$$\mathrm{cut}_{>\alpha}(\beta_{(1,\alpha)}(\underset{s}{\neg}\widetilde{A})) \subseteq \mathrm{cut}_{>\alpha}(\underset{s}{\neg}\widetilde{B}) \tag{2.6}$$

und

$$\mathrm{cut}_{>\alpha}(\beta_{(2,\alpha)}(\underset{s}{\neg}\widetilde{B})) \subseteq \mathrm{cut}_{>\alpha}(\underset{s}{\neg}\widetilde{A}) \tag{2.7}$$

gilt. Wegen $\mathrm{cut}_{>\alpha}(\underset{s}{\neg}\widetilde{A}) \subseteq \mathrm{cut}_{>\alpha}(\underset{s}{\neg}\widetilde{B})$ und $\mathrm{cut}_{>\alpha}(\underset{s}{\neg}\widetilde{B}) \subseteq \mathrm{cut}_{>\alpha}(\underset{s}{\neg}\widetilde{A})$ für alle $\alpha \in (\,]0, 1-y_{max}] \bigcup\,]1-y_{min}, 1[)$ müssen wir nur noch die Gültigkeit bezüglich der Inklusionsbeziehungen (2.6) und (2.7) für $\alpha \in]1-y_{max}, 1-y_{min}[$ zeigen. Auch hier erhalten wir durch Fallunterscheidung und elementare Betrachtungen dann die zulässigen und die Inklusionsbeziehungen erfüllenden Werte, in diesem Fall

$$\beta_{(1,\alpha)} := \begin{cases} 1 & \text{für } \alpha \in]1-y_{max}, 1-\frac{y_{min}+y_{max}}{2}[\\ \frac{\alpha}{1-y_{min}-2\frac{(1-y_{min}-\alpha)^2}{y_{max}-y_{min}}} & \text{für } \alpha \in [1-\frac{y_{min}+y_{max}}{2}, 1-y_{min}[\end{cases}$$

und

$$\beta_{(2,\alpha)} := \begin{cases} \frac{\alpha}{1-y_{min}-\left(1-\sqrt{\frac{\alpha+y_{max}-1}{2(y_{max}-y_{min})}}\right)(y_{max}-y_{min})} & \text{für } \alpha \in]1-y_{max}, 1-\frac{y_{min}+y_{max}}{2}[\\ 1 & \text{für } \alpha \in [1-\frac{y_{min}+y_{max}}{2}, 1-y_{min}[. \end{cases}$$

Damit ist bewiesen, dass sowohl die Fuzzy-Mengen $\widetilde{A}$ und $\widetilde{B}$ als auch deren Standard-Komplementärmengen fuzzy-ähnlich und damit $\widetilde{A}$ und $\widetilde{B}$ nach Definition streng fuzzy-ähnlich sind. □

Nach diesem Satz sind Fuzzy-Mengen mit der Standard-PI-Funktion als Zugehörigkeitsfunktion und Fuzzy-Mengen mit der Standard-Trapezfunktion als Zugehörigkeitsfunktion streng fuzzy-ähnlich, wenn sie die gleichen Parameterausprägungen besitzen (und somit deren Kerne und Träger miteinander übereinstimmen).

Da es offensichtlich ist, dass wir die Zugehörigkeitsfunktion einer generellen Fuzzy-Menge durch Vereinigung von eingeschränkten Standard-Trapezfunktionen (vgl. Abbildung 2.18.1) und die Standard-S-Funktion und Z-Funktion durch Einschränkung der Standard PI-Funktion (ggf. mit einer linearen Erweiterung) darstellen können, ist die Modellierung mit generellen Fuzzy-Mengen der Modellierung mit den entsprechend zusammengesetzten Fuzzy-Mengen streng fuzzy-ähnlich.

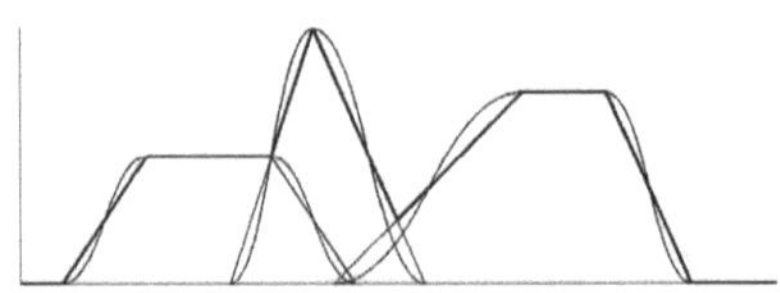

(2.18.1) Abbildung:
Trapezfunktionen einer Zerlegung der Zugehörigkeitsfunktion einer generellen Fuzzy-Mengen mit dazu streng fuzzy-ähnlichen PI-Funktionen

Somit sind die generellen Fuzzy Mengen und die Fuzzy-Mengen mit Zugehörigkeitsfunktionen, die durch entsprechende Partizipierung der Standard-Zugehörigkeitsfunktionen zweiten Grades zusammengesetzt sind, streng fuzzy-ähnlich (vgl. [7]).

Aus der Anwendungssicht heraus betrachtet bedeutet dies, dass wir überall dort lineare Zugehörigkeitsfunktionen anstelle der betrachteten quadratischen Zugehörigkeitsfunktionen (S-, Z- und PI-Funktionen) verwenden können, wo die konkrete Form der Zugehörigkeitsfunktion nicht strikt vorgegeben ist. Die Verwendung linearer Zugehörigkeitsfunktionen bedeutet - speziell in komplexeren Fuzzy-Systemen - eine nicht zu vernachlässigende Reduktion des Rechenaufwandes. Dies dürfte bei einem konkreten Anwendungsfall den Entscheidungsfindungsprozess für die letztendliche Repräsentation wesentlich vereinfachen.

Damit wir die unscharfen Informationen aber miteinander in Bezug setzen können, benötigen wir für Fuzzy-Mengen noch geeignete Operationen und Verknüpfungen. Diese werden wir in den folgenden Kapiteln zum Gegenstand unserer Betrachtungen machen.

2.4 Übungsaufgaben

(2.19) Aufgaben:

Aufgabe 5 (normale Fuzzy-Mengen, Normalisierung):

Gegeben seien die folgenden Mengen:

$$A := \{(1,0),(2,0.3),(3,0.6),(4,0.6),(5,1),(6,1),(7,0.3),$$
$$(8,0.5),(9,0)\}$$

$$B := \{(1,0),(2,0.4),(3,0.5),(4,0.7),(5,0.9),(6,1.1),(7,0.6),$$
$$(8,0.1),(9,0)\}$$

$$C := \{(x,f(x)) : x \in \mathbb{R}; \mathrm{f(x)} := (\tfrac{3}{4} + (\mathrm{x}-8)^2)^{-1}\}$$

$$D := \{(x,f(x)) : x \in [0,2\pi]; f(x) := |\sin x|\}$$

Welche dieser Mengen sind als Fuzzy-Mengen normal im Sinne der Definition 2.4? Normalisieren Sie die restlichen Mengen.

Aufgabe 6 (Teilmengenbeziehungen):

Es seien

$$\widetilde{A} := \{(1,0),(2,.3),(3,.6),(4,.6),(5,1),(6,1),(7,.3),(8,.5),(9,0)\}$$

und

$$\widetilde{B} := \{(1,0),(2,\tfrac{4}{11}),(3,\tfrac{5}{11}),(4,\tfrac{7}{11}),(5,\tfrac{9}{11}),(6,1),(7,\tfrac{6}{11}),(8,\tfrac{1}{11}),(9,0)\}$$

Fuzzy-Mengen über den reellen Zahlen und $\mathfrak{G}(\widetilde{A})$ bzw. $\mathfrak{G}(\widetilde{B})$ die zugehörigen generellen Fuzzy-Mengen (vgl. Aufgabe 5 auf Seite 69 und zugehörige Lösung). Gilt für die generellen Fuzzy-Mengen eine der Beziehungen $\mathfrak{G}(\widetilde{A}) \subseteq \mathfrak{G}(\widetilde{B})$ oder $\mathfrak{G}(\widetilde{B}) \subseteq \mathfrak{G}(\widetilde{A})$?

Aufgabe 7 (Träger, Kern und α-Schnitte):

Es seien

$$\widetilde{A} := \{(x, \mu_{\widetilde{A}}(x)) : x \in \mathbb{R}; \mu_{\widetilde{\mathrm{A}}}(\mathrm{x}) := \tfrac{3}{3+4(x-8)^2}\}$$

$$\widetilde{B} := \{(x, \mu_{\widetilde{B}}(x)) : x \in [0, 2\pi]; \mu_{\widetilde{B}}(x) := |\sin x|\}$$

Fuzzy-Mengen über den reellen Zahlen.

(a) Bilden Sie für die gegebenen Fuzzy-Mengen die α-Schnitte (für $\alpha \in]0,1]$) und geben Sie diese ggf. als Vereinigung von Teilintervallen an.

(b) Bestimmen Sie für die gegebenen Fuzzy-Mengen sowohl den Träger als auch den Kern.

Aufgabe 8 (Standard-Komplementärmenge):

Es seien

$$\widetilde{A} := \{(x, \mu_{\widetilde{A}}(x)) : x \in \mathbb{R}; \mu_{\widetilde{\mathrm{A}}}(\mathrm{x}) := \tfrac{3}{3+4(x-8)^2}\},$$

$$\widetilde{B} := \{(x, \mu_{\widetilde{B}}(x)) : x \in [0, 2\pi]; \mu_{\widetilde{B}}(x) := |\sin x|\}$$

Fuzzy-Mengen über den reellen Zahlen (vgl. Aufgabe 7 auf Seite 70). Bestimmen und visualisieren Sie für die gegebenen Fuzzy-Mengen jeweils die Standard-Komplementärmenge.

Aufgabe 9 (Beweis: Eigenschaften der Teilmengenbeziehungen):

Es seien $\widetilde{A}$, $\widetilde{B}$ und $\widetilde{C}$ Fuzzy-Mengen über dem Universum U. Zeigen Sie, dass dann gilt:

1. $\widetilde{\emptyset}_U \subseteq \widetilde{A} \subseteq \widetilde{\mathfrak{U}}_U$.
2. Aus $\widetilde{A} \subset \widetilde{B}$ folgt: $\mathrm{hgt}(\widetilde{A}) < \mathrm{hgt}(\widetilde{B})$.
3. Aus $\widetilde{A} \subseteq \widetilde{B}$ folgt: $\mathrm{hgt}(\widetilde{A}) \leq \mathrm{hgt}(\widetilde{B})$.
4. Reflexivität von $\subseteq$: $\widetilde{A} \subseteq \widetilde{A}$.
5. Transitivität von $\subset$: Aus $\widetilde{A} \subset \widetilde{B}$ und $\widetilde{B} \subset \widetilde{C}$ folgt: $\widetilde{A} \subset \widetilde{C}$.
6. Transitivität von $\subseteq$: Aus $\widetilde{A} \subseteq \widetilde{B}$ und $\widetilde{B} \subseteq \widetilde{C}$ folgt: $\widetilde{A} \subseteq \widetilde{C}$.
7. Antisymmetrie von $\subseteq$: $\widetilde{A} = \widetilde{B}$ gdw. $\widetilde{A} \subseteq \widetilde{B}$ und $\widetilde{B} \subseteq \widetilde{A}$.

(vgl. Satz 2.9).

Aufgabe 10 (Beweis: Fuzzy-Ähnlichkeit):

Es seien $\widetilde{A}$ und $\widetilde{B}$ Fuzzy-Mengen über den reellen Zahlen mit den Zugehörigkeitsfunktionen

$$\mu_{\widetilde{A}} : \mathbb{R} \to [0,1[\text{ mit } \mu_{\widetilde{\mathrm{A}}}(\mathrm{x}) := \begin{cases} 1 - \frac{1}{x} & \text{für } x > 1 \\ 0 & \text{sonst} \end{cases}$$

und

$$\mu_{\widetilde{B}} : \mathbb{R} \to [0,1[\text{ mit } \mu_{\widetilde{\mathrm{B}}}(\mathrm{x}) := \begin{cases} 1 - \frac{1}{e^{(x-1)}} & \text{für } x > 1 \\ 0 & \text{sonst} \end{cases}$$

(vgl. Beispiel 2.8.② auf Seite 51). Zeigen Sie, dass die Fuzzy-Mengen $\widetilde{A}$ und $\widetilde{B}$ fuzzy-ähnlich sind.

Kapitel 3

Linguistische Variablen und Modifikatoren

Most of the fundamental ideas of science are essentially simple, and may, as a rule, be expressed in a language comprehensible to everyone.

ALBERT EINSTEIN (1879-1955)

3.1 Einführung

Da die Theorie der Fuzzy-Mengen primär dem Ziel dient, uns einen Formalismus zum Handling von unscharfen Informationen zur Verfügung zu stellen, gilt dies insbesondere auch für Informationen linguistischer (d.h. sprachlicher) Art. Dabei verwenden wir die Fuzzy-Mengen hauptsächlich als Modellierungsmöglichkeit für unscharfe Informationen und Aussagen, wie beispielsweise „klein", „mittelgroß" und „groß".

Verschiedene Ausprägungen desselben sprachlichen Oberbegriffes - in diesem Fall „Größe" - werden hierbei in einer sogenannten *linguistischen Variablen* zusammengefaßt. Mit Hilfe dieser Variablen, die wir im ersten Teil dieses Kapitels behandeln werden, können auch Eigenschaften, Prozesse und Phänomene approximativ charakterisiert werden, die entweder zu komplex, zu schlecht strukturiert oder einfach nur schwer zu erfassen sind und damit einer Beschreibung durch konventionelle quantitative Methoden nicht zugänglich sind.

Um nun auch die in der Alltagssprache ständig verwendeten linguistischen Modifikationen (wie beispielsweise „sehr“ und „ziemlich“) zu erfassen, werden wir uns im zweiten Teil des Kapitels überlegen, wie wir diese mathematisch nachbilden können.

3.2 Linguistische Variablen

Die mathematische Beschreibung von Prozessen und Eigenschaften erfordert die präzise und meist quantitative Bestimmung wichtiger Kenngrößen. Im Gegensatz dazu arbeiten umgangssprachliche Prozeß- und Eigenschaftsbeschreibungen eher mit unscharf formulierten Angaben, die im Allgemeinen verständlicher als rein numerische Werte sind. Man denke hier beispielsweise an Fahranweisungen eines Fahrlehrers oder an Beurteilungen von Leistungsfähigkeiten. Die den Wörtern und Ausdrücken natürlicher Sprache inhärenten Unschärfen lassen sich mit Hilfe der sogenannten *linguistischen Variablen* modellieren, bei denen zur Charakterisierung eines Begriffes oder einer physikalischen Größe relevant erscheinende und voneinander zu unterscheidene Ausprägungen zusammengefaßt werden. Die verschiedenen Ausprägungen, welche in diesem Zusammenhang auch als *linguistische Terme* bezeichnet werden, sind hierbei auf Grundlage eines gemeinsamen Universum U jeweils durch eine Fuzzy-Menge beschrieben.

(3.1) Beispiel:

> Ein Produktionsbetrieb fertigt mehrere Individual-Produkte. Aufgrund der vorherrschenden Produktionskapazität kann das Unternehmen aber nur drei verschiedene Produkte zum gleichen Zeitpunkt parallel fertigen. Um möglichst Termintreue zu erreichen, priorisiert es daher jeden Auftrag in Bezug zum Liefertermin und unterscheidet, ob die Lieferung „sehr bald“, „bald“, „demnächst“, „in entfernter Zukunft“ oder „in sehr entfernter Zukunft“ erfolgen soll (vgl. Abbildung 3.1.1).

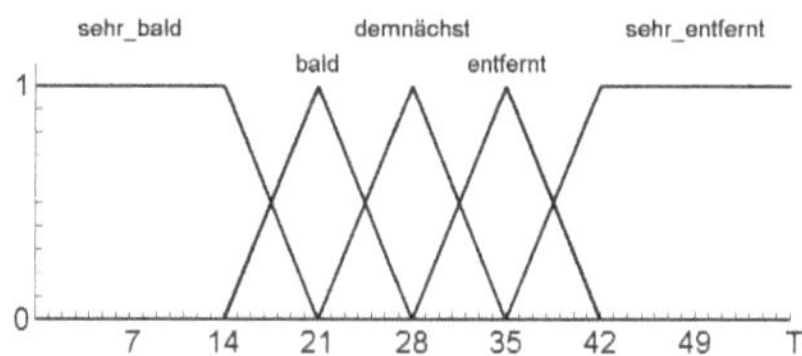

(3.1.1) Abbildung:
Satz von linguistischen Termen für die linguistische Variable „Liefertermin"

Das letzte Beispiel verdeutlicht anhand der Größe „Liefertermin", welche Komponenten zur vollständigen Charakterisierung einer linguistischen Variable $\mathfrak{l}$ erforderlich sind (vgl. [15],[18]):

i) Der *symbolische Bezeichner* $\mathfrak{N}(\mathfrak{l})$ der Variable $\mathfrak{l}$.

   In diesem Fall betrachten wir die linguistische Variable „Liefertermin".

ii) Der *Grundbereich* $\mathfrak{D}(\mathfrak{l})$ der Variable $\mathfrak{l}$, d.h. der Bereich, den der scharfe numerische Wert der Variable annehmen kann.

   Hier haben wir den Bereich ab null Tagen. Würde man beispielsweise noch den linguistischen Term „überfällig" modellieren wollen, so wären auch negative Anzahlen an Tagen sinnvoll.

iii) Die *linguistischen Terme* (bzw. *linguistischen Werte*) $\mathfrak{T}(\mathfrak{l})$ der Variable $\mathfrak{l}$, d.h. die konktrete Eigenschaft bzw. Ausprägung, die der unscharfe, linguistische Wert der Variable annehmen kann.

   In unserem Beispiel wurden die folgenden linguistischen Terme betrachtet: $\mathfrak{T}(\mathfrak{l}) = \{sehr\_bald, bald, demnächst, entfernt, sehr\_entfernt\}$.

iv) Die *Fuzzy-Mengen* $\mathfrak{M}(\mathfrak{l})$, mit denen die linguistischen Terme modelliert, d.h. „mit Leben gefüllt" werden sollen. Die Fuzzy-Mengen und deren Zugehörigkeitsfuntionen werden zweckmäßigerweise entsprechend des jeweiligen linguistischen Terms bezeichnet.

In unserem Fall haben wir beispielsweise

$$\mathfrak{M}(\mathfrak{l}) = \{\widetilde{M}_{sehr\_bald}, \widetilde{M}_{bald}, \widetilde{M}_{demnächst}, \widetilde{M}_{entfernt}, \widetilde{M}_{sehr\_entfernt}\}$$

mit den Fuzzy-Mengen

$$\begin{array}{llll} \widetilde{M}_{sehr\_bald} & := \mathfrak{G}(\{(14,1),(21,0)\}) & \widetilde{M}_{bald} & := \Lambda_{\mathrm{SN}(21,7,0,1)} \\ \widetilde{M}_{demnächst} & := \Lambda_{\mathrm{SN}(28,7,0,1)} & \widetilde{M}_{entfernt} & := \Lambda_{\mathrm{SN}(35,7,0,1)} \\ \widetilde{M}_{sehr\_entfernt} & := \mathfrak{G}(\{(35,0),(42,1)\}) & & \end{array}$$

über $\mathfrak{D}(\mathfrak{l})$ (vgl. Definition 1.13).

v) Die bijektive Zuordnungsfunktion $\mathfrak{A}(\mathfrak{l}) : \mathfrak{T}(\mathfrak{l}) \longrightarrow \mathfrak{M}(\mathfrak{l})$, die jedem Term der linguistischen Variable eine bestimmte Bedeutung in Form einer Fuzzy-Menge über $\mathfrak{D}(\mathfrak{l})$ zuweist.

Im Beispiel haben wir die Zuordnungsfunktion $\mathfrak{A}(\mathfrak{l})$ mit

$$\begin{array}{llll} \mathfrak{A}(\mathfrak{l})(sehr\_bald) & = \widetilde{M}_{sehr\_bald}, & \mathfrak{A}(\mathfrak{l})(bald) & = \widetilde{M}_{bald}, \\ \mathfrak{A}(\mathfrak{l})(demnächst) & = \widetilde{M}_{demnächst}, & \mathfrak{A}(\mathfrak{l})(entfernt) & = \widetilde{M}_{entfernt}, \\ \mathfrak{A}(\mathfrak{l})(sehr\_entfernt) & = \widetilde{M}_{sehr\_entfernt}. & & \end{array}$$

Wir können also definieren (vgl. [5],[20]):

(3.2) Definition:

Eine *linguistische Variable* $\mathfrak{l}$ ist ein 5-Tupel $(\mathfrak{N}, \mathfrak{D}, \mathfrak{T}, \mathfrak{M}, \mathfrak{A})$ mit

1. $\mathfrak{N}$: symbolischer Bezeichner der Variable $\mathfrak{l}$.
2. $\mathfrak{D}$: Grundbereich von $\mathfrak{l}$,
3. $\mathfrak{T}$: Menge der linguistischen Terme von $\mathfrak{l}$,
4. $\mathfrak{M}$: Fuzzy-Mengen über dem Grundbereich $\mathfrak{D}$,
5. $\mathfrak{A}$: semantische Bijektion, die jedem linguistischen Term aus $\mathfrak{T}$ eine Fuzzy-Menge aus $\mathfrak{M}$ zuordnet.

Je mehr linguistische Terme eine linguistische Variable $\mathfrak{l}$ hat, desto differenzierter ist diese. Vor dem Hintergrund einer konkreten Anwendungssituation wird man die Anzahl der Terme je Variable jedoch im Allgemeinen zwischen drei und maximal zehn festlegen. Die obere Grenze korreliert dabei mit der Anzahl der Differenzierungen die ein Mensch im Allgemeinen gleichzeitig aufzunehmen und zu unterscheiden vermag (dies wird durch zahlreiche psychologische Studien bestätigt).

In der praktischen Anwendung (insbesondere im Fuzzy-Control) ist es darüber hinaus notwendig, dass jeder mögliche Wert aus dem Grundbereich $\mathfrak{D}(\mathfrak{l})$ einer linguistischen Variable $\mathfrak{l}$ mindestens einer Fuzzy-Menge aus $\mathfrak{M}(\mathfrak{l})$ angehört, die diesem Wert eine von Null verschiedene Zugehörigkeit beimisst. Die daraus entstehende Partitionierung des Grundbereiches ist hierbei im Allgemeinen nicht überlappungsfrei, wobei die Summe der Zugehörigkeitsgrade für jeden beliebigen scharfen Wert nicht notwendigerweise immer gleich eins sein muss. Auch wenn die Summe in den meisten Praxisanwendungen eins ist (vgl. unser Beispiel), ist dies im Bereich Fuzzy-Control nicht zwingend erforderlich.

Um nun scharfe Werte aus dem Grundbereich $\mathfrak{D}(\mathfrak{l})$ einer linguistischen Variable $\mathfrak{l}$ auf den Bereich der linguistischen Terme abzubilden, müssen wir diese *fuzzifizieren*. Dazu wird der Zugehörigkeitsgrad des scharfen Wertes bezüglich aller Fuzzy-Mengen aus $\mathfrak{M}(\mathfrak{l})$ gebildet.

(3.3) Beispiel:

Betrachten wir wieder den Produktionsbetrieb aus Beispiel 3.1. Für einen Liefertermin in 16 Tagen erhalten wir die Zugehörigkeitsgrade

$$\begin{aligned}
\mu_{\widetilde{M}_{sehr_bald}}(16) &= 0 + \tfrac{1-0}{7}(14+7-16) = \tfrac{5}{7} \approx 0.71,\\
\mu_{\widetilde{M}_{bald}}(16) &= 0 + \tfrac{1-0}{7}(16-21+7) = \tfrac{2}{7} \approx 0.29,\\
\mu_{\widetilde{M}_{demnächst}}(16) &= 0,\\
\mu_{\widetilde{M}_{entfernt}}(16) &= 0,\\
\mu_{\widetilde{M}_{sehr_entfernt}}(16) &= 0
\end{aligned}$$

(vgl. Abbildung 3.3.1). Umgangssprachlich würden wir einen Liefertermin von 16 Tagen im Sinne der Bewertung des Unternehmens etwa mit „bald bis sehr bald, eher sehr bald" bezeichnen.

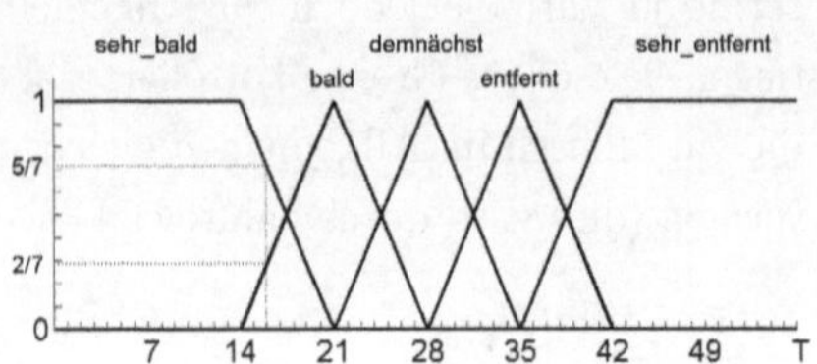

(3.3.1) Abbildung:
Fuzzifizierung des scharfen Liefertermins „16 Tage"

Für einen Liefertermin in $24\frac{1}{2}$ Tagen erhalten wir die Zugehörigkeitsgrade

$$\begin{aligned}
\mu_{\widetilde{M}_{sehr_bald}}(24.5) &= 0, \\
\mu_{\widetilde{M}_{bald}}(24.5) &= 0 + \tfrac{1-0}{7}(21 + 7 - 24.5) = \tfrac{1}{2} = 0.5, \\
\mu_{\widetilde{M}_{demnächst}}(24.5) &= 0 + \tfrac{1-0}{7}(24.5 - 28 + 7) = \tfrac{1}{2} = 0.5, \\
\mu_{\widetilde{M}_{entfernt}}(24.5) &= 0, \\
\mu_{\widetilde{M}_{sehr_entfernt}}(24.5) &= 0
\end{aligned}$$

(vgl. Abbildung 3.3.2).

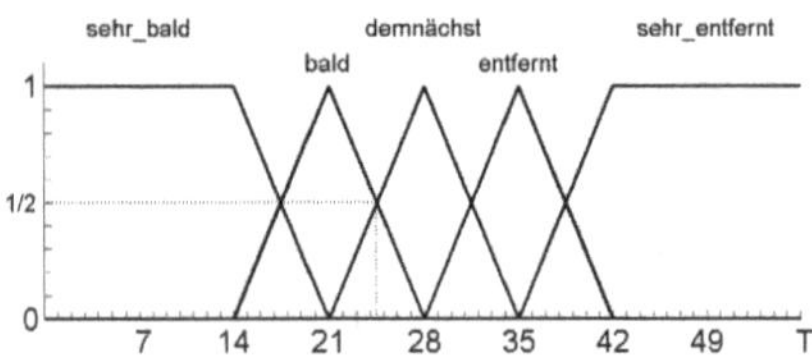

(3.3.2) Abbildung:
Fuzzifizierung des scharfen Liefertermins „24.5 Tage"

Formal gesehen überführen wir bei der Fuzzifizerung einen scharfen Wert ν in einen Vektor $\nu^\star$:

$$\nu \underset{Fuzzifizierung}{\longmapsto} \nu^\star$$

mit

$$\nu^\star := \left(\mu_{\widetilde{M}_{sehr\_bald}}(\nu), \mu_{\widetilde{M}_{bald}}(\nu), \mu_{\widetilde{M}_{demnächst}}(\nu), \mu_{\widetilde{M}_{entfernt}}(\nu), \mu_{\widetilde{M}_{sehr\_entfernt}}(\nu)\right).$$

Durch die Verwendung von linguistischen Variablen können wir linguistisch ausgedrücktes Wissen mit all seinen Unschärfen angemessen so in der formalen Sprache der Mathematik modellieren, dass wir auf der einen Seite möglichst wenig Reichtum menschlicher Sprache verlieren und dass wir auf der anderen Seite das Wissen formal (und somit auch DV-technisch) verarbeiten können.

3.3 Linguistische Modifikatoren

Um ein optimales Handling mit unscharfem Wissen zu erhalten, müssen wir unter anderem auch in der Lage sein das - beispielsweise in Form von unterschieden linguistischen Variablen und Fuzzy-Mengen - vorhandene Wissen zu modifizieren und miteinander zu verknüpfen. Dazu betrachten wir zuerst die linguistischen Modifikatoren und dann in den folgenden beiden Kapiteln die elementaren Verknüpfungen. Wir werden unser Augenmerk nun speziell auf die linguistischen Modifikatoren zur Verstärkung beziehungsweise Abschwächung linguistischer Informationen richten.

(3.4) Beispiel:

> Um jeweils das Alter einer jungen und einer sehr jungen Person zu modellieren, könnten wir beispielsweise die Fuzzy-Mengen aus den Abbildungen 3.4.1 und 3.4.2 verwenden[1]. Die Verstärkung des sprachlichen Ausdrucks „jung" hat hier für die modellierende Fuzzy-Menge zu einer Teilmengenbeziehung bezüglich der Ausgangsmenge geführt, was - wie wir später noch sehen werden - für diese Modifikationsart charakteristisch ist.

Selbstverständlicherweise können wir eine Modifikation nur durch Veränderung der Zugehörigkeitsgrade einer Fuzzy-Menge erreichen, da nach Definition eine

[1]Bei konkreten Modellierungen sollten wir uns indes aber immer der inhärenten Subjektivität des Entscheidungsträgers bewußt sein.

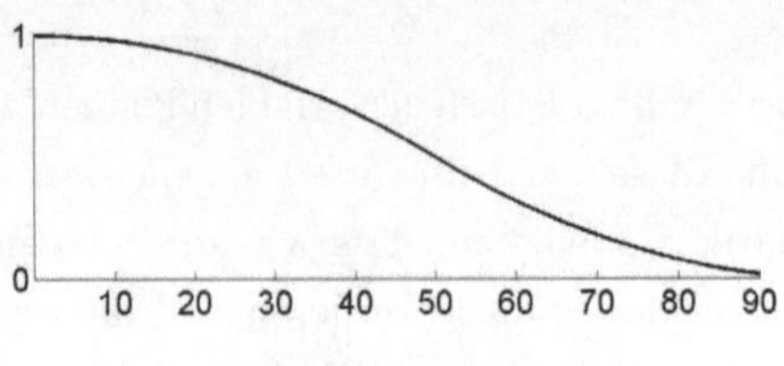

(3.4.1) Abbildung:
Modellierung für „das Alter einer jungen Person“

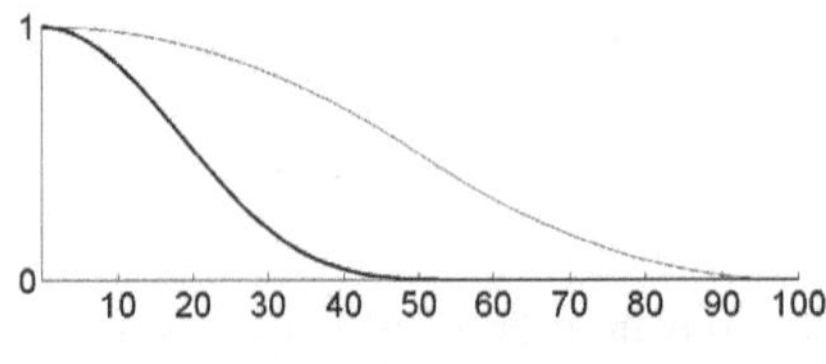

(3.4.2) Abbildung:
Modellierung für „das Alter einer sehr jungen Person“

Fuzzy-Menge durch Angabe des zugrundeliegenden Universums und der Zugehörigkeitsfunktion eindeutig bestimmt ist. So können wir beispielsweise für eine Fuzzy-Menge $\widetilde{M}$ mit der Zugehörigkeitsfunktion μ über einem Universum U, also $\widetilde{M} = \{(x, \mu(x)) : x \in U\}$, eine modifizierte Fuzzy-Menge $\Xi(\widetilde{M})$ unter Verwendung einer unären Operation $\Xi : [0,1] \to [0,1]$ eindeutig durch $\Xi(\widetilde{M}) := \{(x, \Xi(\mu(x))) : x \in U\}$ definieren. Bevor wir uns aber tiefer in die Materie begeben, betrachten wir zunächst im Rahmen eines weiteren Beispiels den Einfluß einer linguistischen Modifikation auf die Zugehörigkeitsfunktion einer Fuzzy-Menge.

(3.5) Beispiel:

Eine mögliche Modellierung für „reelle Zahlen, nahe bei 5“ stellt beispielsweise die Fuzzy-Menge $\widetilde{A}$ mit der Zugehörigkeitsfunktion

$$\mu_{\widetilde{A}} := \Pi_{\mathrm{SN}(5,4,0,1)}$$

(symmetrische PI-Funktion über $[0,1]$ gemäß Definition 1.20) dar (siehe Abbildung 3.5.1).

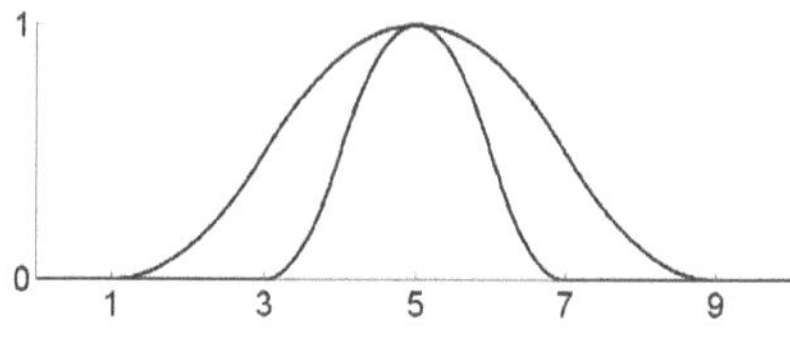

(3.5.1) Abbildung:
Größenvergleich reeller Zahlen bezüglich der reellen Zahl 5

Die Fuzzy-Menge $\widetilde{B}$ mit der Zugehörigkeitsfunktion

$$\mu_{\widetilde{B}} := \Pi_{\mathrm{SN}(5,2,0,1)}$$

ist hingegen wegen der kleineren Distanz zur Maximalstelle eine mögliche Modellierung für „reelle Zahlen, sehr nahe bei 5". Offensichtlich ist die Fuzzy-Menge $\widetilde{B}$ („reelle Zahlen, sehr nahe bei 5") eine Teilmenge der Fuzzy-Menge $\widetilde{A}$ („reelle Zahlen, nahe bei 5"). Die Verstärkung unseres linguistischen Konstrukts hat damit also dazu geführt, dass die einzelnen Zugehörigkeitsgrade entweder verkleinert oder gleich geblieben sind.

In unserem Beispiel geht die linguistische Verstärkung höchstens mit einer numerischen Abschwächung und somit eine linguistische Abschwächung höchstens mit einer numerischen Verstärkung einher. Dieser Zusammenhang tritt vor allem dann auf, wenn der Kern der betrachten Fuzzy-Menge invariant gegenüber der gewählten linguistischen Modifikation ist. Das dies nicht notwendigerweise der Fall sein muss, zeigt das nächste Beispiel:

(3.6) Beispiel:

Die Fuzzy-Menge $\widetilde{A}$ mit der Zugehörigkeitsfunktion

$$\mu_{\widetilde{A}} := S_{(1100,100,0,1)}$$

(sigmoide Funktion über [0, 1] gemäß Definition 1.16) ist eine mögliche Modellierung für „reelle Zahlen, viel größer als 1000“ und die Fuzzy-Menge $\widetilde{B}$ mit der Zugehörigkeitsfunktion

$$\mu_{\widetilde{B}} := S_{(1250,250,0,1)}$$

eine mögliche Modellierung für „reelle Zahlen, sehr viel größer als 1000“ (siehe Abbildung 3.6.1).

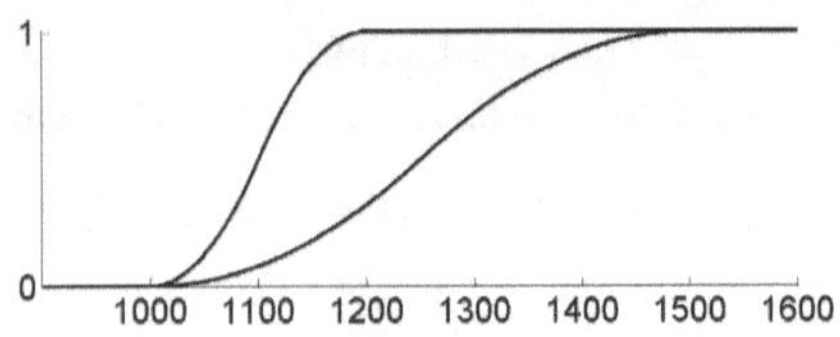

(3.6.1) Abbildung:
Größenvergleich reeller Zahlen bezüglich der reellen Zahl 1000

In diesem Beispiel besitzen die Fuzzy-Mengen $\widetilde{A}$ und $\widetilde{B}$ einen unterschiedlichen Kern. Würden wir indes fordern, dass der Kern invariant gegenüber der hier gewählten linguistischen Modifikation sein sollte, dann würde dies ausgehend von der Fuzzy-Menge $\widetilde{A}$ konkret bedeuten, dass auch die reelle Zahl 1200 sehr viel größer als die reelle Zahl 1000 sein müßte. Dies ist aber je nach kontextuellem Zusammenhang eine nicht erwünschte Sichtweise.

Verbindet man die Modifikationsoperatoren beispielsweise mit Shiftoperatoren, die eine Translation der Zugehörigkeitsfunktion bewirken (vgl. [2]), dann können wir auch kernvariante Modifikationen realisieren. Wir werden uns aber im Folgenden auf Modifikatoren beschränken, die sowohl invariant bzgl. des Kerns als auch des Trägers sind.

3.3.1 Konzentrationen und Dilatationen

Die Modifikationsoperatoren sollten, wie wir bereits festgestellt haben, eine numerische Verkleinerung oder Vergrößerung der entsprechenden Zugehörigkeitswerte einer Fuzzy-Menge bewirken. Da die Zugehörigkeitswerte per Definition aus dem reellen Einheitsintervall $[0,1]$ sind, können wir die numerische Verkleinerung beispielsweise durch Potenzieren mit Exponenten größer Eins und die numerische Vergrößerung durch Radizieren, d.h. durch das Potenzieren mit Exponenten kleiner Eins, erreichen. Aufgrund der Kerninvarianz nennt man die modifizierten Fuzzy-Mengen passenderweise *Konzentrationen* beziehungsweise *Dilatationen*. Wir können also definieren (vgl. [11],[14],[17]).

(3.7) Definition:

Ist $\widetilde{M}$ eine Fuzzy-Menge mit der Zugehörigkeitsfunktion $\mu_{\widetilde{M}}$ über einem Universum U und $n \in \mathbb{R}$ mit $n > 1$, dann heißt die Fuzzy-Menge

$$\underset{\mathrm{Con}_n}{\Xi}(\widetilde{M}) := \{(x, (\mu_{\widetilde{M}}(x))^n) : x \in U\}$$

n-Konzentration und die Fuzzy-Menge

$$\underset{\mathrm{Dil}_n}{\Xi}(\widetilde{M}) := \{(x, \sqrt[n]{\mu_{\widetilde{M}}(x)}) : x \in U\}$$

n-Dilatation der Fuzzy-Menge $\widetilde{M}$.

Die Konzentration und die Dilatation sind umso stärker, je größer der Parameter n gewählt wird. Ist n beliebig aber fest, dann kehrt der Dilatationsoperator $\underset{\mathrm{Dil}_n}{\Xi}(x) := \sqrt[n]{x}$ den Konzentrationsoperator $\underset{\mathrm{Con}_n}{\Xi}(x) := x^n$ offensichtlich um, d.h. es gilt

$$\underset{\mathrm{Dil}_n}{\Xi}(\underset{\mathrm{Con}_n}{\Xi}(x)) = \underset{\mathrm{Con}_n}{\Xi}(\underset{\mathrm{Dil}_n}{\Xi}(x)) = x$$

für alle $x \in [0,1]$ und $n \in \mathbb{R}$ mit $n > 1$.

(3.8) Beispiele:

① Ist $\widetilde{A}$ mit der Zugehörigkeitsfunktion $\mu_{\widetilde{A}} := \Pi_{\mathrm{SN}(5,4,0,1)}$ die Fuzzy-Menge aus Beispiel 3.5, dann ist die Fuzzy-Menge

$$\widetilde{B} := \underset{\mathrm{Con}_2}{\Xi}(\widetilde{A})$$

eine mögliche Modellierung für „reelle Zahlen, sehr nahe bei 5“ und die Fuzzy-Menge

$$\widetilde{C} := \underset{\text{Con}_2}{\Xi}(\widetilde{B}) = \underset{\text{Con}_4}{\Xi}(\widetilde{A})$$

eine mögliche Modellierung für „reelle Zahlen, sehr sehr nahe bei 5“ (siehe Abbildung 3.8.1).

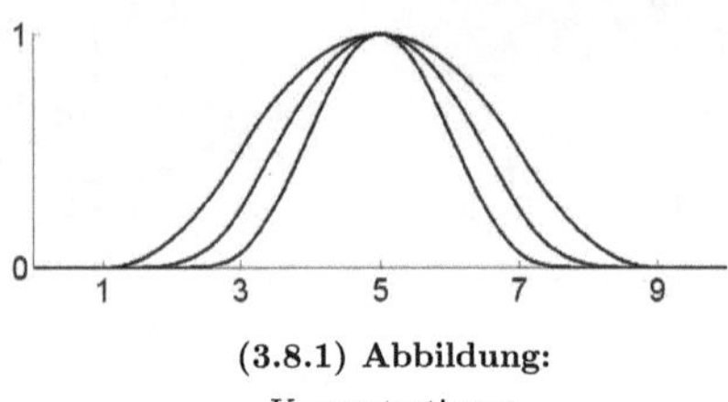

(3.8.1) Abbildung:
Konzentrationen

② Es sei $\widetilde{A}$ eine Fuzzy-Menge mit der trapezförmigen Zugehörigkeitsfunktion $\mu_{\widetilde{A}} := \Lambda_{S(4,6,1,0,1)}$ (siehe Definition 1.13). Die Fuzzy-Menge $\widetilde{A}$ ist eine mögliche Modellierung für „reelle Zahlen, ungefähr zwischen 4 und 6“, während die Fuzzy-Menge

$$\widetilde{B} := \underset{\text{Dil}_2}{\Xi}(\widetilde{A})$$

eine mögliche Modellierung für „reelle Zahlen, ziemlich ungefähr zwischen 4 und 6“ darstellt (siehe Abbildung 3.8.2).

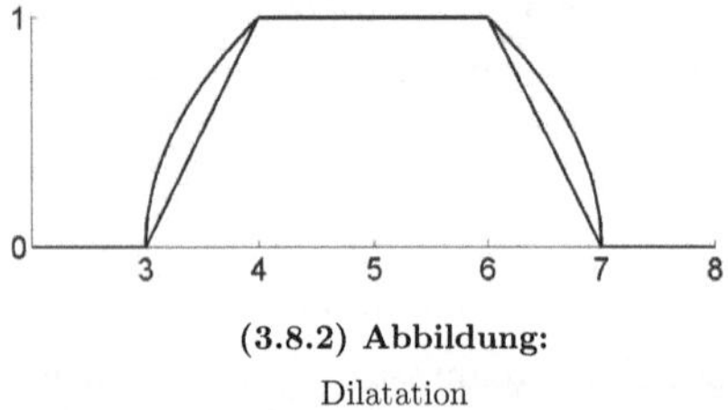

(3.8.2) Abbildung:
Dilatation

3.3.2 Kontrast-Intensivierungen

Neben dem Dilatationsoperator und dem Konzentrationsoperator ist in der Literatur auch der Kontrast-Intensivierungsoperator weit verbreitet (vgl. [11], [14], [17]). Es handelt sich hierbei um eine Kombination aus Konzentration und Dilatation, die eine Erhöhung der Flankensteilheit bewirkt - alle Zugehörigkeitswerte unter 0.5 werden numerisch abgeschwächt und alle darüber numerisch verstärkt (vgl. [14]).

(3.9) Definition:

Ist $\widetilde{M}$ eine Fuzzy-Menge mit der Zugehörigkeitsfunktion $\mu_{\widetilde{M}}$ über einem Universum U und $n \in \mathbb{R}$ mit $n > 1$, dann heißt die Fuzzy-Menge

$$\underset{\text{Int}_n}{\Xi}(\widetilde{M}) := \{(x, \underset{\text{Int}_n}{\Xi}(\mu_{\widetilde{M}}(x))) : x \in U\}$$

mit

$$\underset{\text{Int}_n}{\Xi}(x) := \begin{cases} 2^{n-1}x^n & \text{für } x \in [0, 0.5] \\ 1 - 2^{n-1}(1-x)^n & \text{für } x \in]0.5, 1] \end{cases}$$

n-Kontrast-Intensivierung der Fuzzy-Menge $\widetilde{M}$.

Diese Definition ist wegen

$$\underset{\text{Int}_n}{\Xi}(\frac{1}{2}) = 2^{n-1}(\frac{1}{2})^n = \frac{1}{2} = 1 - 2^{n-1}(1 - \frac{1}{2})^n$$

die konsequente Umsetzung der Forderung nach einer sprungfreien Operation.

(3.10) Beispiel:

Ist $\widetilde{A}$ mit der Zugehörigkeitsfunktion $\mu_{\widetilde{A}} := \Pi_{\text{SN}(5,4,0,1)}$ die Fuzzy-Menge aus den Beispielen 3.5 und 3.8.Ⓓdann ist die Fuzzy-Menge

$$\widetilde{B} := \underset{\text{Int}_2}{\Xi}(\widetilde{A})$$

eine mögliche Modellierung für „reelle Zahlen, sehr nahe in der Umgebung von 5“ (siehe Abbildung 3.10.1).

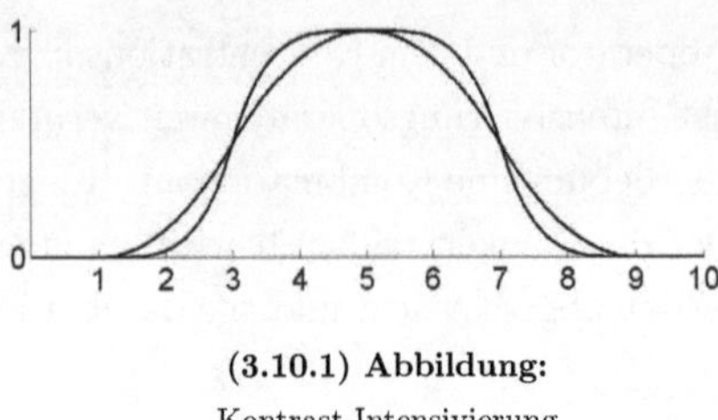

(3.10.1) Abbildung:
Kontrast-Intensivierung

Mit Hilfe der linguistischen Variablen und Modifikatoren sind wir mittlerweile in der Lage unscharfe (linguistische) Informationen adequat zu modellieren und zu modifizieren. Richten wir nun unser Augenmerk auf die elementaren Verknüpfungsmöglichkeiten von Fuzzy-Mengen.

3.4 Übungsaufgaben

(3.11) Aufgaben:

Aufgabe 11 (Linguistische Variablen, Fuzzifizierung):

Kurz vor Semesteranfang werden einem wohnungssuchenden Studenten die folgenden Wohnungen angeboten:

Wohnung	Mietpreis	Größe	Entfernung zur Hochschule
1	102.60 €	18 m^2	1.0 km
2	108.00 €	24 m^2	3.0 km
3	189.00 €	30 m^2	1.7 km
4	222.60 €	42 m^2	2.5 km
5	225.60 €	47 m^2	3.1 km
6	311.10 €	51 m^2	0.5 km

a) Geben Sie für jeden der drei Entscheidungskriterien „Preis", „Größe" und „Entfernung zur Hochschule" eine angemessene Modellierung in Form einer linguistischen Variable (mit jeweils drei Termen) an. Gehen Sie hierbei von einer ortsüblichen Kaltmiete in Höhe zwischen 5.5 € und 6 € aus.

b) Geben Sie auf Basis Ihrer Modellierung für jede Wohnung den Zugehörigkeitsgrad zum jeweiligen Entscheidungskriterium an.

Aufgabe 12 (Modifikatoren):

Es sei

$$\widetilde{A} := \{(0,0),(2,1),(6,1),(10,0)\}$$

eine Fuzzy-Menge über den reellen Zahlen Bestimmen und visualisieren Sie

(a) zur Fuzzy-Menge $\widetilde{A}$ die generelle Fuzzy-Menge $\mathfrak{G}(\widetilde{A})$,

(b) zur Fuzzy-Menge $\mathfrak{G}(\widetilde{A})$ die 2-Konzentration, 2-Dilatation und 2-Kontrast-Intensivierung.

Kapitel 4

Elementare Mengenoperationen

Eine der größten Vorzüge der mathematischen Wissenschaften und zugleich derjenige, der am meisten ihre Sicherheit zu begründen vermag, besteht darin, dass in der Mathematik die wechselseitigen Beziehungen jener disparat erscheinenden Phänomene, die sie miteinander in Beziehung setzt, nicht durch vage Mutmaßungen bestimmt werden, sondern durch strenge Berechnungen.

PIERRE LAPLACE (1749-1827)

4.1 Einführung

Als elementarste Verknüpfungen im Bereich der klassischen Mengen haben wir die Bildung der Vereinigung und des Durchschnitts zweier Mengen sowie die Bildung des Komplements einer gegebenen Menge bezüglich einer sie umfassenden. Die Verknüpfung von Mengen ist deshalb so bedeutend, da bei der Modellierung und Repräsentation von Aussagen mittels Mengen durch deren Verknüpfungen neue Aussagen und Einsichten gewonnen werden können.

(4.1) Beispiele:

① Um neue Mitglieder zu gewinnen, startet ein Sportverein eine Sonderaktion und möchte allen potentiellen Neumitgliedern, welche kurz vor einem „runden" Geburtstag stehen, ein verlockendes Angebot im Rahmen einer finanziellen Ermäßigung des Mitgliedbeitrages anbieten. Da der Verein aber in besonderem Maße an jungen Leuten interessiert ist, möchte er speziell den jüngeren Leuten ein attraktiveres Angebot unterbreiten. Der Verein wird also den jungen Personen, die kurz vor einem „runden" Geburtstag stehen einen größere Ermäßigung anbieten als den bereits etwas älteren Personen.

Um dies sachgerecht zu modellieren, könnten wir beispielsweise - analog der traditionellen Denkweise der klassischen Mengenlehre - die Fuzzy-Mengen aus den Abbildungen 4.1.1 und 4.1.2 zugrunde legen und entsprechend geschickt miteinander verknüpfen.

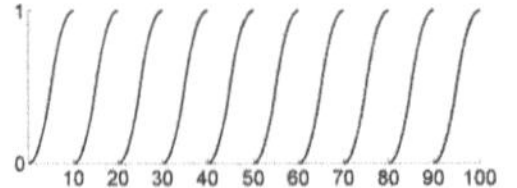

(4.1.1) Abbildung:
Modellierung für „das Alter kurz vor einem ‚runden' Geburtstag"

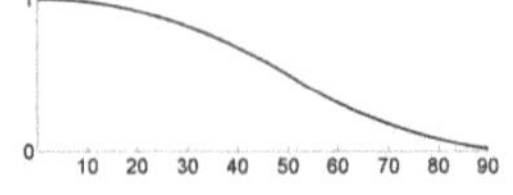

(4.1.2) Abbildung:
Modellierung für „das Alter einer jungen Person"

Die bei der Verknüpfung entstehende Fuzzy-Menge sollte dann eine Modellierung für das Alter junger Personen sein, die kurz vor einem „runden" Geburtstag stehen. Gehen wir in diesem Zusammenhang davon aus, dass der Zugehörigkeitsgrad für jedes Alter höchstens so groß ist wie die jeweils beteiligten Zugehörigkeitsgrade der zugrundeliegenen Mengen, dann erhalten wir entweder die Fuzzy-Menge aus Abbildung 4.1.3 oder eine Teilmenge von ihr.

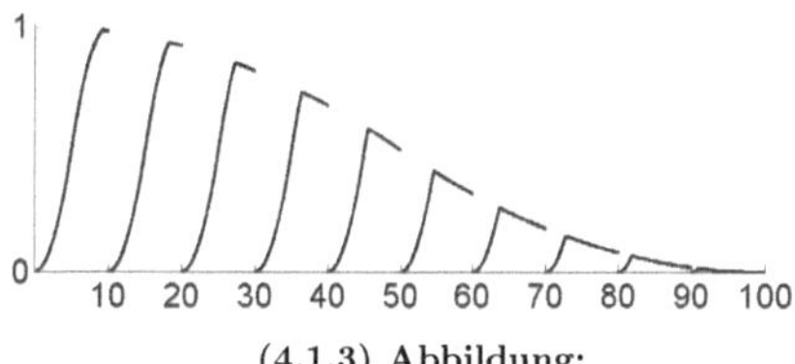

(4.1.3) Abbildung:
Modellierung für „das Alter einer jungen Person, kurz vor einem ‚runden' Geburtstag"

Auf Basis der gefundenen Fuzzy-Menge $\widetilde{M}$ könnte der Verein durch Festlegung der höchsten Ermäßigung $E_{\max}$ für jedes Alter t die Höhe der Ermäßigung $E(t)$ bestimmen, indem er beispielsweise die Funktion

$$E(t) = E_{max}\mu_{\widetilde{M}}(t)$$

verwendet.

② Möchte der Maschinenhersteller aus den Beispielen 1.1 und 1.3 (Seite 6 bzw. 8) die Wirtschaftlichkeit der aktuellen Tagesproduktion evaluieren, so bieten sich ihm je nach Standpunkt zwei Möglichkeiten: Er könnte dafür entweder die Menge der „Tagesproduktion zu angemessenen Stückkosten"

$$\widetilde{P} = \{(1,0), (2, \tfrac{500}{2500}), (3, \tfrac{2500}{2500}), (4, \tfrac{1500}{2500}), (5, \tfrac{1300}{2500}), (6,0)\}$$

(siehe Beispiel 1.3 auf Seite 8) verwenden oder alternativ dazu die Menge der „Tagesproduktion zu nicht angemessenen Stückkosten" bestimmen. Fällt seine Wahl auf die zweiten Alternative und ordnet er nun den Verlustpositionen einen Zugehörigkeitsgrad zur Menge der „Tagesproduktion zu nicht angemessenen Stückkosten" von Eins zu und setzt entsprechend die Gewinnpositiondifferenzen in

Relation zum Maximalgewinn, dann erhält er die Fuzzy-Menge

$$\begin{aligned}\widetilde{Q} :&= \{(1,1),(2,\tfrac{2500-500}{2500}),(3,0),(4,\tfrac{2500-1500}{2500}),(5,\tfrac{2500-1300}{2500}),(6,1)\} \\ &= \{(1,1),(2,\tfrac{2000}{2500}),(3,0),(4,\tfrac{1000}{2500}),(5,\tfrac{1200}{2500}),(6,1)\}\end{aligned}$$

zur Modellierung der „Tagesproduktion zu nicht angemessenen Stückkosten" (siehe Abbildung 4.1.5).

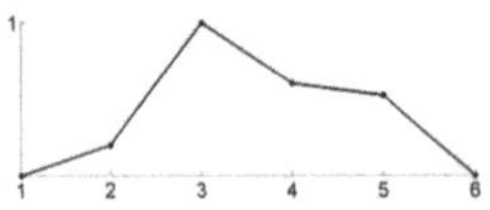

(4.1.4) Abbildung:
Tagesproduktion zu angemessenen Stückkosten

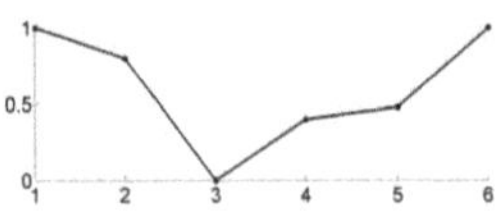

(4.1.5) Abbildung:
Tagesproduktion zu nicht angemessenen Stückkosten

Vergleichen wir die zwei Fuzzy-Mengen $\widetilde{P}$ und $\widetilde{Q}$, die zwei linguistisch gegensätzliche Sachverhalte modellieren (vgl. Abbildung 4.1.6), so fällt auf, dass $\widetilde{Q}$ die Standard-Komplementärmenge zu $\widetilde{P}$ ist (vgl. Definition 2.10 auf Seite 54).

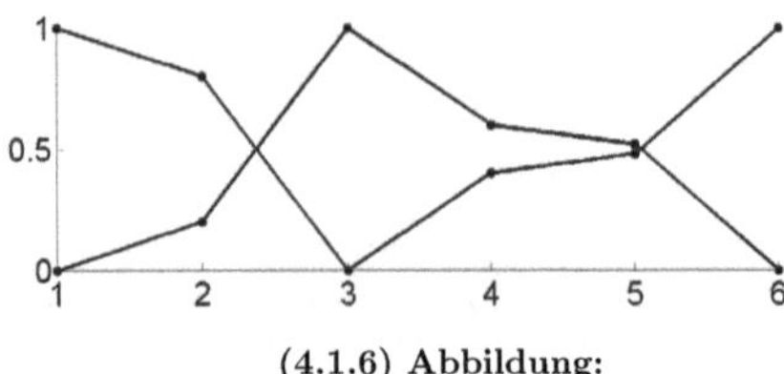

(4.1.6) Abbildung:
Angemessene und nicht angemessene Stückkosten

Wir werden nun im Rahmen dieses Kapitels die klassischen Mengenoperationen Komplement, Vereinigung und Durchschnitt für die Theorie der Fuzzy-Mengen verallgemeinern. Da es zu jeder klassischen Menge eine natürliche Fuzzy-Darstellung gibt, werden wir die Operatoren zur Sicherung der Verträglichkeit hierbei so wählen, dass bei Fuzzy-Darstellungen klassischer Mengen die Fuzzy-Operationen mit den klassischen Operationen übereinstimmen.

4.2 Komplement

In der klassischen Mengenlehre ist für eine Mengen $A \subseteq U$ das Komplement $(A)^c$ bezüglich U eindeutig durch

$$(A)^c := \{x \in U : \chi_A(x) = 0\}$$

definiert. Für die zugehörige charakteristische Funktionen $\chi_{(A)^c}$ gilt somit

$$\chi_{(A)^c}(x) = \begin{cases} 1 & \text{falls } \chi_A(x) = 0 \\ 0 & \text{sonst.} \end{cases}$$

Bei Verwendung der unären Operation

$$\neg : \{0,1\} \to \{0,1\}$$

mit

$$\neg(a) := \begin{cases} 1 & \text{falls } a = 0 \\ 0 & \text{sonst} \end{cases}$$

können wir das Komplement der Menge $A \subseteq U$ bezüglich U auch durch

$$(A)^c := \{x \in U : \neg(\chi_A(x)) = 1\}$$

eindeutig definieren. Im Gegensatz zur klassischen Mengenlehre sind in der Theorie der Fuzzy-Mengen zahlreiche Modellierungen für das Komplement einer Fuzzy-Mengen denkbar, auch wenn man bei der Festlegung von diesbezüglich geeigneten Operationen von einheitlichen Grundforderungen ausgeht. Primär fordert man, dass in Analogie zur klassischen Mengenlehre die Operationen zur Komplementbildung elementweise auf dem zugrundeliegenden Universum aggieren und dass der Zugehörigkeitsgrad eines Elementes zur Komplementärmenge einer Menge $\widetilde{M}$ nur vom Zugehörigkeitsgrad dieses Elementes zur Menge $\widetilde{M}$ abhängig ist. Somit ist bei Festlegung einer unären Operation

$$\neg : [0,1] \to [0,1]$$

das Komplement einer Fuzzy-Menge eindeutig bezüglich dieser Operation bestimmt. Ist $\widetilde{M}$ eine Fuzzy-Menge mit der Zugehörigkeitsfunktion $\mu_{\widetilde{M}}$ über einem Universum U, dann ergibt sich der Zugehörigkeitsgrad eines Elementes $x \in U$ zum Komplement $\neg\widetilde{M}$ der Fuzzy-Menge $\widetilde{M}$ aus

$$\mu_{(\neg\widetilde{M})}(x) := \neg(\mu_{\widetilde{M}}(x)).$$

Damit die Fuzzy-Operation eine Verallgemeinerung der klassischen Komplementbildung für Crisp-Mengen ist, fordern wir $\neg(0) = 1$ und $\neg(1) = 0$. Eine weitere vernünftige Forderung besteht darin, dass wir für eine echte Fuzzy-Teilmenge $\widetilde{A}$ einer Fuzzy-Menge $\widetilde{M}$ verlangen, dass deren Komplement größer als das Komplement von $\widetilde{M}$ ist, d.h. wir fordern $\neg(a) > \neg(b)$ für alle $a, b \in [0, 1]$ mit $a < b$. Möchten wir zusätzlich, dass in Analogie zur klassischen Mengenlehre das Komplement eines Komplementes einer Menge wieder die Menge selbst ergibt, dann fordern wir $\neg(\neg(a)) = a$ für alle $a \in [0, 1]$. In Abhängigkeit zu ihren Eigenschaften nennen wir die Operation $\neg$ Negation, strikte Negation oder Involution (vgl. [6],[12],[24]).

(4.2) Definition:

Eine unäre Operation $\neg$ im reellen Intervall $[0, 1]$ heißt

1. *Negation*, wenn gilt: $\neg(0) = 1$ und $\neg(1) = 0$.
2. *strikte Negation*, wenn $\neg$ eine Negation ist und für alle $a, b \in [0, 1]$ mit $a < b$ gilt: $\neg(a) > \neg(b)$.
3. *Involution*, wenn $\neg$ eine strikte Negation ist und für alle $a \in [0, 1]$ gilt: $\neg(\neg(a)) = a$.

Die strikten Negationen sind im Rahmen der Fuzzy-Mengen-Theorie von besonderer Bedeutung, da diese in Verbindung mit den Durchschnitts- und Vereinigungsoperationen, die wir später noch erarbeiten werden, ein DEMORGAN-sches Dualitätsprinzip induzieren (siehe Definition 4.15).

(4.3) Beispiele:

① Es sei $s \in [0,1[$ beliebig aber fest und $\underset{\text{SW}_s}{\neg} : [0,1] \to [0,1]$ mit

$$\underset{\text{SW}_s}{\neg}(x) := \begin{cases} 1 & \text{falls } 0 \leq x \leq s \\ 0 & \text{sonst.} \end{cases}$$

eine negierte *Schwellenwert-Funktion* (siehe Abbildung 4.3.1). Die Negation $\underset{\text{SW}_s}{\neg}$ ist offensichtlich nicht strikt und somit auch keine Involution.

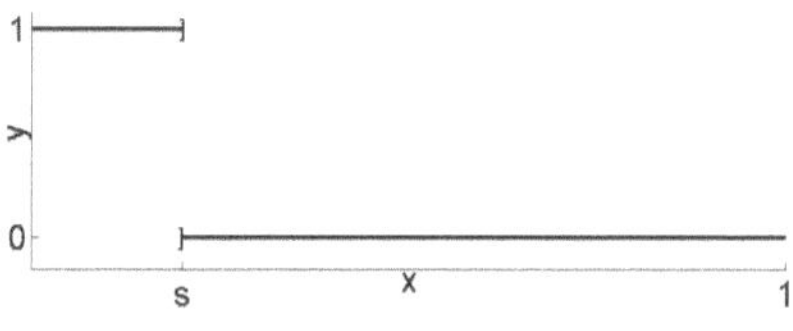

(4.3.1) Abbildung:
negierte Schwellenwert-Funktion

② Es sei $\underset{\text{S}}{\neg} : [0,1] \to [0,1]$ die *Standard-Negation*, also

$$\underset{\text{S}}{\neg}(x) := 1 - x.$$

Die Operation $\underset{\text{S}}{\neg}$ ist offensichtlich eine Involution (siehe Satz 4.6).

③ Es sei $\lambda \in]-1, \infty[$ beliebig aber fest und $\underset{\text{Sug}_\lambda}{\neg} : [0,1] \to [0,1]$ mit

$$\underset{\text{Sug}_\lambda}{\neg}(x) := \frac{1-x}{1+\lambda x}$$

das λ-Komplement nach SUGENO [6]. Offensichtlich ist $\underset{\text{Sug}_\lambda}{\neg}$ eine Negation. Wegen

$$\underset{\text{Sug}_\lambda}{\neg}'(x) = \frac{(-1)(1+\lambda x) - (1-x)\lambda}{(1+\lambda x)^2} = -\frac{1+\lambda}{(1+\lambda x)^2} < 0$$

(erste Ableitung von $\underset{\text{Sug}_\lambda}{\neg}$) für alle $x \in [0,1]$ ist $\underset{\text{Sug}_\lambda}{\neg}$ streng monoton fallend und somit ist $\underset{\text{Sug}_\lambda}{\neg}$ eine strikte Negation. Da ferner für alle $x \in [0,1]$

$$\begin{aligned}\underset{\text{Sug}_\lambda}{\neg}(\underset{\text{Sug}_\lambda}{\neg}(x)) &= \underset{\text{Sug}_\lambda}{\neg}\left(\frac{1-x}{1+\lambda x}\right) \\ &= \frac{1-(\frac{1-x}{1+\lambda x})}{1+\lambda(\frac{1-x}{1+\lambda x})} = \frac{\frac{1+\lambda x-1+x}{1+\lambda x}}{\frac{1+\lambda x+\lambda-\lambda x}{1+\lambda x}} \\ &= \frac{\lambda x + x}{1+\lambda} = \frac{(1+\lambda)x}{1+\lambda} = x\end{aligned}$$

gilt, ist $\underset{\text{Sug}_\lambda}{\neg}$ auch eine Involution.

Für $\lambda = 0$ ist das λ-Komplement nach SUGENO identisch mit der Negation aus Beispiel 4.3.② In der Abbildung 4.3.2 sind verschiedene λ-Komplemente nach SUGENO dargestellt.

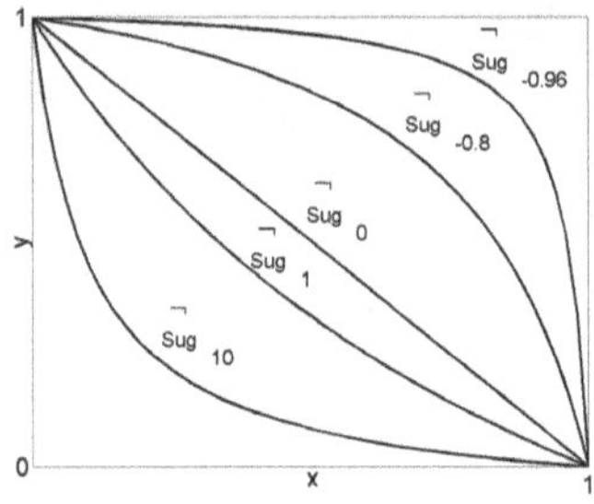

(4.3.2) Abbildung:
Verschiedene λ-Komplemente nach SUGENO

Die hier vorgestellten Operationen sind nur eine bescheidene Auswahl aus den denkbaren Operationen zur Bildung der Komplemtärmenge einer Fuzzy-Menge.

(4.4) Definition:

Es sei $\widetilde{M}$ eine Fuzzy-Menge über einem Universum U und $\neg$ eine Negation. Dann heißt die Fuzzy-Menge

$$\neg\widetilde{M} := \{(x, \neg(\mu_{\widetilde{M}}(x))) : x \in U\}$$

$\neg$-*Komplementärmenge* zu $\widetilde{M}$.

Die Komplementärmenge einer normierten oder subnormalen Fuzzy-Menge über einem Universum U ist offensichtlich nur dann eine normierte Menge, wenn es Elemente $x \in U$ gibt, die den Zugehörigkeitsgrad Null besitzen.

(4.5) Beispiel:

Basierend auf der Fuzzy-Menge $\widetilde{A}$ aus Abbildung 4.5.1 visualisieren die Abbildungen 4.5.2 und 4.5.3 (siehe Beispiel 4.3.② und 4.3.③) die Fuzzy-Mengen $\underset{S}{\neg}\widetilde{A}$ und $\underset{\mathrm{Sug}_{10}}{\neg}\widetilde{A}$. Zum Vergleich mit der Standard-Negation ist in der Abbildung 4.5.3 auch die Komplementärmenge $\underset{\mathrm{Sug}_{0}}{\neg}\widetilde{A} = \underset{S}{\neg}\widetilde{A}$ dargestellt.

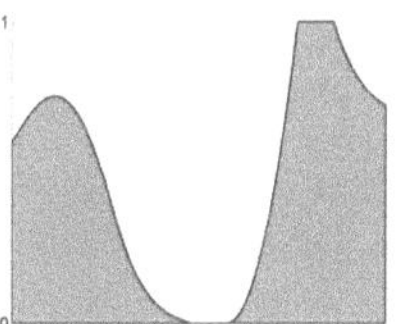

(4.5.1) Abbildung: Fuzzy-Menge $\widetilde{A}$

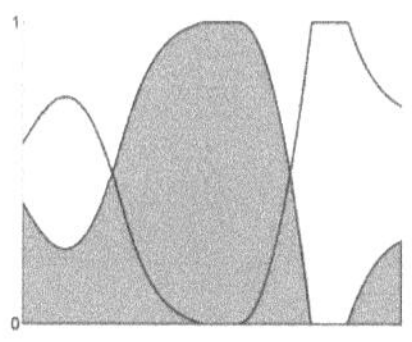

(4.5.2) Abbildung: Fuzzy-Menge $\underset{S}{\neg}\widetilde{A}$

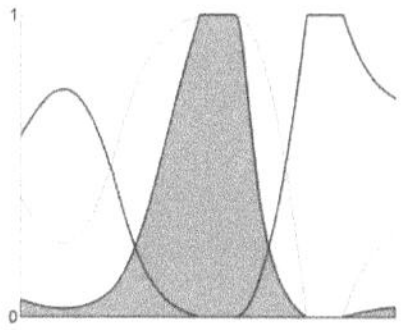

(4.5.3) Abbildung: Fuzzy-Menge $\underset{\mathrm{Sug}_{10}}{\neg}\widetilde{A}$

Wie wir gesehen haben, gibt es mehrere Möglichkeiten zur Bildung einer Fuzzy-Komplementärmenge. Die am häufigsten verwendete Komplementärmenge ist jedoch die *Standard-Komplementärmenge* (siehe Definition 2.10), welche auf Grundlage der *Standard-Negation* (siehe Beispiel 4.3.②) gebildet wird.

(4.6) Definition und Satz:

Es sei $\underset{s}{\neg} : [0,1] \to [0,1]$ mit

$$\underset{s}{\neg}(x) := 1 - x.$$

Dann ist $\underset{s}{\neg}$ ist eine Involution. $\underset{s}{\neg}$ heißt *Standard-Negation.*

<u>Beweis.</u>

(siehe Aufgabe 13 auf Seite 134).

Die Standard-Negation $\underset{s}{\neg}$ besitzt wegen $\underset{s}{\neg}(0.5) = 1 - 0.5 = 0.5$ den Fixpunkt $(0.5, 0.5)$. Wir werden nun zeigen, dass jede strikte Negation höchstens einen Fixpunkt und im Falle der Stetigkeit sogar genau einen Fixpunkt besitzt (vgl. [26]).

(4.7) Satz:

Es sei $\neg$ eine strikte Negation. Dann gilt:

1. Die Negation $\neg$ besitzt höchstens einen Fixpunkt.
2. Ist x_0 Fixpunkt von $\neg$, dann gilt für alle $x \in [0,1]$:
   (a) $x < \neg(x)$ gdw. $x < x_0$.
   (b) $x > \neg(x)$ gdw. $x > x_0$.
3. Ist $\neg$ stetig, dann besitzt die Negation $\neg$ genau einen Fixpunkt.

<u>Beweis.</u>

Es sei $\neg$ eine strikte Negation.

ad 1) Angenommen $\neg$ habe zwei Fixpunkte $a, b \in [0,1]$ mit $a \neq b$. O.B.d.A. sei $a < b$. Da $\neg$ strikt ist, würde dann zunächst

$$\neg(a) > \neg(b)$$

und somit

$$a = \neg(a) > \neg(b) = b$$

gelten, was im direkten Widerspruch zur Annahme $a < b$ steht. Also besitzt die Negation $\neg$ höchstens einen Fixpunkt.

ad 2) Es sei $a_0 \in [0,1]$ Fixpunkt von $\neg$.

Wir zeigen zunächst, dass für alle $a \in [0,1]$ mit $a < a_0$ auch $a < \neg(a)$ gilt. Angenommen dies sei nicht der Fall, es gelte also

$$a \geq \neg(a)$$

für ein $a \in [0,1]$ mit $a < a_0$. Da nach Voraussetzung $\neg$ strikt ist, gilt dann zunächst

$$\neg(a_0) < \neg(a) \leq a$$

für ein $a \in [0,1]$ mit $a < a_0$ und somit auch

$$a_0 = \neg(a_0) \leq a$$

für ein $a \in [0,1]$ mit $a < a_0$. Da dies aber ein Widerspruch in sich ist, gilt also doch $a < \neg(a)$. Somit folgt für alle $a \in [0,1]$ aus $a < a_0$ auch $a < \neg(a)$.

Wir zeigen nun, dass für alle $a \in [0,1]$ mit $a < \neg(a)$ auch $a < a_0$ gilt. Angenommen dies sei nicht der Fall, es gelte also

$$a \geq a_0$$

für ein $a \in [0,1]$ mit $a < \neg(a)$. Da $\neg$ nach Voraussetzung strikt ist, gilt dann zunächst

$$a < \neg(a) \leq \neg(a_0)$$

für ein $a \in [0,1]$ mit $a < \neg(a)$ und somit auch

$$a < \neg(a_0) = a_0$$

für ein $a \in [0,1]$ mit $a < \neg(a)$. Da dies aber ein Widerspruch zur Annahme $a \geq a_0$ ist, gilt also doch $a < a_0$. Somit folgt für alle $a \in [0,1]$ aus $a < \neg(a)$ auch $a < a_0$.

Wir haben also gezeigt: Ist $a_0 \in [0,1]$ Fixpunkt von $\neg$, dann gilt für alle $a \in [0,1]$

$$a < \neg(a) \text{ gdw. } a < a_0.$$

Analog können wir zeigen, dass für alle $a \in [0,1]$ auch

$$a > \neg(a) \text{ gdw. } a > a_0$$

gilt, falls $a_0 \in [0,1]$ Fixpunkt von $\neg$ ist.

ad 3) Es sei $\neg$ eine stetige und strikte Negation. Dann ist auch die Funktion

$$\Phi(a) := a - \neg(a)$$

stetig. Wegen $0 < 1$ und

$$\Phi(0) = -\neg(0) = -1 < 1 = 1 - \neg(1) = \Phi(1),$$

gibt es somit nach dem Zwischenwertsatz der Analysis ein $a_0 \in [0,1]$ mit $\Phi(a_0) = 0$. Also gibt es ein $a_0 \in [0,1]$, so dass $\Phi(a_0) = a_0 - \neg(a_0) = 0$ und somit $\neg(a_0) = a_0$ gilt. Also besitzt $\neg$ mindestens einen und nach Beweisteil 1) somit genau einen Fixpunkt. □

Besitzt eine Negation $\neg$ einen Fixpunkt, dann wird dieser auch *Gleichgewicht* der Negation $\neg$ genannt, da dieser denjenigen Zugehörigkeitsgrad angibt, den ein Element einer Fuzzy-Menge $\widetilde{M}$ besitzen muss, damit dieses sowohl in der Fuzzy-Menge $\widetilde{M}$ als auch in deren $\neg$-Komplementärmenge $\neg\widetilde{M}$ zu gleichen Teilen enthalten ist.

(4.8) Beispiele:

① Es sei $\underset{s}{\neg}$ die Standard-Negation (siehe Definition 4.6 und Beispiel 4.3.② auf Seite 95). Da $\underset{s}{\neg}$ offensichtlich stetig ist, besitzt $\underset{s}{\neg}$ nach Satz 4.7 genau einen Fixpunkt x_0. Für diesen Fixpunkt gilt zunächst

$$\underset{s}{\neg}(x_0) = 1 - x_0 = x_0$$

und somit auch $2x_0 = 1$. Wir erhalten also $x_0 = 0.5$.

② Es sei $\underset{sw_s}{\neg}$ eine negierte Schwellenwertfunktion (siehe Beispiel 4.3.① auf Seite 95). Offensichtlich ist $\underset{sw_s}{\neg}$ weder stetig, noch besitzt sie einen Fixpunkt.

③ Es sei $\underset{Sug_\lambda}{\neg}$ das λ-Komplement nach SUGENO (siehe Beispiel 4.3.③ auf Seite 95). Ist $\lambda \in]-1, \infty[$ beliebig aber fest, dann folgt aufgrund der Stetigkeit von $\underset{Sug_\lambda}{\neg}$ die Existenz eines Fixpunktes x_{0_λ}. Für diesen Fixpunkt gilt zunächst

$$\underset{Sug_\lambda}{\neg} = \frac{1 - x_{0_\lambda}}{1 + \lambda x_{0_\lambda}} = x_{0_\lambda}$$

und somit

$$2x_{0_\lambda} + \lambda {x_{0_\lambda}}^2 = 1.$$

Ist $\lambda = 0$, so erhalten wir $x_{0_\lambda} = 0.5$, was aufgrund der Übereinstimmung des 0-Komplements nach SUGENO mit der Standard-Negation zu erwarten war. Ist $\lambda \neq 0$, so erhalten wir aus obiger Gleichung durch elementare Umformungen

$$x_{0_\lambda} = \frac{\sqrt{\lambda + 1} - 1}{\lambda}.$$

Für den Fixpunkt x_{0_λ} des λ-Komplements nach SUGENO gilt also

$$x_{0_\lambda} = \begin{cases} \frac{1}{2} & \text{falls } \lambda = 0 \\ \frac{\sqrt{\lambda+1}-1}{\lambda} & \text{sonst.} \end{cases}$$

Da neben der Komplementbildung die Verknüpfung von Fuzzy-Mengen essentiell ist (man denke beispielsweise an die erwünschte Verknüpfungsmöglichkeit von Aussagen), werden wir uns nun mit den elementaren Verknüpfungsmöglichkeiten der Vereinigung und des Durchschnitts von Fuzzy-Mengen etwas intensiver beschäftigen.

4.3 Vereinigung und Durchschnitt

In der klassischen Mengenlehre sind für zwei Crisp-Mengen $A, B \subseteq U$ der Durchschnitt $A \cap B$ und die Vereinigung $A \cup B$ eindeutig durch

$$A \cap B := \{x \in U : \chi_A(x) = \chi_B(x) = 1\}$$

und

$$A \cup B := \{x \in U : \chi_A(x) = 1 \text{ oder } \chi_B(x) = 1\}$$

definiert. Für die zugehörigen charakteristische Funktionen $\chi_{A\cap B}$ und $\chi_{A\cup B}$ gilt somit

$$\chi_{A\cap B}(x) = \begin{cases} 1 & \text{falls } \chi_A(x) = \chi_B(x) = 1 \\ 0 & \text{sonst} \end{cases}$$

und

$$\chi_{A\cup B}(x) = \begin{cases} 1 & \text{falls } \chi_A(x) = 1 \text{ oder } \chi_B(x) = 1 \\ 0 & \text{sonst.} \end{cases}$$

Den Durchschnitt und die Vereinigung der Mengen $A, B \subseteq U$ können wir bei Verwendung der beiden binären Operationen

$$\sqcap, \sqcup : \{0,1\} \times \{0,1\} \to \{0,1\}$$

mit

$$\sqcap(a,b) := \begin{cases} 1 & \text{falls } a = b = 1 \\ 0 & \text{sonst} \end{cases}$$

und

$$\sqcup(a,b) := \begin{cases} 1 & \text{falls } a = 1 \text{ oder } b = 1 \\ 0 & \text{sonst} \end{cases}$$

somit durch

$$A \cap B := \{x \in U : \sqcap(\chi_A(x), \chi_B(x)) = 1\}$$

und

$$A \cup B := \{x \in U : \sqcup(\chi_A(x), \chi_B(x)) = 1\}$$

eindeutig definieren. In Analogie zur Modellierungsvielfalt für die Komplementbildung können wir hier zahlreiche Modellierungen für den Durchschnitt und die Vereinigung von Fuzzy-Mengen angeben. Bei einem konkreten Modellierungsproblem besitzt daher die Intention bei der Festlegung von geeigneten Operationsvorschriften eine entscheidene Bedeutung. Somit gibt es in der Therorie der Fuzzy-Mengen auch keine kontextfreie, einheitliche Verallgemeinerung der klassischen Mengenoperationen. Dennoch unterliegen alle Verallgemeinerungen der klassischen Mengenlehre einheitlichen Grundforderungen. Auch hier setzen wir bei der Festlegung dieser Verknüpfungsoperationen voraus, dass diese elementweise auf dem gemeinsam zugrunde liegenden Universum agieren und dass der Zugehörigkeitsgrad eines Elementes der resultierenden Menge nur von den Zugehörigkeitsgraden dieses Elementes zu den beteiligten Mengen abhängig ist. Folglich ist auch hier bei Festlegung von binären Operationen

$$\sqcap, \sqcup : [0,1] \times [0,1] \to [0,1]$$

der Durchschnitt und die Vereinigung zweier Fuzzy-Mengen eindeutig bezüglich dieser Operationen bestimmt. Sind $\widetilde{A}$ und $\widetilde{B}$ zwei Fuzzy-Mengen mit den Zugehörigkeitsfunktionen $\mu_{\widetilde{A}}$ und $\mu_{\widetilde{B}}$ über einem gemeinsamen Universum U, dann ergibt sich somit der Zugehörigkeitsgrad eines Elementes $x \in U$ zum Durchschnitt der Fuzzy-Mengen $\widetilde{A}$ und $\widetilde{B}$ aus

$$\mu_{(\widetilde{A} \cap \widetilde{B})}(x) = \sqcap(\mu_{\widetilde{A}}(x), \mu_{\widetilde{B}}(x))$$

und zur Vereinigung von $\widetilde{A}$ und $\widetilde{B}$ aus

$$\mu_{(\widetilde{A}\cup\widetilde{B})}(x) = \sqcup(\mu_{\widetilde{A}}(x), \mu_{\widetilde{B}}(x)).$$

Neben den gewünschten Eigenschaften Kommuativität und Assoziativität der Operationen, sollte sowohl der Durchschnitt als auch die Vereinigung einer Fuzzy-Menge $\widetilde{A}$ mit einer anderen Fuzzy-Menge $\widetilde{B} \subseteq \widetilde{C}$ nicht kleiner werden, wenn wir anstelle von $\widetilde{B}$ die Fuzzy-Menge $\widetilde{A}$ mit $\widetilde{C}$ entsprechend verknüpfen. Wir fordern deshalb für alle $a, b, c \in [0,1]$ mit $b \leq c$ die Gültigkeit der Ungleichungen $\sqcap(a,b) \leq \sqcap(a,c)$ und $\sqcup(a,b) \leq \sqcup(a,c)$. Damit unsere Fuzzy-Operationen eine Verallgemeinerung der entsprechenden klassischen Mengenoperationen darstellen, fordern wir für $a \in \{0,1\}$

$$\sqcap(a,1) = \sqcap(1,a) = a,$$

$$\sqcap(a,0) = \sqcap(0,a) = 0$$

und

$$\sqcup(a,1) = \sqcup(1,a) = 1,$$

$$\sqcup(a,0) = \sqcup(0,a) = a.$$

Erweitern wir also unsere obigen Forderungen auf $a \in [0,1]$, so gelangen wir zur allgemeinen Operatorenklasse der *T-Normen* für den Durchschnitt und die *S-Normen* für die Vereinigung von Fuzzy-Mengen (vgl. [12],[14],[17],[18],[24]).

(4.9) Definition:

Es sei $\Diamond$ eine binäre Operation im reellen Intervall $[0,1]$ mit

(1) $\Diamond(a,b) = \Diamond(b,a)$, (Kommutativität)

(2) $\Diamond(a, \Diamond(b,c)) = \Diamond(\Diamond(a,b),c)$, (Assoziativität)

(3) $\Diamond(a,b) \leq \Diamond(a,c)$, falls $b \leq c$ (Monotonie)

für alle $a, b, c \in [0,1]$. Dann heißt

1. $\sqcap := \Diamond$ *T-Norm*, falls $\Diamond$ einsneutral ist, d.h. falls $\Diamond(a,1) = a$ für alle $a \in [0,1]$ gilt.

2. $\sqcup := \Diamond$ *S-Norm*, falls $\Diamond$ nullneutral ist, d.h. falls $\Diamond(a,0) = a$ für alle $a \in [0,1]$ gilt.

Bei der obigen Definition wurden die Forderungen nach den Eigenschaften $\sqcap(a,0) = 0$ und $\sqcup(a,0) = a$ für $a \in [0,1]$ aus Minimalitätsgründen weggelassen, da diese, wie Satz 4.11 zeigen wird, bereits aus den geforderten Eigenschaften folgen. Die T-Normen (Abkürzung für *trianguläre Normen*) sind auch in der Statistik weit verbreitet, die dort in natürlicher Art und Weise bei der Untersuchung von metrischen Wahrscheinlichkeitsräumen auftreten ([12],[24]).

(4.10) Beispiele:

① Es sei $\underset{\min}{\sqcap} : [0,1]^2 \to [0,1]$ mit $\underset{\min}{\sqcap}(x,y) := \min(x,y)$ (siehe Abbildung 4.10.1). Die Funktion $\underset{\min}{\sqcap}$ ist, wie wir in Satz 4.14 sehen werden, eine T-Norm.

② Es sei $\underset{\max}{\sqcup} : [0,1]^2 \to [0,1]$ mit $\underset{\max}{\sqcup}(x,y) := \max(x,y)$ (siehe Abbildung 4.10.2). Die Funktion $\underset{\max}{\sqcup}$ ist, wie wir in Satz 4.17 sehen werden, eine S-Norm.

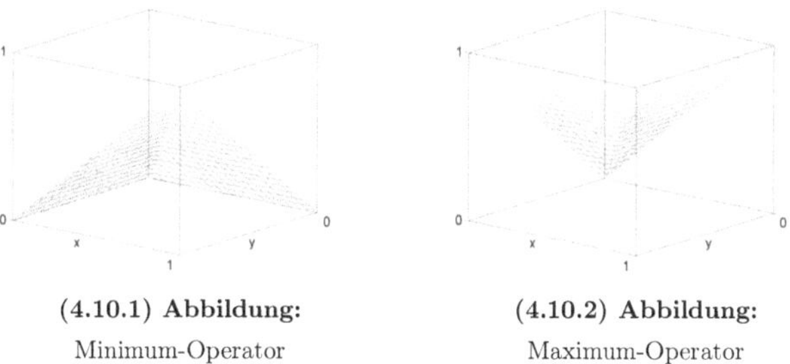

(4.10.1) Abbildung: Minimum-Operator

(4.10.2) Abbildung: Maximum-Operator

Bevor wir auf Basis der T- und S-Normen die Vereinigung und den Durchschnitt von Fuzzy-Mengen formal definieren, stellen wir noch ein paar wichtige Eigenschaften dieser Normen heraus.

(4.11) Satz:

Es sei $\sqcap$ eine T-Norm und $\sqcup$ eine S-Norm. Sind $a, b, c, d \in [0, 1]$, dann gilt:

1. $\sqcap(1, a) = \sqcap(a, 1) = a$.
2. $\sqcup(1, a) = \sqcup(a, 1) = 1$.
3. $\sqcap(0, a) = \sqcap(a, 0) = 0$.
4. $\sqcup(0, a) = \sqcup(a, 0) = a$.
5. $\sqcap(a, c) \leq \sqcap(b, d)$, falls $a \leq b$ und $c \leq d$.
6. $\sqcup(a, c) \leq \sqcup(b, d)$, falls $a \leq b$ und $c \leq d$

Beweis.

(siehe Aufgabe 15 auf Seite 135).

Nach diesem Satz erfüllen also sowohl die T-Normen als auch die S-Normen in ihrer Funktion als allgemeine Operatorenklassen für den Durchschnitt und die Vereinigung von Fuzzy-Mengen alle Eigenschaften, die wir anfangs gefordert haben. Wir können also definieren:

(4.12) Definition:

Es seien $\widetilde{A}$ und $\widetilde{B}$ zwei Fuzzy-Mengen mit den Zugehörigkeitsfunktionen $\mu_{\widetilde{A}}$ und $\mu_{\widetilde{B}}$ über einem gemeinsamen Universum U. Ist $\sqcap$ eine T-Norm und $\sqcup$ eine S-Norm, dann heißt die Fuzzy-Menge

$$\widetilde{A} \cap \widetilde{B} := \{(x, \sqcap(\mu_{\widetilde{A}}(x), \mu_{\widetilde{B}}(x))) : x \in U\}$$

$\sqcap$-*Schnittmenge* von $\widetilde{A}$ und $\widetilde{B}$ und

$$\widetilde{A} \cup \widetilde{B} := \{(x, \sqcup(\mu_{\widetilde{A}}(x), \mu_{\widetilde{B}}(x))) : x \in U\}$$

$\sqcup$-*Vereinigungsmenge* von $\widetilde{A}$ und $\widetilde{B}$.

Bei der Modellierung des Durchschnitts und der Vereinigung von Fuzzy-Mengen wird in der Praxis in den meisten Fällen der Minimum-Operator (T-Norm aus Beispiel 4.10.①) und der Maximum-Operator (S-Norm aus Beispiel 4.10.②) zugrundegelegt. Dies liegt einerseits an der Einfachheit der technischen Realisierung, aber auch, wie wir noch sehen werden, an speziellen Eigenschaften dieser beiden Operationen.

(4.13) Beispiel:

Basierend auf der Fuzzy-Menge $\widetilde{A}$ aus Abbildung 4.13.1 und der Fuzzy-Menge $\widetilde{B}$ aus Abbildung 4.13.2 veranschaulicht die Abbildung 4.13.3 den $\underset{\min}{\sqcap}$-Schnitt und die Abbildung 4.13.4 die $\underset{\max}{\sqcup}$-Vereinigung.

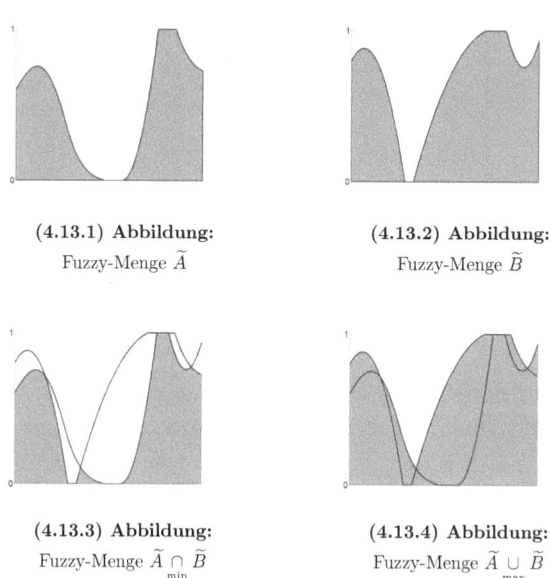

(4.13.1) Abbildung: Fuzzy-Menge $\widetilde{A}$

(4.13.2) Abbildung: Fuzzy-Menge $\widetilde{B}$

(4.13.3) Abbildung: Fuzzy-Menge $\widetilde{A} \underset{\min}{\cap} \widetilde{B}$

(4.13.4) Abbildung: Fuzzy-Menge $\widetilde{A} \underset{\max}{\cup} \widetilde{B}$

Ein Nachteil bei der Verwendung dieses Schnitts und dieser Vereinigung besteht darin, dass extreme Zugehörigkeitsgrade nicht ausgeglichen werden können.

Die Variation einer der zu verknüpfenden Fuzzy-Mengen kann also zum gleichen Verknüpfungsergebnis führen. In der Praxis finden daher noch eine Reihe von anderen T- und S-Normen ihre Anwendungen, von denen wir zunächst die gängigsten T-Normen einmal herausstellen (vgl. [12],[14],[17],[18]).

(4.14) Definition und Satz:

Es sei

1. $\underset{\text{min}}{\sqcap}(x,y) := \min(x,y)$ (*Minimum-Operator*)
2. $\underset{\text{ap}}{\sqcap}(x,y) := xy$ (*Algebraisches Produkt*)
3. $\underset{\text{ep}}{\sqcap}(x,y) := \frac{xy}{1+(1-x)(1-y)} = \frac{xy}{2-x-y+xy}$ (*Einstein-Produkt*)
4. $\underset{\text{bd}}{\sqcap}(x,y) := \max(0, x+y-1)$ (*Gebundene Differenz*)
5. $\underset{\text{hp}}{\sqcap}(x,y) := \begin{cases} 0 & \text{falls } x = y = 0 \\ \frac{xy}{x+y-xy} & \text{sonst} \end{cases}$ (*Hamacher-Produkt*)
6. $\underset{\text{dp}}{\sqcap}(x,y) := \begin{cases} \min(x,y) & \text{falls } \max(x,y) = 1 \\ 0 & \text{sonst} \end{cases}$ (*Drastisches Produkt*)

mit $x, y \in [0,1]$. Dann sind $\underset{\text{min}}{\sqcap}, \underset{\text{ap}}{\sqcap}, \underset{\text{ep}}{\sqcap}, \underset{\text{bd}}{\sqcap}, \underset{\text{hp}}{\sqcap}$ und $\underset{\text{dp}}{\sqcap}$ T-Normen.

Beweis.

Offensichtlich sind alle hier angegebenen Operationen binäre Operationen im reellen Intervall $[0,1]$. Wir müssen also nach Definition nur noch zeigen, dass diese Operationen einsneutral, kommutativ, assoziativ und im zweiten Argument monoton steigend sind.

ad 1) - 3) (siehe Aufgabe 16 auf Seite 135).

ad 4) Wegen

$$\underset{\text{bd}}{\sqcap}(a,1) = \max(0, a+1-1) = \max(0,a) = a$$

für alle $a \in [0,1]$ ist $\underset{\text{bd}}{\sqcap}$ einsneutral und wegen

$$\underset{\text{bd}}{\sqcap}(a,b) = \max(0, a{+}b{-}1) = \max(0, b{+}a{-}1) = \underset{\text{bd}}{\sqcap}(b,a)$$

für alle $a, b \in [0,1]$ kommutativ. Ferner gilt

$$\begin{aligned}\underset{\text{bd}}{\sqcap}(a, \underset{\text{bd}}{\sqcap}(b,c)) &= \max(0, a + \underset{\text{bd}}{\sqcap}(b,c) - 1) \\ &= \max(0, a + \max(0, b + c - 1) - 1) \\ &= \max(0, \max(a - 1, a + b + c - 1 - 1))\end{aligned}$$

für alle $a, b, c \in [0,1]$ und wegen $a - 1, c - 1 \leq 0$ somit auch

$$\begin{aligned}\underset{\text{bd}}{\sqcap}(a, \underset{\text{bd}}{\sqcap}(b,c)) &= \max(0, \max(c - 1, a + b + c - 1 - 1)) \\ &= \max(0, \max(0, a + b - 1) + c - 1) \\ &= \max(0, \underset{\text{bd}}{\sqcap}(a,b) + c - 1) \\ &= \underset{\text{bd}}{\sqcap}(\underset{\text{bd}}{\sqcap}(a,b), c)\end{aligned}$$

für alle $a, b, c \in [0,1]$. Daher ist $\underset{\text{bd}}{\sqcap}$ assoziativ. Wegen

$$\begin{aligned}\underset{\text{bd}}{\sqcap}(a,b) &= \max(0, a + b - 1) \\ &\leq \max(0, a + d - 1) = \underset{\text{bd}}{\sqcap}(a,d)\end{aligned}$$

für alle $a, b, d \in [0,1]$ mit $b \leq d$ ist auch $\underset{\text{bd}}{\sqcap}$ monoton steigend im zweiten Argument.

ad 5) Wegen

$$\underset{\text{hp}}{\sqcap}(a,1) = \frac{a1}{a + 1 - a1} = a$$

für alle $a \in [0,1]$ ist $\underset{\text{hp}}{\sqcap}$ einsneutral. Ist $a \in [0,1]$ und $b = 0$, dann gilt

$$\underset{\text{hp}}{\sqcap}(a,b) = \underset{\text{hp}}{\sqcap}(a,0) = 0 = \underset{\text{hp}}{\sqcap}(0,a) = \underset{\text{hp}}{\sqcap}(b,a).$$

Da ferner für alle $a \in [0,1]$ und alle $b \in]0,1]$

$$\underset{\text{hp}}{\sqcap}(a,b) = \frac{ab}{a + b - ab} = \frac{ba}{b + a - ba} = \underset{\text{hp}}{\sqcap}(b,a)$$

gilt, ist $\underset{\text{hp}}{\sqcap}$ kommutativ. Wir zeigen nun, dass $\underset{\text{hp}}{\sqcap}$ assoziativ ist. Für $b, c \in [0,1]$ und $a = 0$ gilt

$$\begin{aligned}\underset{\text{hp}}{\sqcap}(a, \underset{\text{hp}}{\sqcap}(b,c)) &= \underset{\text{hp}}{\sqcap}(0, \underset{\text{hp}}{\sqcap}(b,c)) = 0 = \underset{\text{hp}}{\sqcap}(0,b)\\ &= \underset{\text{hp}}{\sqcap}(\underset{\text{hp}}{\sqcap}(0,b),c) = \underset{\text{hp}}{\sqcap}(\underset{\text{hp}}{\sqcap}(a,b),c).\end{aligned}$$

Ferner gilt für $a, c \in [0,1]$ und $b = 0$

$$\begin{aligned}\underset{\text{hp}}{\sqcap}(a, \underset{\text{hp}}{\sqcap}(b,c)) &= \underset{\text{hp}}{\sqcap}(a, \underset{\text{hp}}{\sqcap}(0,c)) = \underset{\text{hp}}{\sqcap}(a,0) = 0\\ &= \underset{\text{hp}}{\sqcap}(\underset{\text{hp}}{\sqcap}(a,0),c) = \underset{\text{hp}}{\sqcap}(\underset{\text{hp}}{\sqcap}(a,b),c).\end{aligned}$$

Desweiteren gilt für $a, b \in [0,1]$ und $c = 0$

$$\begin{aligned}\underset{\text{hp}}{\sqcap}(a, \underset{\text{hp}}{\sqcap}(b,c)) &= \underset{\text{hp}}{\sqcap}(a, \underset{\text{hp}}{\sqcap}(b,0)) = \underset{\text{hp}}{\sqcap}(a,0) = 0\\ &= \underset{\text{hp}}{\sqcap}(\underset{\text{hp}}{\sqcap}(a,b),0) = \underset{\text{hp}}{\sqcap}(\underset{\text{hp}}{\sqcap}(a,b),c).\end{aligned}$$

Schließlich gilt für alle $a, b, c \in]0,1]$

$$\begin{aligned}\underset{\text{hp}}{\sqcap}(a, \underset{\text{hp}}{\sqcap}(b,c)) &= \frac{a \underset{\text{hp}}{\sqcap}(b,c)}{a + \underset{\text{hp}}{\sqcap}(b,c) - a \underset{\text{hp}}{\sqcap}(b,c)}\\ &= \frac{a \underset{\text{hp}}{\sqcap}(b,c)}{a + \underset{\text{hp}}{\sqcap}(b,c)(1-a)}\\ &= \frac{a(bc)}{(a + (\frac{bc}{b+c-bc})(1-a))(b+c-bc)}\\ &= \frac{abc}{ab+ac-abc+bc(1-a)}\\ &= \frac{abc}{ab+ac-abc+bc-abc}\\ &= \frac{abc}{ac+bc-abc+ab(1-c)}\\ &= \frac{(ab)c}{(c + (\frac{ab}{a+b-ab})(1-c))(a+b-ab)}\end{aligned}$$

und damit

$$\underset{\text{hp}}{\sqcap}(a, \underset{\text{hp}}{\sqcap}(b,c)) = \frac{\underset{\text{hp}}{\sqcap}(a,b)c}{c + \underset{\text{hp}}{\sqcap}(a,b)(1-c)}$$
$$= \frac{\underset{\text{hp}}{\sqcap}(a,b)c}{\underset{\text{hp}}{\sqcap}(a,b) + c - \underset{\text{hp}}{\sqcap}(a,b)c}$$
$$= \underset{\text{hp}}{\sqcap}(\underset{\text{hp}}{\sqcap}(a,b),c).$$

Somit ist $\underset{\text{hp}}{\sqcap}$ assoziativ. Ist $\min(a,d) = 0$, dann gilt trivialerweise auch $0 = \underset{\text{hp}}{\sqcap}(a,b) \leq \underset{\text{hp}}{\sqcap}(a,d) = 0$. Sind $a, d \in]0,1]$, dann ist $\underset{\text{hp}}{\sqcap}$ wegen

$$\underset{\text{hp}}{\sqcap}(a,b) = \frac{ab}{a+b-ab} = \frac{b}{1-b+\frac{b}{a}}$$
$$\leq \frac{b}{1-b+\frac{b}{d}} = \frac{ad}{a+d-ad} = \underset{\text{hp}}{\sqcap}(a,d)$$

monoton steigend. Also ist $\underset{\text{hp}}{\sqcap}$ insgesamt monoton steigend im zweiten Argument.

ad 6) Wegen

$$\underset{\text{dp}}{\sqcap}(a,1) = \begin{cases} \min(a,1) & \text{falls } \max(a,1) = 1 \\ 0 & \text{sonst} \end{cases}$$
$$= a$$

für alle $a \in [0,1]$ ist $\underset{\text{dp}}{\sqcap}$ einsneutral und wegen

$$\underset{\text{dp}}{\sqcap}(a,b) = \begin{cases} \min(a,b) & \text{falls } \max(a,b) = 1 \\ 0 & \text{sonst} \end{cases}$$
$$= \begin{cases} \min(b,a) & \text{falls } \max(b,a) = 1 \\ 0 & \text{sonst} \end{cases}$$
$$= \underset{\text{dp}}{\sqcap}(b,a)$$

für alle $a, b \in [0,1]$ kommutativ. Ferner gilt

$$\underset{\mathrm{dp}}{\sqcap}(a, \underset{\mathrm{dp}}{\sqcap}(b,c)) = \begin{cases} \min(a, \underset{\mathrm{dp}}{\sqcap}(b,c)) & \text{falls } \max(a, \underset{\mathrm{dp}}{\sqcap}(b,c)) = 1 \\ 0 & \text{sonst} \end{cases}$$

$$= \begin{cases} \min(a, \min(b,c)) & \text{falls } \max(a, \min(b,c)) = 1 \\ 0 & \text{sonst} \end{cases}$$

für alle $a, b, c \in [0,1]$. Offenbar gilt

$$\underset{\mathrm{dp}}{\sqcap}(a, \underset{\mathrm{dp}}{\sqcap}(b,c)) = 0 = \underset{\mathrm{dp}}{\sqcap}(\underset{\mathrm{dp}}{\sqcap}(a,b), c)$$

für $a, b, c < 1$. Wir können nun durch Fallunterscheidung zeigen, dass $\underset{\mathrm{dp}}{\sqcap}$ assoziativ ist. Exemplarisch zeigen wir dies für $a = 1$:

$$\underset{\mathrm{dp}}{\sqcap}(a, \underset{\mathrm{dp}}{\sqcap}(b,c)) = \underset{\mathrm{dp}}{\sqcap}(1, \underset{\mathrm{dp}}{\sqcap}(b,c)) = \underset{\mathrm{dp}}{\sqcap}(b,c)$$
$$= \underset{\mathrm{dp}}{\sqcap}(\underset{\mathrm{dp}}{\sqcap}(1,b), c) = \underset{\mathrm{dp}}{\sqcap}(\underset{\mathrm{dp}}{\sqcap}(a,b), c).$$

Für alle $a, b, d \in [0,1]$ mit $a \le d$ gilt

$$\underset{\mathrm{dp}}{\sqcap}(a,b) = \begin{cases} \min(a,b) & \text{falls } \max(a,b) = 1 \\ 0 & \text{sonst} \end{cases}$$

$$\le \begin{cases} \min(a,d) & \text{falls } \max(a,d) = 1 \\ 0 & \text{sonst} \end{cases}$$

$$= \underset{\mathrm{dp}}{\sqcap}(a,d)$$

und somit ist $\underset{\mathrm{dp}}{\sqcap}$ auch monoton steigend im zweiten Argument.

Damit ist alles gezeigt. □

In Analogie zu den DeMorgan-schen Regeln der klassischen Mengenlehre, nach denen für zwei Crisp-Mengen A und B die Mengengleichungen

$$(A \cap B)^c = (A)^c \cup (B)^c$$

und

$$(A \cup B)^c = (A)^c \cap (B)^c$$

gelten, können wir in der Theorie der Fuzzy-Mengen bei Verwendung von strikten Negationen die Operationen zur Vereinigung von zwei Fuzzy-Mengen auf die Operationen zur Durchschnittsbildung zurückführen und umgekehrt (vgl. [12],[27]).

(4.15) Definition und Satz:

Es sei $\neg$ eine strikte Negation. Sind $a, b \in [0, 1]$, dann gilt:

1. Ist $\sqcap$ eine T-Norm, dann ist $\sqcup_{(T,\neg)}(a, b) := \neg^{-1}(\sqcap(\neg(a), \neg(b)))$ eine S-Norm. $\sqcup_{(T,\neg)}$ heißt $\sqcap$-*Conorm*, falls $\neg$ die Standard-Negation $\underset{s}{\neg}$ ist.
2. Ist $\sqcup$ eine S-Norm, dann ist $\sqcap_{(S,\neg)}(a, b) := \neg^{-1}(\sqcup(\neg(a), \neg(b)))$ eine T-Norm.

Beweis.

Offensichtlich sind die Funktionen $\sqcup_{(T,\neg)}$ und $\sqcap_{(S,\neg)}$ binäre Operationen im reellen Einheitsintervall. Wir müssen also nur im Einzelnen nachprüfen, ob die so definierten Operationen die spezifische Neutralität aufweisen und auch kommutativ, assoziativ und im zweiten Argument monoton steigend sind.

ad 1) Es sei $\sqcap$ eine T-Norm. Wegen

$$\begin{aligned} \sqcup_{(T,\neg)}(a, b) &\underset{Def.}{=} \neg^{-1}(\sqcap(\neg(a), \neg(b))) \\ &\underset{Kom.}{=} \neg^{-1}(\sqcap(\neg(b), \neg(a))) \\ &\underset{Def.}{=} \sqcup_{(T,\neg)}(b, a) \end{aligned}$$

für alle $a, b \in [0,1]$ ist $\sqcup_{(T,\neg)}$ kommutativ und wegen

$$\begin{aligned}
\sqcup_{(T,\neg)}(\sqcup_{(T,\neg)}(a,b),c) &\underset{Def.}{=} \neg^{-1}(\sqcap(\neg(\sqcup_{(T,\neg)}(a,b)),\neg(c))) \\
&\underset{Def.}{=} \neg^{-1}(\sqcap(\neg(\neg^{-1}(\sqcap(\neg(a),\neg(b)))),\neg(c))) \\
&= \neg^{-1}(\sqcap(\sqcap(\neg(a),\neg(b)),\neg(c))) \\
&\underset{Ass.}{=} \neg^{-1}(\sqcap(\neg(a),\sqcap(\neg(b),\neg(c)))) \\
&= \neg^{-1}(\sqcap(\neg(a),\neg(\neg^{-1}(\sqcap(\neg(b),\neg(c)))))) \\
&\underset{Def.}{=} \neg^{-1}(\sqcap(\neg(a),\neg(\sqcup_{(T,\neg)}(b,c)))) \\
&\underset{Def.}{=} \sqcup_{(T,\neg)}(a,\sqcup_{(T,\neg)}(b,c))
\end{aligned}$$

für alle $a, b, c \in [0,1]$ ist $\sqcup_{(T,\neg)}$ assoziativ. Ferner gilt

$$\begin{aligned}
\sqcup_{(T,\neg)}(a,0) &\underset{Def.}{=} \neg^{-1}(\sqcap(\neg(a),\neg(0))) \\
&\underset{\neg(0)=1}{=} \neg^{-1}(\sqcap(\neg(a),1)) \\
&\underset{Def.}{=} \neg^{-1}(\neg(a)) \\
&= a
\end{aligned}$$

für alle $a \in [0,1]$ und somit ist $\sqcup_{(T,\neg)}$ nullneutral. Da $\neg$ eine strikte Negation ist, gilt zunächst

$$\neg(b) > \neg(d)$$

für alle $b, d \in [0,1]$ mit $b < d$ und somit

$$\sqcap(\neg(a),\neg(b)) \geq \sqcap(\neg(a),\neg(d))$$

für alle $a, b, d \in [0,1]$ mit $b < d$. Daher gilt aufgrund der Striktheit von $\neg$ auch

$$\begin{aligned}
\sqcup_{(T,\neg)}(a,b) &= \neg^{-1}(\sqcap(\neg(a),\neg(b))) \\
&\leq \neg^{-1}(\sqcap(\neg(a),\neg(d))) = \sqcup_{(T,\neg)}(a,d)
\end{aligned}$$

für alle $a, b, d \in [0,1]$ mit $b < d$ und somit ist $\sqcup_{(T,\neg)}$ monoton steigend im zweiten Argument.

ad 2) (siehe Aufgabe 17 auf Seite 135). □

Mit Hilfe dieses Satzes sind wir also in Lage zu einer beliebigen T-Norm und einer beliebigen strikten Negation eine S-Norm anzugeben. Ebenso können wir zu einer belieben S-Norm und einer beliebigen strikten Negation eine T-Norm angeben. Zur Würdigung dieses Dualitätsprinzipes definiert man:

(4.16) Definition:

Es sei $\neg$ eine strikte Negation, $\sqcap$ eine T-Norm und $\sqcup$ eine S-Norm. Gilt sowohl $\sqcup = \sqcup_{(\sqcap,\neg)}$ als auch $\sqcap = \sqcap_{(\sqcup,\neg)}$ gemäß Definition 4.15 dann heißt $(\sqcap, \sqcup, \neg)$ *duales Tripel.*

Üblicherweise wird in der Theorie der Fuzzy-Mengen als strikte Negation die Standard-Negation verwendet. Aufgrund der daraus resultierenden enormen Bedeutung dieser Negation bestimmen wir speziell für diese die - zu den T-Normen aus Definition 4.14 zugehörigen - S-Normen (und somit auch die T-Conormen).

(4.17) Definition und Satz:

Es sei

1. $\underset{\max}{\sqcup}(x,y) := \underset{\max(\underset{\min}{\sqcap},\underset{S}{\neg})}{\sqcup}(x,y) = \max(x,y)$ (*Maximum-Operator*)
2. $\underset{as}{\sqcup}(x,y) := \underset{as(\underset{ap}{\sqcap},\underset{S}{\neg})}{\sqcup}(x,y) = x + y - xy$ (*Algebraische Summe*)
3. $\underset{es}{\sqcup}(x,y) := \underset{es(\underset{ep}{\sqcap},\underset{S}{\neg})}{\sqcup}(x,y) = \frac{x+y}{1+xy}$ (*Einstein-Summe*)
4. $\underset{bs}{\sqcup}(x,y) := \underset{bs(\underset{bd}{\sqcap},\underset{S}{\neg})}{\sqcup}(x,y) = \min(1, x+y)$ (*Gebundene Summe*)
5. $\underset{hs}{\sqcup}(x,y) := \underset{hs(\underset{hp}{\sqcap},\underset{S}{\neg})}{\sqcup}(x,y)$ (*Hamacher-Summe*)

$$= \begin{cases} 1 & \text{falls } x = y = 1 \\ \frac{x+y-2xy}{1-xy} & \text{sonst} \end{cases}$$

6. $\underset{\text{ds}}{\sqcup}(x,y) := \underset{\text{ds}(\underset{\text{dp}}{\sqcap},\underset{\text{S}}{\neg})}{\sqcup}(x,y)$ *(Drastische Summe)*

$$= \begin{cases} \max(x,y) & \text{falls } \min(x,y)=0 \\ 1 & \text{sonst} \end{cases}$$

mit $x, y \in [0,1]$. Dann sind $\underset{\text{max}}{\sqcup}, \underset{\text{as}}{\sqcup}, \underset{\text{es}}{\sqcup}, \underset{\text{bs}}{\sqcup}, \underset{\text{hs}}{\sqcup}$ und $\underset{\text{ds}}{\sqcup}$ S-Normen.

Beweis.

Nach Satz 4.15 sind die angegebenen Operationen Conormen und somit auch S-Normen. Wir müssen also nur noch die konkrete Operationsvorschrift nachrechnen. Sei also $\underset{\text{S}}{\neg}$ die Standard-Negation.

ad 1) Es seien $a, b \in [0,1]$. Dann gilt

$$\begin{aligned} \underset{\text{max}}{\sqcup}(a,b) &= \underset{\text{max}(\underset{\text{min}}{\sqcap},\underset{\text{S}}{\neg})}{\sqcup}(a,b) = \underset{\text{S}}{\neg}^{-1}(\underset{\text{min}}{\sqcap}(\underset{\text{S}}{\neg}(a),\underset{\text{S}}{\neg}(b))) \\ &= 1-(\min(1-a,1-b)) = 1-(1+(\min(-a,-b))) \\ &= -\min(-a,-b) = -(-\max(a,b)) \\ &= \max(a,b). \end{aligned}$$

ad 2) - 5) (siehe Aufgabe 18 auf Seite 136).

ad 6) Es seien $a, b \in [0,1]$. Dann gilt

$$\begin{aligned} \underset{\text{ds}}{\sqcup}(a,b) &= \underset{\text{ds}(\underset{\text{dp}}{\sqcap},\underset{\text{S}}{\neg})}{\sqcup}(a,b) = \underset{\text{S}}{\neg}^{-1}(\underset{\text{dp}}{\sqcap}(\underset{\text{S}}{\neg}(a),\underset{\text{S}}{\neg}(b))) \\ &= \begin{cases} 1-\min(\underset{\text{S}}{\neg}(a),\underset{\text{S}}{\neg}(b)) & \text{falls } \max(\underset{\text{S}}{\neg}(a),\underset{\text{S}}{\neg}(b))=1 \\ 1-0 & \text{sonst} \end{cases} \\ &= \begin{cases} 1-\min(1-a,1-b) & \text{falls } \max(1-a,1-b)=1 \\ 1 & \text{sonst} \end{cases} \\ &= \begin{cases} 1-(1+\min(-a,-b)) & \text{falls } 1+\max(-a,-b)=1 \\ 1 & \text{sonst} \end{cases} \\ &= \begin{cases} 1-(1-\max(a,b)) & \text{falls } 1-\min(a,b)=1 \\ 1 & \text{sonst} \end{cases} \end{aligned}$$

und somit

$$\underset{\text{ds}}{\sqcup}(a,b) = \begin{cases} \max(a,b) & \text{falls } \min(a,b) = 0 \\ 1 & \text{sonst} \end{cases}$$

für alle $a, b \in [0,1]$. $\square$

Bei der dreidimensionalen Darstellung der Operationen (Tabelle 4.17.1) wird die Einbettung der klassischen Mengenlehre in die Theorie der Fuzzy-Mengen besonders deutlich. Während die klassische Mengenlehre nur die Würfelecken nutzt, arbeitet die Theorie der Fuzzy-Mengen auch mit dem Würfelinneren.

T-Norm	**T-Conorm**
Minimum-Operator 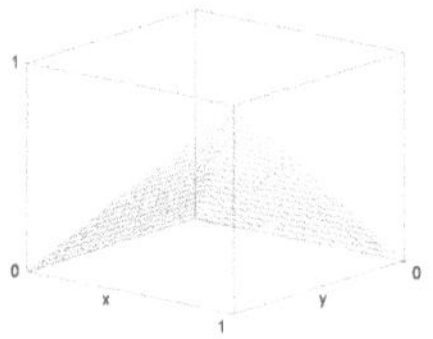 $\underset{\min}{\sqcap}(x,y) = \min(x,y)$	*Maximum-Operator* 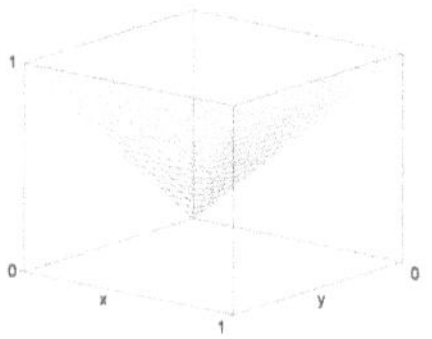 $\underset{\max}{\sqcup}(x,y) = \max(x,y)$
Hamacher-Produkt 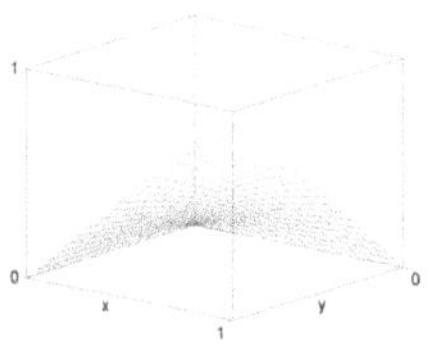 $\underset{\text{hp}}{\sqcap}(x,y) = \begin{cases} 0 & \text{falls } x = y = 0 \\ \frac{xy}{x+y-xy} & \text{sonst} \end{cases}$	*Hamacher-Summe* 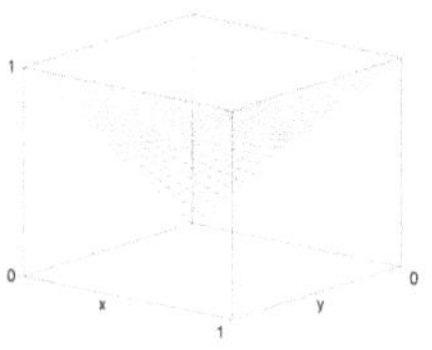 $\underset{\text{hs}}{\sqcup}(x,y) = \begin{cases} 1 & \text{falls } x = y = 1 \\ \frac{x+y-2xy}{1-xy} & \text{sonst} \end{cases}$

Fortsetzung auf nächster Seite

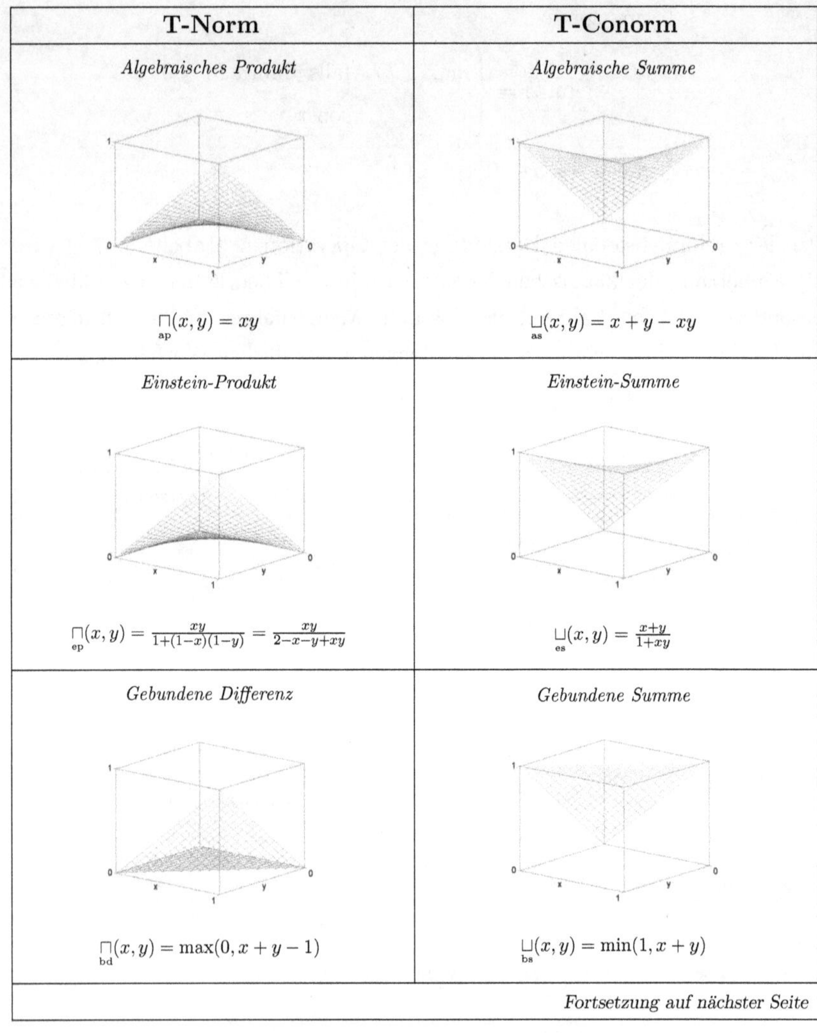

T-Norm	**T-Conorm**
Algebraisches Produkt $\underset{\mathrm{ap}}{\sqcap}(x,y) = xy$	*Algebraische Summe* $\underset{\mathrm{as}}{\sqcup}(x,y) = x + y - xy$
Einstein-Produkt $\underset{\mathrm{ep}}{\sqcap}(x,y) = \frac{xy}{1+(1-x)(1-y)} = \frac{xy}{2-x-y+xy}$	*Einstein-Summe* $\underset{\mathrm{es}}{\sqcup}(x,y) = \frac{x+y}{1+xy}$
Gebundene Differenz $\underset{\mathrm{bd}}{\sqcap}(x,y) = \max(0, x + y - 1)$	*Gebundene Summe* $\underset{\mathrm{bs}}{\sqcup}(x,y) = \min(1, x + y)$

Fortsetzung auf nächster Seite

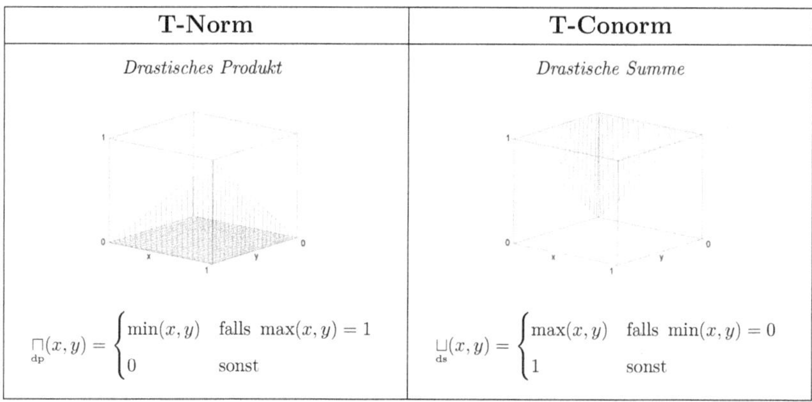

T-Norm	T-Conorm
Drastisches Produkt	*Drastische Summe*
$\underset{\text{dp}}{\sqcap}(x,y) = \begin{cases} \min(x,y) & \text{falls } \max(x,y)=1 \\ 0 & \text{sonst} \end{cases}$	$\underset{\text{ds}}{\sqcup}(x,y) = \begin{cases} \max(x,y) & \text{falls } \min(x,y)=0 \\ 1 & \text{sonst} \end{cases}$

(4.17.1) Tabelle:

T-Normen und T-Conormen

Wie der folgende Satz zeigt, können wir alle hier vorgestellen T-Normen und T-Conormen durch den Vergleich ihrer Funktionswerte ordnen (vgl. [12], [14], [17], [18]).

(4.18) Satz:

Sind $\underset{\text{min}}{\sqcap}, \underset{\text{ap}}{\sqcap}, \underset{\text{ep}}{\sqcap}, \underset{\text{bd}}{\sqcap}, \underset{\text{hp}}{\sqcap}, \underset{\text{dp}}{\sqcap}$ die T-Normen aus Definition 4.14 und $\underset{\text{max}}{\sqcup}, \underset{\text{as}}{\sqcup}, \underset{\text{es}}{\sqcup}, \underset{\text{bs}}{\sqcup}, \underset{\text{hs}}{\sqcup}, \underset{\text{ds}}{\sqcup}$ die S-Normen aus Definition 4.17, dann gilt:

1. Ist $\sqcap$ eine T-Norm, dann gilt: $\underset{\text{dp}}{\sqcap} \leq \sqcap \leq \underset{\text{min}}{\sqcap}$.
2. $\underset{\text{dp}}{\sqcap} \leq \underset{\text{bd}}{\sqcap} \leq \underset{\text{ep}}{\sqcap} \leq \underset{\text{ap}}{\sqcap} \leq \underset{\text{hp}}{\sqcap} \leq \underset{\text{min}}{\sqcap}$.
3. Sind $\underset{1}{\sqcap}, \underset{2}{\sqcap}$ T-Normen und $\underset{1}{\sqcup}, \underset{2}{\sqcup}$ die bezüglich einer strikten Negation $\neg$ dualen T-Conormen, dann gilt $\underset{1}{\sqcup} \geq \underset{2}{\sqcup}$ genau dann, wenn $\underset{1}{\sqcap} \leq \underset{2}{\sqcap}$ gilt.
4. Ist $\sqcup$ eine S-Norm, dann gilt: $\underset{\text{max}}{\sqcup} \leq \sqcup \leq \underset{\text{ds}}{\sqcup}$.
5. $\underset{\text{max}}{\sqcup} \leq \underset{\text{hs}}{\sqcup} \leq \underset{\text{as}}{\sqcup} \leq \underset{\text{es}}{\sqcup} \leq \underset{\text{bs}}{\sqcup} \leq \underset{\text{ds}}{\sqcup}$.

Beweis.

Es seien $\sqcap_{\min}, \sqcap_{ap}, \sqcap_{ep}, \sqcap_{bd}, \sqcap_{hp}, \sqcap_{dp}$ die T-Normen aus Definition 4.14 und $\sqcup_{\max}, \sqcup_{as}, \sqcup_{es}, \sqcup_{bs}, \sqcup_{hs}, \sqcup_{ds}$ die S-Normen aus Definition 4.17.

ad 1) Es seien $a, b \in [0,1]$. Für $0 \leq a \leq b \leq 1$ gilt

$$\sqcap(a,b) \leq \sqcap(a,1) = a = \min(a,b).$$

Ferner gilt für $0 \leq b \leq a \leq 1$

$$\sqcap(a,b) \leq \sqcap(1,b) = b = \min(a,b).$$

Somit gilt

$$\sqcap(a,b) \leq \min(a,b) = \sqcap_{\min}(a,b)$$

für alle $a, b \in [0,1]$. Für $0 \leq a, b < 1$ gilt

$$\sqcap_{dp}(a,b) = 0 \leq \sqcap(a,b).$$

Für $a = 1$ gilt wegen $\max(a,b) = 1$

$$\sqcap_{dp}(a,b) = \sqcap_{dp}(1,b) = b = \sqcap(1,b) = \sqcap(a,b)$$

und für $b = 1$ wegen $\max(a,b) = 1$

$$\sqcap_{dp}(a,b) = \sqcap_{dp}(a,1) = a = \sqcap(a,1) = \sqcap(a,b).$$

Somit gilt insgesamt

$$\sqcap_{dp}(a,b) \leq \sqcap(a,b)$$

für alle $a, b \in [0,1]$.

ad 2) Nach Beweisteil 1) genügt es $\sqcap_{bd} \leq \sqcap_{ep} \leq \sqcap_{ap} \leq \sqcap_{hp}$ zu zeigen.

Wir zeigen zunächst $\sqcap_{bd} \leq \sqcap_{ep}$. Seien dazu $a, b \in [0,1]$. Wegen $1 - b \leq 0$ und $0 \leq a \leq 1$ gilt

$$a(1-b) \leq (1-b)$$

für alle $a, b \in [0,1]$. Somit gilt zunächst $a - ab \leq 1 - b$ für alle $a, b \in [0,1]$ und damit

$$a + b - 1 \leq ab$$

für alle $a, b \in [0,1]$. Wegen $2 - (a+b) \geq 0$ gilt daher

$$(a + b - 1)(2 - (a + b)) \leq (ab)(2 - (a + b))$$

für alle $a, b \in [0,1]$. Somit gilt

$$(a + b - 1)(2 - (a + b)) - (ab)(1 - (a + b)) \leq ab$$

für alle $a, b \in [0,1]$ und damit

$$(a + b - 1)(2 - (a + b)) + (ab)(a + b - 1) \leq ab$$

für alle $a, b \in [0,1]$. Somit gilt

$$(a + b - 1)(2 - a - b + ab) \leq ab$$

für alle $a, b \in [0,1]$. Also gilt

$$a + b - 1 \leq \frac{ab}{2 - a - b + ab} = \underset{\text{ep}}{\sqcap}(a, b)$$

für alle $a, b \in [0,1]$. Schließlich gilt wegen $\underset{\text{ep}}{\sqcap}(a, b) \geq 0$ für alle $a, b \in [0,1]$ auch

$$\underset{\text{bd}}{\sqcap}(a, b) = \max(0, a + b - 1) \leq \underset{\text{ep}}{\sqcap}(a, b)$$

für alle $a, b \in [0,1]$.

Wir zeigen nun $\underset{\text{ep}}{\sqcap} \leq \underset{\text{ap}}{\sqcap}$.

Sind $a, b \in [0,1]$, dann gilt trivialerweise $1 - a \geq 0$ und $1 - b \geq 0$. Daher gilt $(1 - a)(1 - b) \geq 0$ für alle $a, b \in [0,1]$. Somit gilt

$$1 + (1 - a)(1 - b) \geq 1$$

für alle $a, b \in [0,1]$. Also gilt auch

$$\underset{\text{ep}}{\sqcap}(a,b) = \frac{ab}{1+(1-a)(1-b)} \leq ab = \underset{\text{ap}}{\sqcap}(a,b)$$

für alle $a, b \in [0,1]$.

Nun müssen wir nur noch $\underset{\text{ap}}{\sqcap} \leq \underset{\text{hp}}{\sqcap}$ zeigen.

Seien dazu $a, b \in [0,1]$. Wegen $1-b \leq 0$ und $0 \leq a \leq 1$ gilt

$$a(1-b) \leq (1-b)$$

für alle $a, b \in [0,1]$. Somit gilt zunächst $a - ab \leq 1 - b$ für alle $a, b \in [0,1]$ und damit

$$a + b - ab \leq 1$$

für alle $a, b \in [0,1]$. Also gilt auch

$$\underset{\text{ap}}{\sqcap}(a,b) = ab \leq \frac{ab}{a+b-ab} = \underset{\text{hp}}{\sqcap}(a,b)$$

für alle $a, b \in]0,1]$. Ferner gilt für $a = b = 0$

$$\underset{\text{ap}}{\sqcap}(a,b) = ab = 0 = \underset{\text{hp}}{\sqcap}(0,0) = \underset{\text{hp}}{\sqcap}(a,b).$$

Somit gilt insgesamt

$$\underset{\text{ap}}{\sqcap}(a,b) \leq \underset{\text{hp}}{\sqcap}(a,b)$$

für alle $a, b \in [0,1]$.

ad 3) Es sei $\neg$ eine strikte Negation. Sind $\underset{1}{\sqcap}, \underset{2}{\sqcap}$ T-Normen und $\underset{1}{\sqcup}, \underset{2}{\sqcup}$ die bezüglich $\neg$ dualen S-Normen, dann gilt:

$$\underset{1}{\sqcap}(a,b) \leq \underset{2}{\sqcap}(a,b)$$

gdw. $\underset{1}{\sqcap}(\neg(a), \neg(b)) \leq \underset{2}{\sqcap}(\neg(a), \neg(b))$

gdw. $\neg(\neg^{-1}(\underset{1}{\sqcap}(\neg(a), \neg(b)))) \leq \neg(\neg^{-1}(\underset{2}{\sqcap}(\neg(a), \neg(b))))$

gdw. $\neg^{-1}(\underset{1}{\sqcap}(\neg(a), \neg(b))) \geq \neg^{-1}(\underset{2}{\sqcap}(\neg(a), \neg(b)))$

gdw. $\underset{1}{\sqcup}(a,b) \geq \underset{2}{\sqcup}(a,b)$

für alle $a, b \in [0,1]$.

ad 4) Nach Satz 4.15 gibt es zu jeder S-Norm $\sqcup$ eine wohldefinierte T-Norm $\sqcap$ derart, dass $\sqcup$ die T-Conorm zu $\sqcap$ ist. Da nach Satz 4.17 $\underset{\text{ds}}{\sqcup}$ die $\underset{\text{dp}}{\sqcap}$-Conorm und $\underset{\text{max}}{\sqcup}$ die $\underset{\text{min}}{\sqcap}$-Conorm ist und nach Satz 4.6 die Standard-Negation strikt ist, folgt aus den Beweisteilen 1) und 3) die Behauptung

$$\underset{\text{max}}{\sqcup} \leq \sqcup \leq \underset{\text{ds}}{\sqcup}.$$

ad 5) Analog zur Argumentation aus Beweisteil 4) folgt die Behauptung

$$\underset{\text{max}}{\sqcup} \leq \underset{\text{hs}}{\sqcup} \leq \underset{\text{as}}{\sqcup} \leq \underset{\text{es}}{\sqcup} \leq \underset{\text{bs}}{\sqcup} \leq \underset{\text{ds}}{\sqcup}$$

aus Satz 4.17 und den Beweisteilen 2) und 3). □

Die in Satz 4.18 gefundene Ordnung der T-Normen und T-Conormen überträgt sich konsequenterweise direkt auf die darauf basierenden Mengenverknüpfungen.

(4.19) Korollar:

Sind $\widetilde{A}$ und $\widetilde{B}$ zwei Fuzzy-Mengen über einem gemeinsamen Universum U, dann gilt

$$(\widetilde{A} \underset{\text{dp}}{\cap} \widetilde{B}) \subseteq (\widetilde{A} \underset{\text{bd}}{\cap} \widetilde{B}) \subseteq (\widetilde{A} \underset{\text{ep}}{\cap} \widetilde{B}) \subseteq (\widetilde{A} \underset{\text{ap}}{\cap} \widetilde{B}) \subseteq (\widetilde{A} \underset{\text{hp}}{\cap} \widetilde{B}) \subseteq (\widetilde{A} \underset{\text{min}}{\cap} \widetilde{B})$$

und

$$(\widetilde{A} \underset{\text{max}}{\cup} \widetilde{B}) \subseteq (\widetilde{A} \underset{\text{hs}}{\cup} \widetilde{B}) \subseteq (\widetilde{A} \underset{\text{as}}{\cup} \widetilde{B}) \subseteq (\widetilde{A} \underset{\text{es}}{\cup} \widetilde{B}) \subseteq (\widetilde{A} \underset{\text{bs}}{\cup} \widetilde{B}) \subseteq (\widetilde{A} \underset{\text{ds}}{\cup} \widetilde{B}).$$

Beweis.

Es seien $\widetilde{A}$ und $\widetilde{B}$ zwei Fuzzy-Mengen mit den Zugehörigkeitsfunktionen $\mu_{\widetilde{A}}$ und $\mu_{\widetilde{B}}$ über einem gemeinsamen Universum U. Ferner seien $\underset{1}{\sqcap}$ und $\underset{2}{\sqcap}$ T-Normen mit $\underset{1}{\sqcap} \leq \underset{2}{\sqcap}$. Dann gilt wegen $\underset{1}{\sqcap} \leq \underset{2}{\sqcap}$ auch

$$\begin{aligned}(\widetilde{A} \underset{1}{\cap} \widetilde{B}) &= \{(x, \underset{1}{\sqcap}(\mu_{\widetilde{A}}(x), \mu_{\widetilde{B}}(x))) : x \in U\} \\ &\subseteq \{(x, \underset{2}{\sqcap}(\mu_{\widetilde{A}}(x), \mu_{\widetilde{B}}(x))) : x \in U\} \quad = \quad (\widetilde{A} \underset{2}{\cap} \widetilde{B}).\end{aligned}$$

Nach Satz 4.18 folgt damit unmittelbar die zu beweisende Schnittmengeninklusion. Sind nun $\underset{1}{\sqcup}$ und $\underset{2}{\sqcup}$ S-Normen mit $\underset{1}{\sqcup} \leq \underset{2}{\sqcup}$, dann gilt wegen $\underset{1}{\sqcup} \leq \underset{2}{\sqcup}$ auch

$$\begin{aligned}(\widetilde{A} \underset{1}{\cup} \widetilde{B}) &= \{(x, \underset{1}{\sqcup}(\mu_{\widetilde{A}}(x), \mu_{\widetilde{B}}(x))) : x \in U\} \\ &\subseteq \{(x, \underset{2}{\sqcup}(\mu_{\widetilde{A}}(x), \mu_{\widetilde{B}}(x))) : x \in U\} \quad = \quad (\widetilde{A} \underset{2}{\cup} \widetilde{B}).\end{aligned}$$

Daraus folgt mit Satz 4.18 die zu beweisende Inklusion der verschiedenen Vereinigungsmengen. □

Im nachfolgenden Beispiel werden wir für zwei konkret vorgegebene Fuzzy-Mengen die behandelten Mengenverknüfpungen im Sinne der gefundenen Ordnung darstellen.

(4.20) Beispiel:

Basierend auf der Fuzzy-Menge $\widetilde{A}$ aus Abbildung 4.20.2 und der Fuzzy-Menge $\widetilde{B}$ aus Abbildung 4.20.3 zeigen die Abbildungen 4.20.4 bis 4.20.15 die behandelten Mengenverknüpfungen.

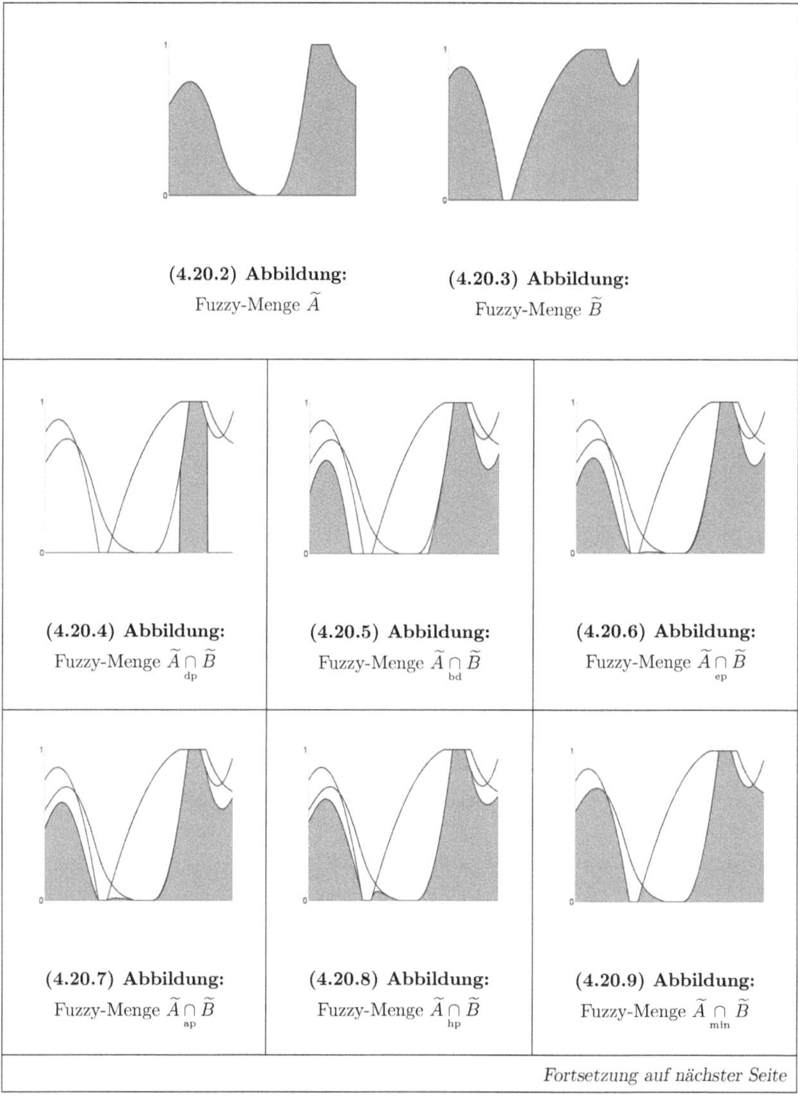

(4.20.2) Abbildung: Fuzzy-Menge $\widetilde{A}$

(4.20.3) Abbildung: Fuzzy-Menge $\widetilde{B}$

(4.20.4) Abbildung: Fuzzy-Menge $\widetilde{A} \underset{\text{dp}}{\cap} \widetilde{B}$

(4.20.5) Abbildung: Fuzzy-Menge $\widetilde{A} \underset{\text{bd}}{\cap} \widetilde{B}$

(4.20.6) Abbildung: Fuzzy-Menge $\widetilde{A} \underset{\text{ep}}{\cap} \widetilde{B}$

(4.20.7) Abbildung: Fuzzy-Menge $\widetilde{A} \underset{\text{ap}}{\cap} \widetilde{B}$

(4.20.8) Abbildung: Fuzzy-Menge $\widetilde{A} \underset{\text{hp}}{\cap} \widetilde{B}$

(4.20.9) Abbildung: Fuzzy-Menge $\widetilde{A} \underset{\text{min}}{\cap} \widetilde{B}$

Fortsetzung auf nächster Seite

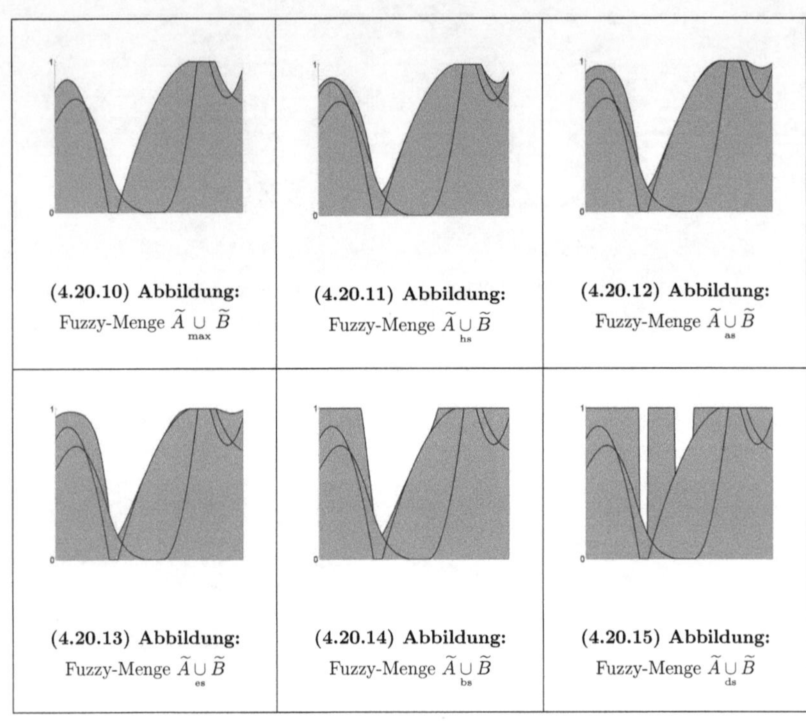

(4.20.10) Abbildung: Fuzzy-Menge $\widetilde{A} \underset{\max}{\cup} \widetilde{B}$

(4.20.11) Abbildung: Fuzzy-Menge $\widetilde{A} \underset{\mathrm{hs}}{\cup} \widetilde{B}$

(4.20.12) Abbildung: Fuzzy-Menge $\widetilde{A} \underset{\mathrm{as}}{\cup} \widetilde{B}$

(4.20.13) Abbildung: Fuzzy-Menge $\widetilde{A} \underset{\mathrm{es}}{\cup} \widetilde{B}$

(4.20.14) Abbildung: Fuzzy-Menge $\widetilde{A} \underset{\mathrm{bs}}{\cup} \widetilde{B}$

(4.20.15) Abbildung: Fuzzy-Menge $\widetilde{A} \underset{\mathrm{ds}}{\cup} \widetilde{B}$

(4.20.1) Tabelle:
Mengenverknüpfungen

4.4 Eigenschaften

Mit Hilfe der erarbeiteten Operationen können wir Fuzzy-Mengen auf unterschiedlichste Art und Weise modifizieren und miteinander verknüpfen. Hierbei unterliegen die Verknüpfungseigenschaften direkt gewissen Regeln, mit deren Kenntnis wir ggf. komplexe Verknüpfungen vereinfachen und symbolisch umformen können. Wir werden nun daher analysieren, welche klassischen Verknüpfungseigenschaften sich in Form von Verknüpfungsgesetzen auf die Theorie der Fuzzy-Mengen übertragen lassen. Einen ersten Eindruck liefert uns der folgende Satz (vgl. [2],[6]).

(4.21) Satz:

Es seien $\widetilde{A}, \widetilde{B}, \widetilde{C}, \widetilde{D}$ Fuzzy-Mengen über einem gemeinsamen Universum U. Ferner sei $(\sqcap, \sqcup, \neg)$ ein duales Tripel. Sind $\cap, \cup, \neg$ die zu den Operationen $\sqcap, \sqcup, \neg$ zugehörigen Fuzzy-Mengenverknüpfungen, dann gilt:

1. $\widetilde{A} \cap \widetilde{\emptyset}_U = \widetilde{\emptyset}_U$
   $\widetilde{A} \cup \widetilde{\mathfrak{U}}_U = \widetilde{\mathfrak{U}}_U$
2. $\widetilde{A} \cap \widetilde{\mathfrak{U}}_U = \widetilde{A}$ (Identität)
   $\widetilde{A} \cup \widetilde{\emptyset}_U = \widetilde{A}$
3. $\widetilde{A} \cap \widetilde{B} = \widetilde{B} \cap \widetilde{A}$ (Kommutativität)
   $\widetilde{A} \cup \widetilde{B} = \widetilde{B} \cup \widetilde{A}$
4. $(\widetilde{A} \cap \widetilde{B}) \cap \widetilde{C} = \widetilde{A} \cap (\widetilde{B} \cap \widetilde{C})$ (Assoziativität)
   $(\widetilde{A} \cup \widetilde{B}) \cup \widetilde{C} = \widetilde{A} \cup (\widetilde{B} \cup \widetilde{C})$
5. $\neg(\widetilde{A} \cap \widetilde{B}) = \neg(\widetilde{A}) \cup \neg(\widetilde{B})$ (DeMorgan)
   $\neg(\widetilde{A} \cup \widetilde{B}) = \neg(\widetilde{A}) \cap \neg(\widetilde{B})$
6. $\widetilde{A} \cap \widetilde{C} \subseteq \widetilde{B} \cap \widetilde{D}$ falls $\widetilde{A} \subseteq \widetilde{B}, \widetilde{C} \subseteq \widetilde{D}$ (Monotonie)
   $\widetilde{A} \cup \widetilde{C} \subseteq \widetilde{B} \cup \widetilde{D}$ falls $\widetilde{A} \subseteq \widetilde{B}, \widetilde{C} \subseteq \widetilde{D}$
7. $(\widetilde{A} \cap \widetilde{B}) \subseteq \widetilde{A}$, $(\widetilde{A} \cap \widetilde{B}) \subseteq \widetilde{B}$
   $\widetilde{A} \subseteq (\widetilde{A} \cup \widetilde{B})$, $\widetilde{B} \subseteq (\widetilde{A} \cup \widetilde{B})$
8. $(\widetilde{A} \underset{\mathrm{dp}}{\cap} \widetilde{B}) \subseteq (\widetilde{A} \cap \widetilde{B}) \subseteq (\widetilde{A} \underset{\mathrm{min}}{\cap} \widetilde{B})$
   $(\widetilde{A} \underset{\mathrm{max}}{\cup} \widetilde{B}) \subseteq (\widetilde{A} \cup \widetilde{B}) \subseteq (\widetilde{A} \underset{\mathrm{ds}}{\cup} \widetilde{B})$
9. $\neg\widetilde{B} \subseteq \neg\widetilde{A}$ falls $\widetilde{A} \subseteq \widetilde{B}$.

Beweis.

Es seien $\widetilde{A}, \widetilde{B}, \widetilde{C}, \widetilde{D}$ Fuzzy-Mengen über einem gemeinsamen Universum U und $\mu_{\widetilde{A}}, \mu_{\widetilde{B}}, \mu_{\widetilde{C}}, \mu_{\widetilde{D}}$ deren Zugehörigkeitsfunktionen. Ferner sei $(\sqcap, \sqcup, \neg)$ ein duales Tripel und $\cap, \cup, \neg$ die zu den Operationen $\sqcap, \sqcup, \neg$ zugehörigen Fuzzy-Mengenverknüpfungen.

ad 1) - 4) (siehe Aufgabe 19 auf Seite 136).

ad 5) Nach Voraussetzung ist $(\sqcap, \sqcup, \neg)$ ein duales Tripel und somit ist $\neg$ nach Definition 4.16 eine strikte Negation. Also gilt nach Satz 4.15 in Verbindung mit Definition 4.16 sowohl

$$\sqcap(a,b) = \sqcap_{(\sqcup,\neg)}(a,b) = \neg^{-1}(\sqcup(\neg(a),\neg(b)))$$

als auch

$$\sqcup(a,b) = \sqcup_{(\sqcap,\neg)}(a,b) = \neg^{-1}(\sqcap(\neg(a),\neg(b)))$$

für alle $a, b \in [0,1]$. Somit gilt

$$\begin{aligned} \neg(\widetilde{A} \cap \widetilde{B}) &= \{(x, \neg(\sqcap(\mu_{\widetilde{A}}(x), \mu_{\widetilde{B}}(x)))) : x \in U\} \\ &= \{(x, \neg(\neg^{-1}(\sqcup(\neg(\mu_{\widetilde{A}}(x)), \neg(\mu_{\widetilde{B}}(x)))))) : x \in U\} \\ &= \{(x, \sqcup(\neg(\mu_{\widetilde{A}}(x)), \neg(\mu_{\widetilde{B}}(x)))) : x \in U\} \\ &= \neg(\widetilde{A}) \cup \neg(\widetilde{B}) \end{aligned}$$

und

$$\begin{aligned} \neg(\widetilde{A} \cup \widetilde{B}) &= \{(x, \neg(\sqcup(\mu_{\widetilde{A}}(x), \mu_{\widetilde{B}}(x)))) : x \in U\} \\ &= \{(x, \neg(\neg^{-1}(\sqcap(\neg(\mu_{\widetilde{A}}(x)), \neg(\mu_{\widetilde{B}}(x)))))) : x \in U\} \\ &= \{(x, \sqcap(\neg(\mu_{\widetilde{A}}(x)), \neg(\mu_{\widetilde{B}}(x)))) : x \in U\} \\ &= \neg(\widetilde{A}) \cap \neg(\widetilde{B}). \end{aligned}$$

ad 6) - 7) (siehe Aufgabe 19 auf Seite 136).

ad 8) Nach Satz 4.18 gilt $\sqcap_{\mathrm{dp}} \leq \sqcap \leq \sqcap_{\mathrm{min}}$ für jede T-Norm $\sqcap$ und somit auch

$$
\begin{aligned}
(\widetilde{A} \underset{\text{dp}}{\sqcap} \widetilde{B}) &= \{(x, \underset{\text{dp}}{\sqcap}(\mu_{\widetilde{A}}(x), \mu_{\widetilde{B}}(x))) : x \in U\} \\
&\subseteq \{(x, \sqcap(\mu_{\widetilde{A}}(x), \mu_{\widetilde{B}}(x))) : x \in U\} = (\widetilde{A} \sqcap \widetilde{B}) \\
&\subseteq \{(x, \underset{\text{min}}{\sqcap}(\mu_{\widetilde{A}}(x), \mu_{\widetilde{B}}(x))) : x \in U\} = (\widetilde{A} \underset{\text{min}}{\sqcap} \widetilde{B}) .
\end{aligned}
$$

Ferner gilt nach Satz 4.18 auch $\underset{\text{max}}{\sqcup} \leq \sqcup \leq \underset{\text{ds}}{\sqcup}$ für jede S-Norm $\sqcup$ und somit auch

$$
\begin{aligned}
(\widetilde{A} \underset{\text{max}}{\cup} \widetilde{B}) &= \{(x, \underset{\text{max}}{\sqcup}(\mu_{\widetilde{A}}(x), \mu_{\widetilde{B}}(x))) : x \in U\} \\
&\subseteq \{(x, \sqcup(\mu_{\widetilde{A}}(x), \mu_{\widetilde{B}}(x))) : x \in U\} = (\widetilde{A} \cup \widetilde{B}) \\
&\subseteq \{(x, \underset{\text{ds}}{\sqcup}((x), \mu_{\widetilde{B}}(x))) : x \in U\} = (\widetilde{A} \underset{\text{ds}}{\cup} \widetilde{B}) .
\end{aligned}
$$

ad 9) (siehe Aufgabe 19 auf Seite 136). □

Nach Satz 4.18 ist der Minimum-Operator die größte und das drastische Produkt die kleinste T-Norm, wohingegen die drastische Summe die größte und der Maximum-Operator die kleinste S-Norm ist. Diese Operationen bilden zusammen also jeweils eine Hülle bezüglich der definierbaren T- bzw. S-Normen (siehe Abbildung 4.21.1 und 4.21.2).

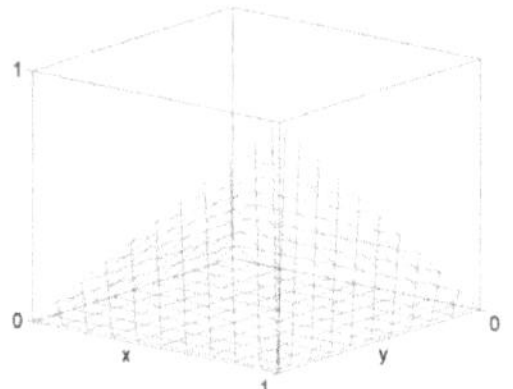

(4.21.1) Abbildung:
Hülle der T-Normen

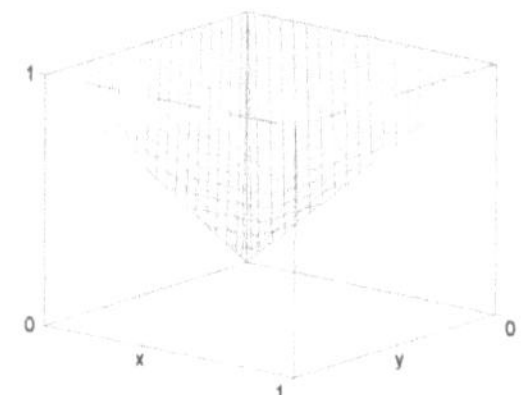

(4.21.2) Abbildung:
Hülle der S-Normen

Die daraus resultierende Beschränktheit der T- und S-Normen zieht eine Reihe von weiteren Konsequenzen nach sich. So werden wir beispielsweise zeigen, dass der Minimum- und der Maximumoperator die einzigen Vertreter dieser Klassen sind, welche für eine Fuzzy-Menge $\widetilde{A}$ die Idempotenzgesetze

$$(\widetilde{A} \cap \widetilde{A}) = \widetilde{A}$$

und

$$(\widetilde{A} \cup \widetilde{A}) = \widetilde{A}$$

der von ihnen abgeleiteten Verknüpfungsoperationen $\cap$ und $\cup$ zu eigen haben (vgl. [2]).

(4.22) Satz:

Es sei $\widetilde{A}$ eine Fuzzy-Menge über einem Universum U. Ferner seien $\cap$ und $\cup$ die zu der T-Norm $\sqcap$ und S-Norm $\sqcup$ zugehörigen Fuzzy-Mengenverknüpfungen. Dann sind $\cap$ und $\cup$ genau dann *idempotent* wenn $\cap = \underset{\min}{\cap}$ und $\cup = \underset{\max}{\cup}$ gilt.

Beweis.

Es gelte zunächst $\cap = \underset{\min}{\cap}$ und $\cup = \underset{\max}{\cup}$. Dann gilt sowohl

$$\begin{aligned}(\widetilde{A} \cap \widetilde{A}) &= (\widetilde{A} \underset{\min}{\cap} \widetilde{A}) = \{(x, \underset{\min}{\sqcap}(\mu_{\widetilde{A}}(x), \mu_{\widetilde{A}}(x))) : x \in U\} \\ &= \{(x, \mu_{\widetilde{A}}(x)) : x \in U\} = \widetilde{A}\end{aligned}$$

als auch

$$\begin{aligned}(\widetilde{A} \cup \widetilde{A}) &= (\widetilde{A} \underset{\max}{\cup} \widetilde{A}) = \{(x, \underset{\max}{\sqcup}(\mu_{\widetilde{A}}(x), \mu_{\widetilde{A}}(x))) : x \in U\} \\ &= \{(x, \mu_{\widetilde{A}}(x)) : x \in U\} = \widetilde{A}.\end{aligned}$$

Damit haben wir eine Beweisrichtung gezeigt und widmen uns nun der zweiten.

Seien also $\cap$ und $\cup$ idempotent. Wir müssen nun zeigen, dass dann auch $\sqcap = \underset{\min}{\sqcap}(a, b)$ und $\sqcup = \underset{\max}{\sqcup}(a, b)$ gilt.

Aus der Idempotenz von $\cap$ und $\cup$ folgt wegen

$$\widetilde{A} \cap \widetilde{A} = \{(x, \sqcap(\mu_{\widetilde{A}}(x), \mu_{\widetilde{A}}(x))) : x \in U\} = \widetilde{A}$$

und

$$\widetilde{A} \cup \widetilde{A} = \{(x, \sqcup(\mu_{\widetilde{A}}(x), \mu_{\widetilde{A}}(x))) : x \in U\} = \widetilde{A}$$

für alle $a \in [0,1]$ sowohl $\sqcap(a,a) = a$ als auch $\sqcup(a,a) = a$. Ferner gilt aufgrund der Monotonie von $\sqcap$

$$a \underset{Idem.}{=} \sqcap(a,a) \leq \sqcap(a,b) \underset{Sym.}{=} \sqcap(b,a) \underset{Mon.}{\leq} \sqcap(a,1) \underset{Def.}{=} a$$

für alle $a, b \in [0,1]$ mit $a \leq b$ und somit

$$\sqcap(a,b) = \min(a,b) = \underset{\min}{\sqcap}(a,b).$$

für alle $a, b \in [0,1]$. Desweiteren gilt nach Satz 4.11

$$a = \sqcup(a,0)$$

für alle $a \in [0,1]$. Daher gilt aufgrund der Monotonie von $\sqcup$

$$a = \sqcup(a,0) \leq \sqcup(a,b) \underset{Sym.}{=} \sqcup(b,a) \underset{Mon.}{\leq} \sqcup(a,a) \underset{Def.}{=} a$$

für alle $a, b \in [0,1]$ mit $b \leq a$ und somit

$$\sqcup(a,b) = \max(a,b) = \underset{\max}{\sqcup}(a,b)$$

für alle $a, b \in [0,1]$. Damit ist alles gezeigt. □

Die Idempotenz der Durchschnitt- und Vereinigungsoperationen ist im Gegensatz hierzu in der klassischen Mengenlehre nahezu selbstverständlich. Dies ist aber nicht die einzige Vertrautheit von der wir uns in der Fuzzy-Mengenlehre trennen müssen. Betrachten wir nämlich drei Fuzzy-Mengen $\widetilde{A}, \widetilde{B}$ und $\widetilde{C}$ über einem gemeinsamen Universum U, so ist auf Basis eines dualen Tripels sowohl die Gültigkeit der Distributivgesetze

$$\widetilde{A} \cup (\widetilde{B} \cap \widetilde{C}) = (\widetilde{A} \cup \widetilde{B}) \cap (\widetilde{A} \cup \widetilde{C})$$

und

$$\widetilde{A} \cap (\widetilde{B} \cup \widetilde{C}) = (\widetilde{A} \cap \widetilde{B}) \cup (\widetilde{A} \cap \widetilde{C})$$

als auch die Gültigkeit der Absorptionsgesetze

$$\widetilde{A} \cup (\widetilde{A} \cap \widetilde{B}) = \widetilde{A}$$

und

$$\widetilde{A} \cap (\widetilde{A} \cup \widetilde{B}) = \widetilde{A}$$

einzig und allein dem Minimum- und dem Maximum-Operator vorbehalten (vgl. [2]).

(4.23) Korollar:

Es seien $\widetilde{A}, \widetilde{B}, \widetilde{C}$ Fuzzy-Mengen über einem gemeinsamen Universum U. Ferner sei $(\sqcap, \sqcup, \neg)$ ein duales Tripel und $\cap, \cup, \neg$ die zu den Operationen $\sqcap, \sqcup, \neg$ zugehörigen Fuzzy-Mengenverknüpfungen. Dann gilt:

1. Die *Distributivgesetze* für die Mengenverknüpfungen $\cap$ und $\cup$ gelten genau dann, wenn auch $\cap = \underset{\min}{\cap}$ und $\cup = \underset{\max}{\cup}$ gilt.
2. Die *Absorptionsgesetze* für die Mengenverknüpfungen $\cap$ und $\cup$ gelten genau dann, wenn auch $\cap = \underset{\min}{\cap}$ und $\cup = \underset{\max}{\cup}$ gilt.

Beweis.

Es seien $\widetilde{A}, \widetilde{B}, \widetilde{C}$ Fuzzy-Mengen über einem gemeinsamen Universum U. Ferner sei $(\sqcap, \sqcup, \neg)$ ein duales Tripel und $\cap, \cup, \neg$ die zu den Operationen $\sqcap, \sqcup, \neg$ zugehörigen Fuzzy-Mengenverknüpfungen.

ad 1) Es gelten die Distributivgesetze. Insbesondere gilt dann nach Satz 4.21 sowohl

$$\begin{aligned}\widetilde{A} = \widetilde{A} \cup \widetilde{\emptyset}_U &= \widetilde{A} \cup (\widetilde{\emptyset}_U \cap \widetilde{\emptyset}_U)\\ &= (\widetilde{A} \cup \widetilde{\emptyset}_U) \cap (\widetilde{A} \cup \widetilde{\emptyset}_U)\\ &= \widetilde{A} \cap \widetilde{A}\end{aligned}$$

als auch

$$\begin{aligned}\widetilde{A} = \widetilde{A} \cap \widetilde{\mathfrak{U}}_U &= \widetilde{A} \cap (\widetilde{\mathfrak{U}}_U \cup \widetilde{\mathfrak{U}}_U)\\ &= (\widetilde{A} \cap \widetilde{\mathfrak{U}}_U) \cup (\widetilde{A} \cap \widetilde{\mathfrak{U}}_U)\\ &= \widetilde{A} \cap \widetilde{A}\end{aligned}$$

und somit auch die Idempotenz von $\cap$ und $\cup$. Nach Satz 4.22 ist dies aber nur für $\cap = \underset{\min}{\cap}$ und $\cup = \underset{\max}{\cup}$ möglich. Da in diesem Fall offensichtlich die Distributivgesetze gelten, sind die Voraussetzungen alle erfüllt und somit sind diese Operationen sowohl zulässig als auch nach der vorherstehenden Begründung eindeutig.

ad 2) Es gelten die Absorptionsgesetze. Insbesondere gilt dann nach Satz 4.21 sowohl

$$\widetilde{A} \cup \widetilde{A} \quad = \quad \widetilde{A} \cup (\widetilde{A} \cap \widetilde{\mathfrak{U}}_U) \quad = \quad \widetilde{A}$$

als auch

$$\widetilde{A} \cap \widetilde{A} \quad = \quad \widetilde{A} \cap (\widetilde{A} \cup \widetilde{\emptyset}_U) \quad = \quad \widetilde{A}$$

und somit auch die Idempotenz von $\cap$ und $\cup$. Hieraus folgt $\cap = \underset{\min}{\cap}$ und $\cup = \underset{\max}{\cup}$ mit der gleichen Begründung wie im ersten Beweisteil. Da für $\underset{\min}{\cap}$ und $\underset{\max}{\cup}$ die Absorptionsgesetze offensichtlich gelten, bleibt nichts mehr zu zeigen. □

Wie uns das letzte Korollar in Verbindung mit dem letzten Satz deutlich vor Augen führt, nehmen der Minimum- und der Maximumoperator durch die Exklusivität der Absorption, der Distributivität und der Idempotenz eine Sonderstellung innerhalb der T- und S-Normen ein. Aufgrund dieser nützlichen Eigenschaften und ihrer leichten Berechenbarkeit ist es daher auch weiter nicht verwunderlich, dass sich diese Operatoren in Arbeiten und Anwendungen als Standardoperatoren etabliert haben. Dennoch besitzen diese Operatoren einen wesentlichen Schönheitsfehler: Empirische Untersuchung von unabhängigen Instituten haben gezeigt, dass diese Operatoren als mathematisches Modell für das linguistischen „und“ bzw. das linguistische „oder“ meistens ungeeignet sind, da sie unser menschliches Bewertungsverhalten in der Regel äußerst schlecht nachbilden (vgl. [14],[17], [20]). Als wesentlich bessere Modellierungsmöglichkeit haben sich hierfür die - im nächsten Kapitel behandelten - sogenannten *kompensatorischen Operatoren* herauskristallisiert, die zwischen dem Minimum- und dem Maximumoperator definiert sind.

4.5 Übungsaufgaben

(4.24) Aufgaben:

Aufgabe 13 (Beweis: Involution):

Es sei $\underset{s}{\neg} : [0,1] \rightarrow [0,1]$ mit $\underset{s}{\neg}(x) := 1 - x$. Beweisen Sie, dass $\underset{s}{\neg}$ eine Involution ist (vgl. Satz 4.6).

Aufgabe 14 (Komplementärmengen):

Es seien $\widetilde{A} := \{(x, \mu_{\widetilde{A}}(x)) : x \in \mathbb{R} \cap [0, 230]\}$ mit

$$\mu_{\widetilde{A}}(x) := \begin{cases} 0 & \text{für } x \in [0, 180[\\ \frac{1}{20}(x - 180) & \text{für } x \in [180, 200[\\ 1 & \text{für } x \in [200, 230] \end{cases}$$

(eine mögliche Modellierung für „eine sehr große Person“) und $\widetilde{B} := \{(x, \mu_{\widetilde{B}}(x)) : x \in \mathbb{R}\}$ mit

$$\mu_{\widetilde{B}}(x) := \begin{cases} 2(x - 1.5) & \text{für } x \in [1.5, 2[\\ 1 & \text{für } x \in [2, 4[\\ 1 - 2(x - 4) & \text{für } x \in [4, 4.5[\\ 0 & \text{sonst} \end{cases}$$

(eine mögliche Modellierung für „eine reelle Zahl ungefähr zwischen 2 und 4“) Fuzzy-Mengen über den reellen Zahlen (vgl. Lösungen zu den Aufgaben 3 und 4). Bestimmen und visualisieren Sie jeweils

(a) die Standard-Komplementärmengen $\underset{s}{\neg}\widetilde{A}$ und $\underset{s}{\neg}\widetilde{B}$.

(b) die $\underset{\text{Sug}_5}{\neg}$ - Komplementärmenge.

Aufgabe 15 (Beweis: Eigenschaften von T- und S-Normen):

Es sei $\sqcap$ eine T-Norm und $\sqcup$ eine S-Norm. Zeigen Sie, dass dann

1. $\sqcap(1,a) = \sqcap(a,1) = a$,
2. $\sqcup(1,a) = \sqcup(a,1) = 1$,
3. $\sqcap(0,a) = \sqcap(a,0) = 0$,
4. $\sqcup(0,a) = \sqcup(a,0) = a$,
5. $\sqcap(a,c) \leq \sqcap(b,d)$, falls $a \leq b$ und $c \leq d$,
6. $\sqcup(a,c) \leq \sqcup(b,d)$, falls $a \leq b$ und $c \leq d$

für alle $a,b,c,d \in [0,1]$ gilt (vgl. Satz 4.11).

Aufgabe 16 (Beweis: T-Normen):

Es seien

1. $\underset{\text{min}}{\sqcap}(x,y) := \min(x,y)$ (Minimum-Operator)
2. $\underset{\text{ap}}{\sqcap}(x,y) := xy$ (Algebraisches Produkt)
3. $\underset{\text{ep}}{\sqcap}(x,y) := \frac{xy}{1+(1-x)(1-y)} = \frac{xy}{2-x-y+xy}$ (Einstein-Produkt)

mit $x,y \in [0,1]$ (vgl. Satz 4.14). Zeigen Sie, dass $\underset{\text{min}}{\sqcap}, \underset{\text{ap}}{\sqcap}$ und $\underset{\text{ep}}{\sqcap}$ T-Normen sind.

Aufgabe 17 (Beweis: induzierte T-Norm):

Es sei $\neg$ eine strikte Negation und $\sqcup$ eine S-Norm. Ferner seien $a,b \in [0,1]$. Zeigen Sie, dass dann

$$\sqcap_{(S,\neg)}(a,b) := \neg^{-1}(\sqcup(\neg(a),\neg(b)))$$

eine T-Norm ist (vgl. Satz 4.15).

Aufgabe 18 (Beweis: S-Normen):

Es sei

1. $\underset{\text{as}}{\sqcup}(x,y) := \underset{\text{as}\,(\underset{\text{ap}}{\sqcap},\underset{\text{S}}{\neg})}{\sqcup}(x,y) = x + y - xy$ (Algebraische Summe)
2. $\underset{\text{es}}{\sqcup}(x,y) := \underset{\text{es}\,(\underset{\text{ep}}{\sqcap},\underset{\text{S}}{\neg})}{\sqcup}(x,y) = \frac{x+y}{1+xy}$ (Einstein-Summe)
3. $\underset{\text{bs}}{\sqcup}(x,y) := \underset{\text{bs}\,(\underset{\text{bd}}{\sqcap},\underset{\text{S}}{\neg})}{\sqcup}(x,y) = \min(1, x+y)$ (Gebundene Summe)
4. $\underset{\text{hs}}{\sqcup}(x,y) := \underset{\text{hs}\,(\underset{\text{hp}}{\sqcap},\underset{\text{S}}{\neg})}{\sqcup}(x,y) = \begin{cases} 1 & \text{falls } x = y = 1 \\ \frac{x+y-2xy}{1-xy} & \text{sonst} \end{cases}$ (Hamacher-Summe)

mit $x, y \in [0,1]$ (vgl. Satz 4.17). Zeigen Sie, dass $\underset{\text{as}}{\sqcup}, \underset{\text{es}}{\sqcup}, \underset{\text{bs}}{\sqcup}$ und $\underset{\text{hs}}{\sqcup}$ S-Normen sind.

Aufgabe 19 (Beweis: Eigenschaften elementarer Verknüpfungen):

Es seien $\widetilde{A}, \widetilde{B}, \widetilde{C}, \widetilde{D}$ Fuzzy-Mengen über einem gemeinsamen Universum U. Ferner sei $(\sqcap, \sqcup, \neg)$ ein duales Tripel und $\cap, \cup, \neg$ die zu den Operationen $\sqcap, \sqcup, \neg$ zugehörigen Fuzzy-Mengenverknüpfungen. Zeigen Sie, dass dann gilt:

1. $\widetilde{A} \cap \widetilde{\emptyset}_U = \widetilde{\emptyset}_U$
   $\widetilde{A} \cup \widetilde{\mathfrak{U}}_U = \widetilde{\mathfrak{U}}_U$
2. $\widetilde{A} \cap \widetilde{\mathfrak{U}}_U = \widetilde{A}$ (Identität)
   $\widetilde{A} \cup \widetilde{\emptyset}_U = \widetilde{A}$
3. $\widetilde{A} \cap \widetilde{B} = \widetilde{B} \cap \widetilde{A}$ (Kommutativität)
   $\widetilde{A} \cup \widetilde{B} = \widetilde{B} \cup \widetilde{A}$
4. $(\widetilde{A} \cap \widetilde{B}) \cap \widetilde{C} = \widetilde{A} \cap (\widetilde{B} \cap \widetilde{C})$ (Assoziativität)
   $(\widetilde{A} \cup \widetilde{B}) \cup \widetilde{C} = \widetilde{A} \cup (\widetilde{B} \cup \widetilde{C})$
5. $\widetilde{A} \cap \widetilde{C} \subseteq \widetilde{B} \cap \widetilde{D}$ falls $\widetilde{A} \subseteq \widetilde{B}, \widetilde{C} \subseteq \widetilde{D}$ (Monotonie)
   $\widetilde{A} \cup \widetilde{C} \subseteq \widetilde{B} \cup \widetilde{D}$ falls $\widetilde{A} \subseteq \widetilde{B}, \widetilde{C} \subseteq \widetilde{D}$

6. $(\widetilde{A} \cap \widetilde{B}) \subseteq \widetilde{A}$, $(\widetilde{A} \cap \widetilde{B}) \subseteq \widetilde{B}$
$\widetilde{A} \subseteq (\widetilde{A} \cup \widetilde{B})$, $\widetilde{B} \subseteq (\widetilde{A} \cup \widetilde{B})$
7. $\neg\widetilde{B} \subseteq \neg\widetilde{A}$ falls $\widetilde{A} \subseteq \widetilde{B}$

(vgl. Satz 4.21).

Aufgabe 20 (Mengenverknüpfungen, Interpretation):

Eine Familie möchte ihren Gebrauchtwagen, der einen Zeitwert von ca. 10000 € besitzt, veräußern. Ihre Wertvorstellungen seien durch die folgenden Fuzzy-Mengen beschrieben:

i) $\widetilde{A}$: „*angemessener Preis*" mit $\widetilde{A} := (10000; 1000; 1000)_{L_{\Pi} R_{\Pi}}$

ii) $\widetilde{B}$: „*sehr guter Preis*" mit $\widetilde{B} := \{(x, S_{(10000,500,0,1)}(x)) : x \in \mathbb{R}\}$

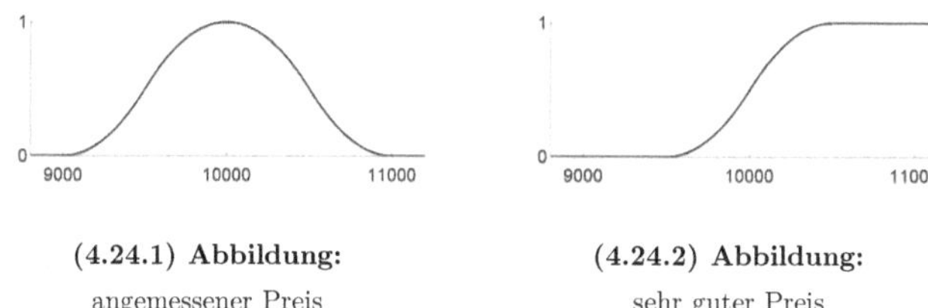

(4.24.1) Abbildung: angemessener Preis

(4.24.2) Abbildung: sehr guter Preis

Geben Sie bezüglich dieser Vorstellungen eine mögliche Modellierungsabsicht für die Fuzzy-Mengen

(a) $\underset{S}{\neg}\widetilde{A}$ (b) $\underset{S}{\neg}\widetilde{B}$ (c) $\widetilde{A} \underset{\max}{\cup} \widetilde{B}$ (d) $\widetilde{A} \underset{\text{as}}{\cup} \widetilde{B}$

(e) $(\underset{S}{\neg}\widetilde{A}) \underset{\min}{\cap} \widetilde{B}$ (f) $(\underset{S}{\neg}\widetilde{A}) \underset{\text{ap}}{\cap} \widetilde{B}$ (g) $(\underset{S}{\neg}\widetilde{A}) \underset{\min}{\cap} (\underset{S}{\neg}\widetilde{B})$

an. Wer wird bei der bestmöglichen Erfüllung eher begünstigt (die potentiellen Käufer oder die Verkäufer)?

Aufgabe 21 (Mengenverknüpfungen):

Betrachten Sie die Wohnungsangebote des Studenten aus Aufgabe 11. Gibt es unter den Angeboten

a) eine große und günstige Wohnung?

b) eine günstige Wohnung nahe zur Hochschule?

c) eine nicht teure Wohnung mit höchstens mittlerer Entfernung zur Hochschule?

Verwenden Sie hierbei die Modellierung aus der Lösung zu Aufgabe 11 und als Operatoren das Standardkomplement und den Minimumoperator. Interpretieren Sie das Ergebnis direkt als Zugehörigkeitsgrad zum Bewertungsprädikat des betroffenen Studenten. Überprüfen Sie die Modellierung jeweils auf Schwächen. Wie lassen sich diese ggf. beheben?

Kapitel 5

Kompensatorische Mengenoperationen

Although this may seem a paradox, all exact science is dominated by the idea of approximation.

BERTRAND RUSSELL (1872-1970)

5.1 Einführung

Im letzten Kapitel haben wir uns auf Grundlage der T- und S-Normen ausführlichst mit den elementaren Fuzzy-Mengenoperationen Durchschnitt und Vereinigung beschäftigt. Speziell im Hinblick auf die linguistische Verwertbarkeit stellt sich nun die Frage inwieweit die behandelten Operationen überhaupt zu deren Modellierung geeignet sind, d.h. ob sie sowohl dem praktischen und flexiblen Sprachgebrauch von „und“ und „oder“ als auch der üblichen Handhabung unserer menschlichen Sprache weitgehend entsprechen. Diese Frage ist vom theoretischen Standpunkt nicht einfach zu beantworten, da das linguistische „und“ und „oder“ sowohl kontextsensitive als auch subjektive Informationen enthält - es bedarf daher empirischer Untersuchungen. Diesbezügliche empirische Untersuchungen sind mehrfach von verschiedenen Instituten durchgeführt worden und haben beispielsweise allesamt die Untauglichkeit des Minimum- und Maximumoperators für die linguistische Modellierung bestätigt (vgl. [14],[17], [20]). Dies liegt hauptsächlich daran, dass diese Operatoren nicht in der Lage sind, die Kompromissfähigkeit menschlicher Entscheidungen nachzubilden.

(5.1) Beispiel:

Eine Familie möchte ihr altes Auto, welches laut Bewertungsliste einen Zeitwert von ca. 900 € besitzt, möglichst sofort (d.h. binnen der nächsten 7 Tage) als auch möglichst teuer veräußern. Nun meldet sich bei der Familie ein potentieller Käufer und Liebhaber speziell dieses Autotyps, der bereit ist, für das Auto 8000 € zu bezahlen, allerdings erst in 21 Tagen. Angesichts dieses extrem hohen und weit überhöhten Geldbetrages ist es verständlich, dass die Familie trotz längerer Wartezeit diese Verkaufsalternative höher bewertet als die konsequente Einhaltung der Zeitvorstellung. Wenn wir nun diesen Sachverhalt adäquat modellieren wollten, benötigten wir also eine Operation, die den extrem hohen Verkaufspreis so in die Entscheidung mit einbezieht, dass die schlechtere Erfüllung der Zeitvorstellung kompensiert wird.

Ein wichtiger Aspekt bei der Modellierung ist also die Berücksichtigung verschiedener Formen von Kompensation[1]. Es ist also unter Umständen nicht wichtig, dass jede Eigenschaft in vollem Maße erfüllt ist, sondern dass der „Gesamteindruck“ stimmt, d.h. dass weniger vorhandene Eigenschaften durch andere, überdurchschnittlich gute Eigenschaften kompensiert werden können bzw. dass möglichst viele der erwünschten Eigenschaften hinreichend genug erfüllt werden. Genau in diesem Punkt stößt man bei den T- und S-Normen an die Grenzen ihrer Modellierungsfähigkeit. So folgt beispielsweise der Minimum-Operator (aufgrund der Tatsache, dass er immer nur den kleinsten der ihm übergebenen Zugehörigkeitsgrade zur Bildung der Schnittmenge verwendet) der Annahme, dass eine Kette nur so stark ist wie ihr schwächstes Glied. Da nach Satz 4.18 der Minimum-Operator aber die größte T-Norm ist, folgen die anderen T-Normen sogar einer schärferen Form der obigen Annahme. Die Kompensation eines niedrigen Zugehörigkeitsgrades in einer Fuzzy-Menge lässt sich bei

[1] Unter Kompensation versteht man allgemein die „gegenseitige Aufhebung der Wirkungen einander entgegengesetzter Ursachen“

den T- und S-Normen also nicht durch hohe Zugehörigkeitsgrade in den anderen beteiligten Mengen ausgleichen. Da diese Gegebenheit aber in aller Regel nicht der menschlichen Denkweise entspricht, sind die Ergebnisse der empirischen Untersuchungen durchaus nachvollziehbar in denen gezeigt wurde, dass die mittels des Minimum-Operators prognostizierten Zugehörigkeitswerte im Allgemeinen geringer sind als die Werte, die sich üblicherweise bei der linguistischen „und"-Verknüpfung zweier Aussagen ergeben (vgl. [20]). Daher sollten die idealen Operatoren zur Modellierung von linguistischen Verknüpfungen wohl eher im Bereich zwischen dem Minimum- und Maximum-Operator definiert sein (vgl. [9], [18],[26]):

(5.2) Definition:

Es sei $(\sqcap, \sqcup, \neg)$ ein duales Tripel. Sind $a, b, c \in [0,1]$ und $\Diamond$ eine binäre Operation im reellen Intervall $[0,1]$ mit

(1) $\sqcap(a,b) \leq \Diamond(a,b) \leq \sqcup(a,b)$, (Beschränktheit)

(2) $\Diamond(a,b) \leq \Diamond(a,c)$, falls $b \leq c$, (Monotonie)

(3) $\Diamond(a,b) = \Diamond(b,a)$, (Kommutativität)

dann heißt $\Diamond$ $\sqcap$-$\sqcup$-*Mischnorm.*

Ist $\Diamond$ eine $\underset{\min}{\sqcap}$-$\underset{\max}{\sqcup}$-Mischnorm, dann heißt $\Diamond$ auch *mittelnder Operator*.

Abgesehen von der geforderten Beschränktheit ist diese Definition insofern minimalistisch gewählt, als dass die einzig geforderten Eigenschaften (Monotonie und Kummutativität) von wesentlicher Bedeutung sind.

Eine konsequente Umsetzung des Kerngedankens, dass die idealen Operatoren zur Modellierung linguistischer Verknüpfungen im Bereich zwischen dem Minimum- und Maximum-Operator zu definieren sind, ist das *Gewichtete Arithmetische Mittel.*

(5.3) Beispiel:

Es sei $\lambda \in [0,1]$ und $\underset{\text{gam}_\lambda}{\Diamond} : [0,1]^2 \rightarrow [0,1]$ mit

$$\underset{\text{gam}_\lambda}{\Diamond}(x,y) := \lambda \min(x,y) + (1-\lambda)\max(x,y)$$

(siehe Abbildungen 5.3.1 und 5.3.2) das *Gewichtete Arithmetische Mittel.*

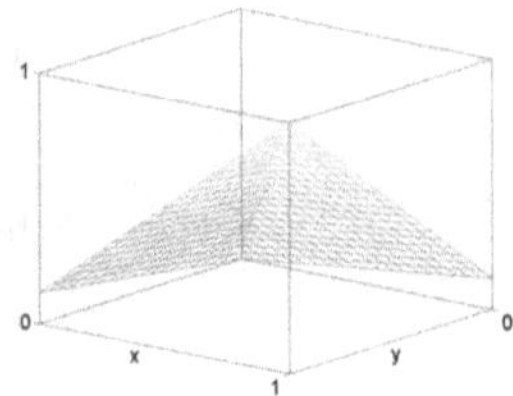

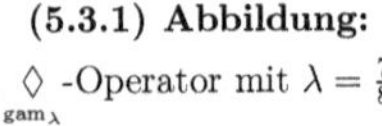

(5.3.1) Abbildung:
$\underset{\text{gam}_\lambda}{\Diamond}$ -Operator mit $\lambda = \frac{7}{8}$

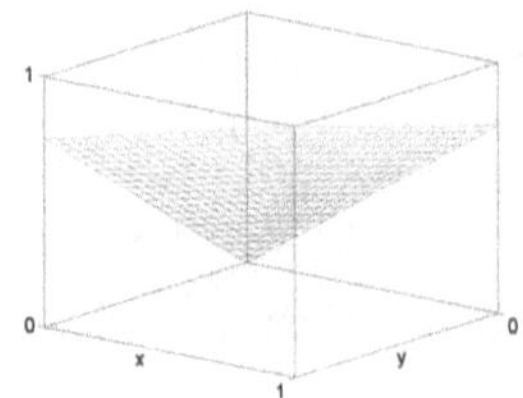

(5.3.2) Abbildung:
$\underset{\text{gam}_\lambda}{\Diamond}$ -Operator mit $\lambda = \frac{2}{8}$

Die Werte der parametrisierten Funktion liegen für $\lambda \notin \{0,1\}$ echt zwischen denen des Minimum- und Maximumoperators. Die Funktion ist, wie wir in Satz 5.4 sehen werden, für alle $\lambda \in [0,1]$ ein mittelnder Operator. Intuitiv dürfte klar sein, dass das Gewichtete Arithmetische Mittel für λ-Werte kleiner als 0.5 eher das linguistische „und“ und für λ-Werte größer als 0.5 eher das linguistische „oder“ modelliert.

Neben dem Gewichteten Arithmetischen Mittel finden in der Praxis auch noch eine Reihe von anderen Mischnormen ihre Anwendungen, von denen wir die gängigsten einmal vorstellen (vgl. [18], [20]).

(5.4) Definition und Satz:

Es sei

1. $\underset{\text{hm}}{\Diamond}(x,y) := \begin{cases} 0 & \text{falls } x = y = 0 \\ \frac{2xy}{x+y} & \text{sonst} \end{cases}$ (*Harmonisches Mittel*)
2. $\underset{\text{gm}}{\Diamond}(x,y) := \sqrt{xy}$ (*Geometrisches Mittel*)
3. $\underset{\text{am}}{\Diamond}(x,y) := \frac{x+y}{2}$ (*Arithmetisches Mittel*)
4. $\underset{\text{gam}_\lambda}{\Diamond}(x,y) := \lambda \min(x,y) + (1-\lambda)\max(x,y)$ (*Gewichtetes Arithmetisches Mittel*)

mit $x, y, \lambda \in [0,1]$. Dann sind $\underset{\text{hm}}{\Diamond}$, $\underset{\text{gm}}{\Diamond}$, $\underset{\text{am}}{\Diamond}$ und $\underset{\text{gam}_\lambda}{\Diamond}$ mittelnde Operatoren.

Beweis.

Da die angegebenen Operatoren offensichtlich sowohl kommutativ als auch monoton steigend im zweiten Argument sind, verzichten wir auf diese Teilbeweise und widmen uns im Folgenden der noch zu zeigenden Beschränktheit. Wir werden also für die einzelnen Operatoren zeigen, dass sie den Minimum-Operator als untere Schranke und den Maximum-Operator als obere Schranke besitzen.

ad 1) Es seien $a, b \in [0,1]$. Ist $a = b = 0$ dann gilt sowohl

$$\underset{\min}{\sqcap}(a,b) = \underset{\min}{\sqcap}(0,0) = 0 \leq 0 = \underset{\text{hm}}{\Diamond}(a,b)$$

also auch

$$\underset{\text{hm}}{\Diamond}(a,b) = 0 \leq 0 = \underset{\max}{\sqcup}(0,0) = \underset{\max}{\sqcup}(a,b).$$

Seien also $a, b \in [0,1]$ nicht beide gleich Null. Ohne Beschränkung der Allgemeinheit sei $a \leq b$. Dann gilt zunächst sowohl

$$2ab = a(b+b) \geq \underset{\min}{\sqcap}(a,b)(a+b)$$

als auch

$$2ab = b(a+a) \leq \underset{\max}{\sqcup}(a,b)(a+b)$$

für alle $a, b \in [0,1]$. Somit gilt

$$\underset{\min}{\sqcap}(a,b) \leq \frac{2ab}{a+b} = \underset{\text{hm}}{\Diamond}(a,b) \leq \underset{\max}{\sqcup}(a,b)$$

für alle $a, b \in [0,1]$ mit a, b nicht beide gleich Null. Also gilt nach dem bisher Bewiesenen

$$\underset{\min}{\sqcap}(a,b) \leq \underset{\text{hm}}{\Diamond}(a,b) \leq \underset{\max}{\sqcup}(a,b)$$

für alle $a, b \in [0,1]$.

ad 2) - 3) (siehe Aufgabe 22 auf Seite 158).

ad 4) Es sei $\lambda \in [0,1]$ beliebig aber fest. Wegen $1 - \lambda \geq 0$ gilt dann

$$\begin{aligned}\underset{\text{gam}_\lambda}{\Diamond}(a,b) &= \lambda \min(a,b) + (1-\lambda)\max(a,b) \\ &\geq \lambda \min(a,b) + (1-\lambda)\min(a,b)\end{aligned}$$

für alle $a, b \in [0,1]$ und somit auch

$$\underset{\text{gam}_\lambda}{\Diamond}(a,b) \geq \min(a,b) = \underset{\min}{\sqcap}(a,b)$$

für alle $a, b \in [0,1]$. Ferner gilt zunächst

$$\begin{aligned}\underset{\text{gam}_\lambda}{\Diamond}(a,b) &= \lambda \min(a,b) + (1-\lambda)\max(a,b) \\ &= \max(a,b) - \lambda(\max(a,b) - \min(a,b))\end{aligned}$$

für alle $a, b \in [0,1]$ und wegen

$$\max(a,b) - \min(a,b) \geq 0$$

somit für alle $a, b \in [0,1]$

$$\underset{\text{gam}_\lambda}{\Diamond}(a,b) \leq \max(a,b) = \underset{\max}{\sqcup}(a,b).$$

Insgesamt gilt also

$$\underset{\min}{\sqcap}(a,b) \leq \underset{\text{gam}_\lambda}{\Diamond}(a,b) \leq \underset{\max}{\sqcup}(a,b)$$

für alle $a, b \in [0,1]$. $\square$

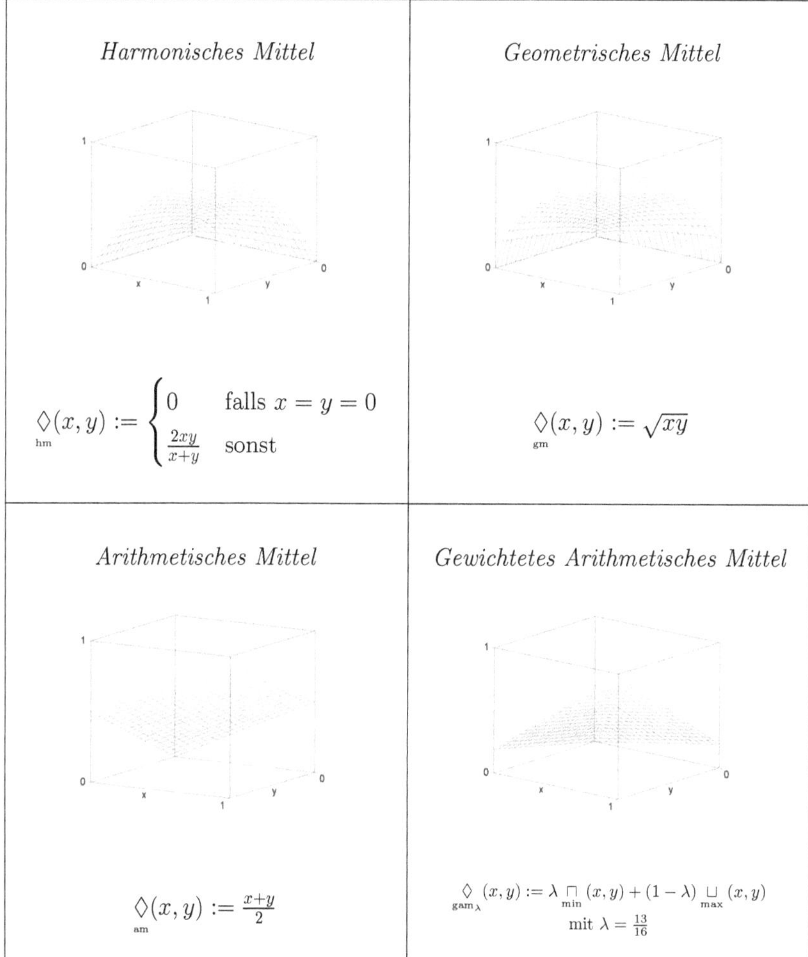

(5.4.1) Tabelle:

Mischnormen

Bevor wir auf Basis der Mischnormen bzw. der mittelnden Operatoren die Vereinigung und den Durchschnitt von Fuzzy-Mengen formal definieren, stellen wir analog zur Vorgehensweise im letzten Kapitel noch ein paar wichtige Eigenschaften und Gesetzmäßigkeiten dieser Normen heraus.

(5.5) Satz:

Ist $\Diamond$ eine $\sqcap$-$\sqcup$-Mischnorm, dann gilt für alle $a, b, c, d \in [0, 1]$:

1. $\Diamond(0, 0) = 0$.
2. $\Diamond(1, 1) = 1$.
3. $\Diamond(a, c) \leq \Diamond(b, d)$, falls $a \leq b$ und $c \leq d$.
4. $\Diamond(a, 0) \leq a \leq \Diamond(a, 1)$.
5. $\Diamond(0, a) \leq a \leq \Diamond(1, a)$.

Beweis.

Es sei $\Diamond$ eine $\sqcap$-$\sqcup$-Mischnorm.

ad 1) Da $\Diamond$ eine $\sqcap$-$\sqcup$-Mischnorm ist, gilt $\sqcap \leq \Diamond \leq \sqcup$. Also gilt mit Satz 4.11 insbesondere

$$\sqcap(0, 0) = 0 \leq \Diamond(0, 0) \leq \sqcup(0, 0) = 0$$

und somit $\Diamond(0, 0) = 0$.

ad 2) Da $\Diamond$ eine $\sqcap$-$\sqcup$-Mischnorm ist, gilt $\sqcap \leq \Diamond \leq \sqcup$. Also gilt mit Satz 4.11 insbesondere

$$\sqcap(1, 1) = 1 \leq \Diamond(1, 1) \leq \sqcup(1, 1) = 1$$

und somit $\Diamond(1, 1) = 1$.

ad 3) - 5) (siehe Aufgabe 23 auf Seite 158). □

5.2 Vereinigung und Durchschnitt

Zur Bildung der Vereinigungs- und Schnittmenge von Fuzzy-Mengen haben wir bei den nicht kompensatorischen Mengenoperationen speziell diejenigen Paare von T- und S-Normen verwendet, die bezüglich einer strikten Negation dual zueinander sind. Ein großer Vorteil bei dieser Vorgehensweise ist die Übertragung der DEMORGAN-schen Regeln auf die Fuzzy-Mengenlehre. Da diese Regeln einerseits die inhärenten Beziehungen zwischen Vereinigung und Schnitt näher charakterisieren und andererseits einen Regelmechanismus zur gleichwertigen Reduktion von komplexen Mengenausdrücken induzieren, wollen wir auch hier durch Verwendung von zueinander dualen Mischnormen diese Vorteile nutzen.

(5.6) Definition und Satz:

Es sei $(\sqcap, \sqcup, \neg)$ ein duales Tripel. Sind $a, b \in [0,1]$ und ist $\lozenge_1$ eine $\sqcap$-$\sqcup$-Mischnorm, dann ist auch

$$\lozenge_2(a,b) := \lozenge_{2_{(\lozenge_1,\neg)}}(a,b) := \neg^{-1}(\lozenge_1(\neg(a), \neg(b)))$$

eine $\sqcap$-$\sqcup$-Mischnorm. $\lozenge_2$ heißt die bezüglich der Negation $\neg$ *duale Mischnorm zu* $\lozenge_1$. Ist $\lozenge_1 \leq \lozenge_2$, dann heißt $(\sqcap_1, \sqcup_2, \neg)$ mit $\sqcap_1 := \lozenge_1$ und $\sqcup_2 := \lozenge_2$ *duales Mischnorm-Tripel*.

Beweis.

Es sei $(\sqcap, \sqcup, \neg)$ ein duales Tripel und $\lozenge_1$ eine $\sqcap$-$\sqcup$-Mischnorm. Nach Definition der Mischnormen müssen wir zeigen, dass $\lozenge_2$ kommutativ, beschränkt und monoton steigend im zweiten Argument ist.

1) Wegen der Kommutativität von $\lozenge_1$ gilt

$$\begin{aligned}\lozenge_2(a,b) &\underset{Def.}{=} \neg^{-1}(\lozenge(\neg(a), \neg(b))) \\ &\underset{Kom.}{=} \neg^{-1}(\lozenge(\neg(b), \neg(a))) \underset{Def.}{=} \lozenge_2(b,a)\end{aligned}$$

für alle $a, b \in [0,1]$. Also ist $\lozenge_2$ kommutativ.

2) Nach Voraussetzung ist $\lozenge_1$ eine $\sqcap$-$\sqcup$-Mischnorm und somit gilt

$$\sqcap(\neg(a), \neg(b)) \leq \lozenge_1(\neg(a), \neg(b)) \leq \sqcup(\neg(a), \neg(b))$$

für alle $a, b \in [0,1]$. Da ferner $(\sqcap, \sqcup, \neg)$ nach Voraussetzung ein duales Tripel ist, gilt aufgrund der daraus folgenden Striktheit von $\neg$ zunächst

$$\neg^{-1}(\sqcap(\neg(a), \neg(b))) \geq \neg^{-1}(\lozenge_1(\neg(a), \neg(b))) \geq \neg^{-1}(\sqcup(\neg(a), \neg(b)))$$

für alle $a, b \in [0,1]$ und somit nach Satz 4.15

$$\sqcup(a,b) \geq \lozenge_2(a,b) \geq \sqcap(a,b)$$

für alle $a, b \in [0,1]$. Also ist $\lozenge_2$ beschränkt.

3) Da nach Voraussetzung $(\sqcap, \sqcup, \neg)$ ein duales Tripel ist, gilt aufgrund der daraus folgenden Striktheit von $\neg$

$$\neg(b) \geq \neg(c)$$

für alle $b, c \in [0,1]$ mit $b \leq c$. Somit gilt aufgrund der Monotonie von $\lozenge_1$

$$\lozenge_1(\neg(a), \neg(b)) \geq \lozenge_1(\neg(a), \neg(c))$$

für alle $a, b, c \in [0,1]$ mit $b \leq c$. Aufgrund der Striktheit von $\neg$ gilt damit

$$\begin{aligned} \lozenge_2(a,b) &\underset{Def.}{=} \neg^{-1}(\lozenge(\neg(a), \neg(b))) \\ &\underset{Str.}{\leq} \neg^{-1}(\lozenge(\neg(a), \neg(c))) \underset{Def.}{=} \lozenge_2(a,c) \end{aligned}$$

für alle $a, b, c \in [0,1]$ mit $b \leq c$. Also ist $\lozenge_2$ monoton steigend im zweiten Argument. □

Durch die Forderung $\lozenge_1 \leq \lozenge_2$ erreichen wir (in Analogie zur früheren Vorgehensweise, bei der wir Operatoren kleiner gleich dem Minimum-Operator als Durchschnittsoperator und Operatoren größer gleich dem Maximum-Operator als Vereinigungsoperator verwendet haben), dass für jedes duale Mischnormtripel $(\lozenge_1, \lozenge_2, \neg)$ die „kleinere“ Mischnorm als Durchschnittsoperator aufgefaßt wird.

(5.7) Beispiele:

① Die *duale Mischnorm zum geometrischen Mittel* bezüglich der Standardnegation $\underset{S}{\neg}$ ergibt sich nach Definition 5.6 zu

$$\underset{\mathrm{dgm}}{\Diamond}(x,y) := \underset{\mathrm{dgm}(\underset{\mathrm{gm}}{\Diamond},\underset{S}{\neg})}{\Diamond}(x,y) = \underset{S}{\neg}^{-1}(\underset{\mathrm{gm}}{\Diamond}(\underset{S}{\neg}(x),\underset{S}{\neg}(y)))$$
$$= 1 - \underset{\mathrm{gm}}{\Diamond}(1-x, 1-y) = 1 - \sqrt{(1-x)(1-y)}$$

(siehe Abbildung 5.7.1).

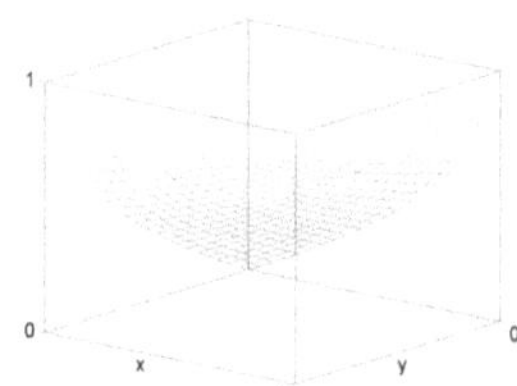

(5.7.1) Abbildung:
Duale Mischnorm zum geometrischen Mittel

② Die *duale Mischnorm zum harmonischen Mittel* bezüglich der Standardnegation $\underset{S}{\neg}$ ergibt sich nach Definition 5.6 zu

$$\underset{\mathrm{dhm}}{\Diamond}(x,y) := \underset{\mathrm{dhm}(\underset{\mathrm{hm}}{\Diamond},\underset{S}{\neg})}{\Diamond}(x,y) = \underset{S}{\neg}^{-1}(\underset{\mathrm{hm}}{\Diamond}(\underset{S}{\neg}(x),\underset{S}{\neg}(y))) = 1 - \underset{\mathrm{hm}}{\Diamond}(1-x, 1-y)$$
$$= \begin{cases} 1-0 & \text{falls } 1-x = 1-y = 0 \\ 1 - \frac{2(1-x)(1-y)}{(1-x)+(1-y)} & \text{sonst} \end{cases}$$
$$= \begin{cases} 1 & \text{falls } x = y = 1 \\ \frac{2-x-y-(2-2y-2x+2xy)}{2-x-y} & \text{sonst} \end{cases}$$
$$= \begin{cases} 1 & \text{falls } x = y = 1 \\ \frac{x+y-2xy}{2-x-y} & \text{sonst} \end{cases}$$

(siehe Abbildung 5.7.2).

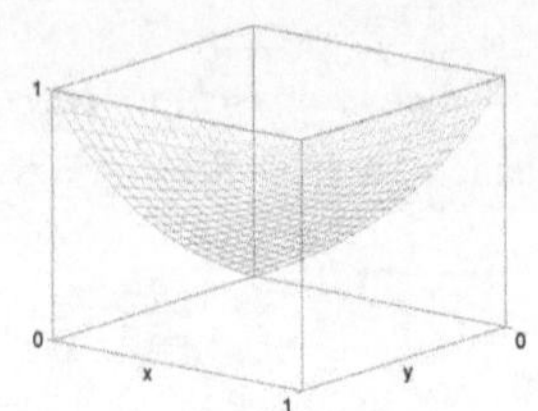

(5.7.2) Abbildung:

Duale Mischnorm zum harmonischen Mittel

Da trivialerweise jedes duale Tripel $(\sqcap, \sqcup, \neg)$ wegen $\sqcap \leq \sqcap, \sqcup \leq \sqcup$ auch ein duales Mischnormtripel ist, können wir die Vereinigungs- und die Schnittmenge zweier Fuzzy-Mengen nun noch wesentlich allgemeiner als früher (Definition 4.12) definieren.

(5.8) Definition:

Es seien $\widetilde{A}$ und $\widetilde{B}$ zwei Fuzzy-Mengen mit den Zugehörigkeitsfunktionen $\mu_{\widetilde{A}}$ und $\mu_{\widetilde{B}}$ über einem gemeinsamen Universum U. Ist $(\sqcap, \sqcup, \neg)$ ein duales Mischnormtripel, dann heißt die Fuzzy-Menge

$$\widetilde{A} \cap \widetilde{B} := \{(x, \sqcap(\mu_{\widetilde{A}}(x), \mu_{\widetilde{B}}(x))) : x \in U\}$$

$\sqcap$-*Schnittmenge* von $\widetilde{A}$ und $\widetilde{B}$ und

$$\widetilde{A} \cup \widetilde{B} := \{(x, \sqcup(\mu_{\widetilde{A}}(x), \mu_{\widetilde{B}}(x))) : x \in U\}$$

$\sqcup$-*Vereinigungsmenge* von $\widetilde{A}$ und $\widetilde{B}$.

(5.9) Beispiel:

Basierend auf der Fuzzy-Menge $\widetilde{A}$ aus Abbildung 5.9.2 und der Fuzzy-Menge $\widetilde{B}$ aus Abbildung 5.9.3 zeigen die Abbildungen 5.9.4 bis 5.9.7 die Mengenverknüpfungen auf Grundlage der behandelten mittelnden Operatoren.

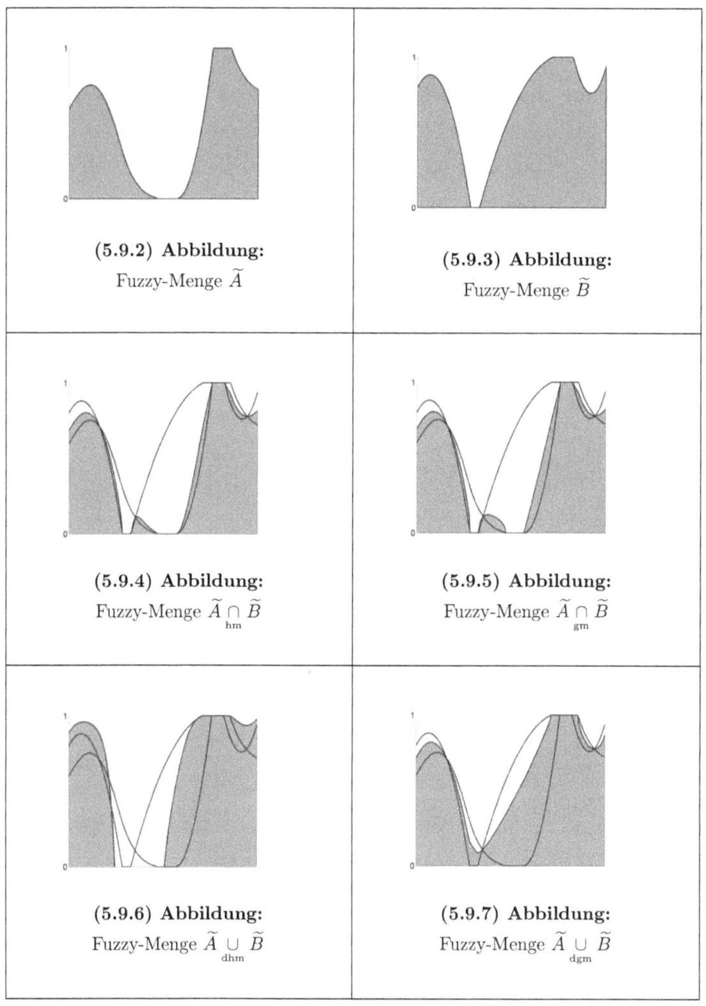

(5.9.2) Abbildung:
Fuzzy-Menge $\widetilde{A}$

(5.9.3) Abbildung:
Fuzzy-Menge $\widetilde{B}$

(5.9.4) Abbildung:
Fuzzy-Menge $\widetilde{A} \underset{\text{hm}}{\cap} \widetilde{B}$

(5.9.5) Abbildung:
Fuzzy-Menge $\widetilde{A} \underset{\text{gm}}{\cap} \widetilde{B}$

(5.9.6) Abbildung:
Fuzzy-Menge $\widetilde{A} \underset{\text{dhm}}{\cup} \widetilde{B}$

(5.9.7) Abbildung:
Fuzzy-Menge $\widetilde{A} \underset{\text{dgm}}{\cup} \widetilde{B}$

(5.9.1) Tabelle:

Mengenverknüpfungen

Durch den Einsatz von parametrisierten kompensatorischen Operatoren können wir die Vereinigung und den Schnitt zweier Fuzzy-Mengen besonders flexibel gestalten. Eine Möglichkeit um solche Operatoren zu erhalten ist die Wahl einer konvexen Linearkombination zweier unterschiedlicher Operatoren, wie wir dies bereits mit dem *gewichteten arithmetischen Mittel* (aus Beispiel 5.3 und Definition 5.4) kennen gelernt haben. Einen weiteren Operator erhalten wir beispielsweise dann, wenn wir das arithmetische Mittel mit dem Minumum- bzw. dem Maximum-Operator kombinieren (vgl. [26], [28]).

(5.10) Definition und Satz:

Es sei $\lambda \in [0, 1]$ beliebig aber fest. Ferner seien

1. $\underset{\text{fa}_\lambda}{\sqcap}(x, y) := \lambda \min(x, y) + \frac{1}{2}(1 - \lambda)(x + y)$ (*Fuzzy-Und*)
2. $\underset{\text{fo}_\lambda}{\sqcup}(x, y) := \lambda \max(x, y) + \frac{1}{2}(1 - \lambda)(x + y)$ (*Fuzzy-Oder*)

mit $x, y \in [0, 1]$. Dann sind $\underset{\text{fa}_\lambda}{\sqcap}$, $\underset{\text{fo}_\lambda}{\sqcup}$ mittelnde Operatoren. Ferner ist dann $(\underset{\text{fa}_\lambda}{\sqcap}, \underset{\text{fo}_\lambda}{\sqcup}, \underset{\text{S}}{\neg})$ ein duales Mischnorm-Tripel.

Beweis.

Den Nachweis, dass das Fuzzy-Oder ein mittelnder Operator ist, der bezüglich der Standard-Negation dual zum Fuzzy-Und-Operator ist, führen wir in Aufgabe 24 auf Seite 158. Daher beschränken wir uns hier auf den Nachweis, dass das Fuzzy-Und ein mittelnder Operator ist. Dazu müssen wir nach Definition 5.2 zunächst zeigen, dass das Fuzzy-Und sowohl durch den Minimum- und den Maximumoperator beschränkt als auch kommutativ und monoton steigend im zweiten Argument ist. Da die Gültigkeit der letzten beiden Eigenschaften offensichtlich ist, zeigen wir hier nur die Beschränktheit. Sei dazu $\lambda \in [0, 1]$ beliebig aber fest. Seien ferner $a, b \in [0, 1]$. Wegen $\min(a, b) \leq a$ und $\min(a, b) \leq b$ gilt

$$\begin{aligned}\underset{\mathrm{fa}_\lambda}{\sqcap}(a, b) &= \lambda \min(a, b) + \frac{1}{2}(1 - \lambda)(a + b) \\ &\geq \lambda \min(a, b) + \frac{1}{2}(1 - \lambda)(2 \min(a, b)) = \min(a, b)\end{aligned}$$

und somit besitzt das Fuzzy-Und den Minimum-Operator als untere Schranke. Wegen $\max(a, b) \geq a$ und $\max(a, b) \geq b$ gilt in Verbindung mit Definition 5.4

$$\begin{aligned}\underset{\mathrm{fa}_\lambda}{\sqcap}(a, b) &= \lambda \min(a, b) + \frac{1}{2}(1 - \lambda)(a + b) \\ &\leq \lambda \min(a, b) + \frac{1}{2}(1 - \lambda)(2 \max(a, b)) = \underset{\mathrm{gam}_\lambda}{\Diamond} .\end{aligned}$$

Da nach Satz 5.4 das Gewichtete Arithmetische Mittel ein mittelnder Operator ist, gilt nach Definition 5.2

$$\underset{\mathrm{fa}_\lambda}{\sqcap}(a, b) \leq \underset{\mathrm{gam}_\lambda}{\Diamond} \leq \max(a, b).$$

Also besitzt auch das Fuzzy-Und den Maximum-Operator als obere Schranke. Insgesamt haben wir damit in Verbindung mit Aufgabe 24 auf Seite 158 gezeigt, dass sowohl das Fuzzy-Und als auch das Fuzzy-Oder mittelnde Operatoren sind, welche bezüglich der Standard-Negation dual zueinander sind. Wegen

$$\begin{aligned}\underset{\mathrm{fo}_\lambda}{\sqcup} - \underset{\mathrm{fa}_\lambda}{\sqcap} &= \lambda \max(a, b) - \lambda \min(a, b) \\ &= \lambda(\max(a, b) - \min(a, b)) \geq 0\end{aligned}$$

für alle $a, b, \lambda \in [0, 1]$ mit λ beliebig aber fest, gilt $\underset{\mathrm{fa}_\lambda}{\sqcap} \leq \underset{\mathrm{fo}_\lambda}{\sqcup}$ für alle $\lambda \in [0, 1]$ mit λ beliebig aber fest. Somit ist $(\underset{\mathrm{fa}_\lambda}{\sqcap}, \underset{\mathrm{fo}_\lambda}{\sqcup}, \underset{\mathrm{S}}{\neg})$ nach Definition 5.6 ein duales Mischnorm-Tripel. □

Diese Definition trägt der Tatsache besser Rechnung, dass der Schnittmengenbildung zweier Fuzzy-Mengen tendenziell eher durch den Minimum-Operator als durch den Maximum-Operator entsprochen wird.

(5.11) Beispiel:

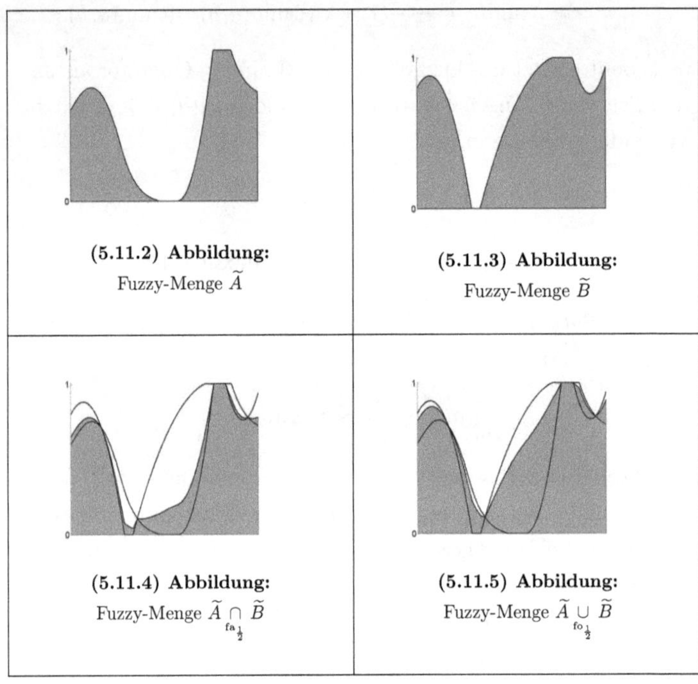

(5.11.2) Abbildung:
Fuzzy-Menge $\widetilde{A}$

(5.11.3) Abbildung:
Fuzzy-Menge $\widetilde{B}$

(5.11.4) Abbildung:
Fuzzy-Menge $\widetilde{A} \underset{\mathrm{fa}_{\frac{1}{2}}}{\cap} \widetilde{B}$

(5.11.5) Abbildung:
Fuzzy-Menge $\widetilde{A} \underset{\mathrm{fo}_{\frac{1}{2}}}{\cup} \widetilde{B}$

(5.11.1) Tabelle:
Fuzzy-Und und *Fuzzy-Oder*

5.3 Eigenschaften

Analog zur Vorgehensweise im letzten Kapitel stellen wir auch hier wieder diejenigen Verknüpfungsgesetze heraus, welche sich von der klassischen Mengenlehre in die Theorie der Fuzzy-Mengen übertragen lassen.

(5.12) Satz:

Es seien $\widetilde{A}, \widetilde{B}, \widetilde{C}, \widetilde{D}$ Fuzzy-Mengen über einem gemeinsamen Universum U. Ferner sei $(\sqcap, \sqcup, \neg)$ ein duales Mischnorm-Tripel. Sind $\cap, \cup, \neg$ die zu den Operationen $\sqcap, \sqcup, \neg$ zugehörigen Fuzzy-Mengenverknüpfungen, dann gilt:

1. $\widetilde{A} \cap \widetilde{B} = \widetilde{B} \cap \widetilde{A}$ (Kommutativität)
   $\widetilde{A} \cup \widetilde{B} = \widetilde{B} \cup \widetilde{A}$
2. $\neg(\widetilde{A} \cap \widetilde{B}) = \neg(\widetilde{A}) \cup \neg(\widetilde{B})$ (DeMorgan)
   $\neg(\widetilde{A} \cup \widetilde{B}) = \neg(\widetilde{A}) \cap \neg(\widetilde{B})$
3. $\widetilde{A} \cap \widetilde{C} \subseteq \widetilde{B} \cap \widetilde{D}$ falls $\widetilde{A} \subseteq \widetilde{B}, \widetilde{C} \subseteq \widetilde{D}$ (Monotonie)
   $\widetilde{A} \cup \widetilde{C} \subseteq \widetilde{B} \cup \widetilde{D}$ falls $\widetilde{A} \subseteq \widetilde{B}, \widetilde{C} \subseteq \widetilde{D}$.

Sind $\sqcap$ und $\sqcup$ mittelnde Operatoren, dann gilt zusätzlich

4. $\widetilde{A} \cap \widetilde{A} = \widetilde{A}$ (Idempotenz)
   $\widetilde{A} \cup \widetilde{A} = \widetilde{A}$.

Beweis.

Es seien $\widetilde{A}, \widetilde{B}, \widetilde{C}, \widetilde{D}$ Fuzzy-Mengen über einem gemeinsamen Universum U und $\mu_{\widetilde{A}}, \mu_{\widetilde{B}}, \mu_{\widetilde{C}}, \mu_{\widetilde{D}}$ deren Zugehörigkeitsfunktionen. Ferner sei $(\sqcap, \sqcup, \neg)$ ein duales Mischnorm-Tripel und $\cap, \cup, \neg$ die zu den Operationen $\sqcap, \sqcup, \neg$ zugehörigen Fuzzy-Mengenverknüpfungen.

ad 1) (siehe Aufgabe 25 auf Seite 159).

ad 2) Nach Voraussetzung ist $(\sqcap, \sqcup, \neg)$ ein duales Mischnorm-Tripel und somit ist $\neg$ eine strikte Negation. Also gilt nach Satz 5.6

$$\sqcap(a, b) = \sqcap_{(\sqcup, \neg)}(a, b) = \neg^{-1}(\sqcup(\neg(a), \neg(b)))$$

und somit

$$\begin{aligned}\neg(\widetilde{A} \cap \widetilde{B}) &= \{(x, \neg(\sqcap(\mu_{\widetilde{A}}(x), \mu_{\widetilde{B}}(x)))) : x \in U\} \\ &= \{(x, \neg(\neg^{-1}(\sqcup(\neg(\mu_{\widetilde{A}}(x)), \neg(\mu_{\widetilde{B}}(x)))))) : x \in U\} \\ &= \{(x, \sqcup(\neg(\mu_{\widetilde{A}}(x)), \neg(\mu_{\widetilde{B}}(x)))) : x \in U\} \\ &= \neg(\widetilde{A}) \cup \neg(\widetilde{B}).\end{aligned}$$

Der Nachweis der zweiten DEMORGAN'schen Eigenschaft wird in Aufgabe 25 auf Seite 159 geführt.

ad 3) (siehe Aufgabe 25 auf Seite 159).

ad 4) Es sei $\Diamond \in \{\sqcap, \sqcup\}$ ein mittelnder Operator. Da $\Diamond$ eine $\underset{\min}{\sqcap}$-$\underset{\max}{\sqcup}$-Mischnorm ist, gilt

$$\underset{\min}{\sqcap} \leq \Diamond \leq \underset{\max}{\sqcup}.$$

Also gilt insbesondere

$$a \leq \underset{\min}{\sqcap}(a, a) \leq \Diamond(a, a) \leq \underset{\max}{\sqcup}(a, a) = a$$

und somit

$$\Diamond(a, a) = a$$

für alle $a \in [0, 1]$. Da sich die Idempotenz des Operators direkt auf die zugehörige Mengenverknüpfung überträgt, bleibt nichts mehr zu zeigen. □

5.4 Resümee

Bei der Vielzahl der möglichen Operatoren, von denen wir nur eine bescheidene Auswahl der gängigsten behandelt haben (siehe Tabelle 5.12.1), stellt sich die Frage, welchen Operator wir in einer bestimmten Situation anwenden sollten, um das in der Realität auftretende menschliche Aggregations- und Kompensationsverhalten möglichst gut abzubilden.

T-Normen	mittelnde Operatoren	S-Normen
$\sqcap_{dp}\ \sqcap_{bd}\ \sqcap_{ep}\ \sqcap_{ap}\ \sqcap_{hp}\ \sqcap_{min}$	$\sqcap_{hm}\ \sqcap_{gm}$ $\sqcup_{dgm}\ \sqcup_{dhm}$ $\lozenge_{am}$ $\longleftarrow \sqcap_{fa_\lambda} \longrightarrow$ $\longleftarrow \sqcup_{fo_\lambda} \longrightarrow$ $\longleftarrow \lozenge_{gam_\lambda} \longrightarrow$	$\sqcup_{max}\ \sqcup_{hs}\ \sqcup_{as}\ \sqcup_{es}\ \sqcup_{bs}\ \sqcup_{ds}$
Modellierung des Mengendurchschnitts	Modellierung der Mittelwertbildung	Modellierung der Mengenvereinigung

(5.12.1) Tabelle:
Laufbereiche von Fuzzy-Operatoren

Da die idealen Modellierungs-Operatoren bis heute noch nicht gefunden wurden und von daher das zugrundeliegende Anwendungsproblem stets berücksichtigt werden muss, lässt sich dies auch nicht allgemeingültig beantworten. Der Existenz solcher situationsunabhängigen Operatoren können (zumindest nach der Meinung des Autors) durchaus berechtigte Zweifel entgegengebracht werden, da bereits das menschliche Aggregations- und Kompensationsverhalten nach eigener Bemessung höchstgradig situativ kontextsensitiv ist. So liegt es beispielsweise in unserer Natur, dass wir nur in einem gewissen Spielraum Kompromisse einzugehen bereit sind - vor allem dann, wenn es Grenzen gibt, die sicherheitsrelevant oder sogar lebenswichtig sind. Daher ist auf jeden Fall bei der Auswahl eines geeigneten Operators viel Erfahrung und Fingerspitzengefühl von Nöten. Wir können aber auf Grundlage der empirischen Untersuchungen zumindest davon ausgehen, dass die mittelnden Operatoren zur Modellierung der linguistischen „und“- bzw. „oder“- Verknüpfung besser geeignet sind als die T- und S-Normen, welche wir nur zur Abbildung extremer Positionen (wie etwa in Sicherheitsfragen) verwenden sollten.

5.5 Übungsaufgaben

(5.13) Aufgaben:

Aufgabe 22 (Beweis: mittelnde Operatoren):

Es sei

1. $\underset{\text{gm}}{\Diamond}(x,y) := \sqrt{xy}$ (*Geometrisches Mittel*)
2. $\underset{\text{am}}{\Diamond}(x,y) := \frac{x+y}{2}$ (*Arithmetisches Mittel*)

mit $x, y, \lambda \in [0,1]$ (vgl. Satz 5.4). Zeigen Sie, dass $\underset{\text{gm}}{\Diamond}$ und $\underset{\text{am}}{\Diamond}$ mittelnde Operatoren sind.

Aufgabe 23 (Beweis: Eigenschaften von Mischnormen):

Es sei $\Diamond$ eine $\sqcap$-$\sqcup$-Mischnorm. Zeigen Sie, dass dann

1. $\Diamond(a,c) \leq \Diamond(b,d)$ falls $a \leq b$ und $c \leq d$,
2. $\Diamond(a,0) \leq a \leq \Diamond(a,1)$,
3. $\Diamond(0,a) \leq a \leq \Diamond(1,a)$,

für alle $a, b, c, d \in [0,1]$ gilt (vgl. Satz 5.5).

Aufgabe 24 (Beweis: Fuzzy-Oder ist mittelnder Operator):

Es sei $\lambda \in [0,1]$ beliebig aber fest. Ferner sei

$$\underset{\text{fo}_\lambda}{\sqcup}(x,y) := \lambda \max(x,y) + \frac{1}{2}(1-\lambda)(x+y)$$

(*Fuzzy-Oder*) mit $x, y \in [0,1]$. Zeigen Sie, dass $\underset{\text{fo}_\lambda}{\sqcup}$ ein mittelnder Operator ist, der dual zum Fuzzy-Und-Operator ist (vgl. Satz 5.10).

Aufgabe 25 (Beweis: Verknüpfungseigenschaften):

Es seien $\widetilde{A}, \widetilde{B}, \widetilde{C}, \widetilde{D}$ Fuzzy-Mengen über einem gemeinsamen Universum U. Ferner sei $(\sqcap, \sqcup, \neg)$ ein duales Mischnorm-Tripel und $\cap, \cup, \neg$ die zu den Operationen $\sqcap, \sqcup, \neg$ zugehörigen Verknüpfungen. Zeigen Sie, dass dann gilt:

1. $\widetilde{A} \cap \widetilde{B} = \widetilde{B} \cap \widetilde{A}$ (Kommutativität)
   $\widetilde{A} \cup \widetilde{B} = \widetilde{B} \cup \widetilde{A}$
2. $\neg(\widetilde{A} \cup \widetilde{B}) = \neg(\widetilde{A}) \cap \neg(\widetilde{B})$ (DeMorgan)
3. $\widetilde{A} \cap \widetilde{C} \subseteq \widetilde{B} \cap \widetilde{D}$ falls $\widetilde{A} \subseteq \widetilde{B}, \widetilde{C} \subseteq \widetilde{D}$ (Monotonie)
   $\widetilde{A} \cup \widetilde{C} \subseteq \widetilde{B} \cup \widetilde{D}$ falls $\widetilde{A} \subseteq \widetilde{B}, \widetilde{C} \subseteq \widetilde{D}$

(vgl. Satz 5.12).

Aufgabe 26 (Mengenverknüpfungen):

Betrachten Sie wieder die Wohnungsangebote des Studenten aus Aufgabe 11 und 21. Gibt es unter den Angeboten

a) eine große und günstige Wohnung?

b) eine günstige Wohnung nahe zur Hochschule?

Verwenden Sie hierbei wieder die Modellierung aus der Lösung zu Aufgabe 11 und als Operatoren diesmal das Fuzzy-Und (mit $\lambda = 0.5$). Interpretieren Sie auch hier das Ergebnis direkt als Zugehörigkeitsgrad zum Bewertungsprädikat des betroffenen Studenten. Vergleichen Sie Ihre Ergebnisse mit denen aus Aufgabe 21.

Kapitel 6

Schlussbemerkungen

> *Die Mathematik ist das Instrument, welches die Vermittlung bewirkt zwischen Theorie und Praxis, zwischen Denken und Beobachten: Sie baut die verbindende Brücke und gestaltet sie immer tragfähiger. Daher kommt es, dass unsere ganze gegenwärtige Kultur, soweit sie auf der geistigen Durchdringung und Dienstbarmachung der Natur beruht, ihre Grundlage in der Mathematik findet.*
>
> DAVID HILBERT

Wie uns die vorstehenden Ausführungen gezeigt haben, ist es uns mit der Theorie der Fuzzy-Mengen möglich, unscharfe Informationen sachadäquat zu modellieren und zu verarbeiten. Dabei können wir sowohl die Informationen als auch deren Interdependenzen so in das Modell aufnehmen, wie wir dies als Entscheidungsträger in der jeweiligen Situation für angemessen erachten. Während die Kritiker der Fuzzy-Mengenlehre speziell in dieser Offenheit eine Willkür sehen, kann man diese Freiräume aber durchaus auch als Chance und Stärke für die Modellierung sehen, da die nachzubildenden Gegebenheiten speziell an situationsbedingte praktische Gesichtspunkte angepasst werden können.

Dass mit der Theorie der Fuzzy-Mengen ein geeignetes Instrumentarium zur Verfügung steht, um auch komplexeste Aussagen und Systeme zu modellieren, macht man sich unter anderem im Fuzzy-Control, einem wichtigen Anwendungsgebiet der Fuzzy-Mengenlehre (bzw. der darauf basierenden Fuzzy-Logik), zu Nutze. Gerade aus diesem Gebiet haben mittlerweile viele Forschungsergebnisse bereits Eingang in den privaten Bereich gefunden, wie beispielsweise in Videokameras oder Waschmaschinen, die sich den unterschiedlichsten Fuzzy-Methoden bedienen. Der durchschlagende Erfolg der Fuzzy-Technologien ist vor allem damit zu erklären, dass es damit nicht mehr notwendig ist, komplexe Prozesse in ihrer Gesamtheit in ein mathematisches Modell abzubilden. Vielmehr genügt es nur das zugehörigen Steuerungs- und Entscheidungsverhalten in einem Modell darzustellen, welches dann geeignet umgesetzt werden kann (vgl. [21]). Daher werden Fuzzy-Technologien vorzugsweise dort verwendet, wo Größen nicht exakt quantifiziert werden können, ihre Anzahl zu groß oder ihre Zusammenhänge nicht genau bekannt sind, d.h. immer dann, wenn die Realisierung einer quantitativ-deterministischen Regelung nicht möglich oder zu aufwendig ist. Das in einem Fuzzy-System abgebildete Expertenwissen ist im Allgemeinen weder umfassend noch allgemeingültig, sondern nur eine Zusammenfassung von Regeln, die diese bei ihren Entscheidungsabläufen berücksichtigen. Eine der größten Stärken der Fuzzy-Logik und des Fuzzy-Controls ist hierbei aber, dass diese Regeln mit Hilfe linguistischer Beschreibungen angegeben werden können.

(6.1) Beispiele:

① Wollten wir exemplarisch für eine Waschmaschine die Steuerungsanweisung „Wenn die Wäsche sehr schmutzig ist, dann gib etwas mehr Waschmittel dazu“ realisieren, dann könnte dies in einem Fuzzy-System beispielsweise durch eine Regel, wie sie in Tabelle 6.1.1 angegeben ist, notiert werden.

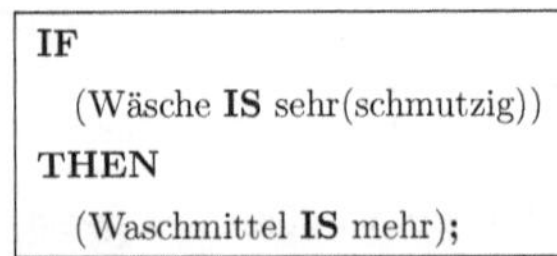

IF
(Wäsche **IS** sehr(schmutzig))
THEN
(Waschmittel **IS** mehr);

(6.1.1) Tabelle:
Beispielsregel für eine Waschmaschine

Die Geräte analysieren dabei die Schmutzsituation wie der routinierte Hausmann bzw. die routinierte Hausfrau. Sie zählen nicht jeden einzelnen Partikel und lösen auch keine Gleichungssysteme. Vielmehr prüfen sie durch ausgereifte Sensortechnik nur, ob die Wäsche wenig, normal oder sehr verschmutzt ist. Befindet sich nun Wäsche in der Trommel, die etwas mehr als normal verschmutzt ist, dann versucht die Waschmaschine die Situation nicht exakt zu analysieren, sondern gibt nach ihren Regeln eben „etwas mehr als normal“ Waschpulver zu.

② Als weiteres Beispiel seien die (durch eine sehr hohe Komplexität geprägten) Produktionsplanungssysteme genannt. Durch den Einsatz von Fuzzy-Inferenz-Systemen können auf Basis (weitgehend) verständlicher Regeln (vgl. Tabelle 6.1.2) Produktionsplanungssysteme realisiert werden, deren Strukturen wesentlich flexibler und einfacher zu verstehen sind als die der klassischen Produktionsplanungssysteme.

IF
(Liefertermin **IS** bald) **AND** (Wichtigkeit **IS** hoch)
THEN
(Bearbeiten **IS** bald);

IF
(Liefertermin **IS** bald) **AND** (Wichtigkeit **IS** sehr_niedrig)
THEN
(Bearbeiten **IS** demnächst);

IF
(Wichtigkeit **IS** hoch)
THEN
(Kontrolle **IS** hoch);

(6.1.2) Tabelle:

Beispielsregeln für ein PPS-System (Auszug)

Obwohl viele Fuzzy-Anwendungen auch mit anderen Methoden verwirklicht werden könnten, hat diese Technologie entscheidende Vorteile gegenüber den konventionellen: Sie ist verständlicher, einfach anzuwenden und vor allem in der Entwicklung wesentlich kostengünstiger.

Anhang A

Lösungen zu den Übungsaufgaben

> *Wie die reichste Bibliothek, wenn ungeordnet, nicht soviel Nutzen schafft wie eine kleine, aber wohlgeordnete, ebenso ist die größte Menge von Kenntnissen, wenn nicht eigenes Denken sie verarbeitet hat, weniger wert als eine geringere, die vielfältig durchdacht wurde.*
>
> ARTHUR SCHOPENHAUER (1788-1860)

A.1 Hinweise zu den Übungsaufgaben

Die in den Lösungen angegebenen linguistischen Beschreibungen und Modellierungen sind im Allgemeinen nur Beispiele. In der Praxis sind die konkreten Modellierungen meist stark vom Kontext und dem möglichen Entscheidungsspielraum abhängig.

A.2 Lösungen zu Kapitel 1

Aufgabe 1 (Zugehörigkeiten versus Wahrscheinlichkeiten):

Am Ende eines erfolgreichen 22 Mio. € - Gewinnspiels werden dem potentiellen Gewinner zwei Koffer angeboten, zwischen denen er sich entscheiden muss. Der erste Koffer enthält den Gewinn mit einer Wahrscheinlichkeit von 0.01 und der zweite Koffer gehört mit dem Zugehörigkeitsgrad 0.01 zum Gewinn. Wie entscheidet er sich, wenn er ...

a) ... sehr risikofreudig ist?

b) ... kein hohes Wagnis eingehen will?

Lösung:

Der erste Koffer enthält die 22 Mio. € mit einer Wahrscheinlichkeit von nur einem Prozent (d.h. von 100 Koffern enthält durchschnittlich ein Koffer den Gewinn, während die anderen 99 Koffer keinen Geldbetrag enthalten). Der zweite Koffer enthält genau 220.000 € . Möchte der potentielle Gewinner kein hohes Wagnis eingehen, so wird er sich wohl für den zweiten Koffer entscheiden und damit mit Sicherheit 220.000 € reicher sein. Ansonsten wird er sich für den ersten Koffer entscheiden.

Aufgabe 2 (Modellierungen):

Modellieren Sie mit L-R-Zahlen bzw. L-R-Intervallen die folgenden linguistischen Beschreibungen:

(a) „eine reelle Zahl ungefähr gleich 6“,

(b) „eine reelle Zahl ungefähr zwischen 2 und 5“,

(c) „einen Zeitraum ungefähr zwischen 30 und 35 Minuten“,

(d) „einen Zeitpunkt um ca. 20 Uhr“,

(e) „eine Länge von ca. 1.2 Meter“,

(f) „einen Höchstpreis von ca. 15000 €“.

Visualisieren Sie diese sowohl mit den Referenzfunktionen L_Λ, R_Λ als auch mit den Referenzfunktionen L_Π und R_Π.

Lösung:

(a) $\widetilde{A} := (6; 0.5; 0.5)_{LR}$

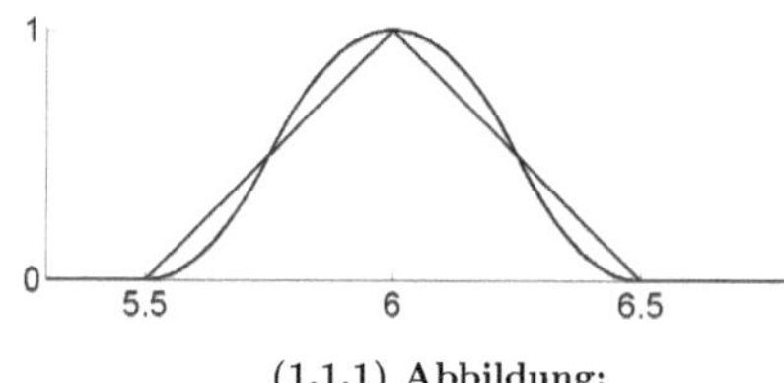

(1.1.1) Abbildung:
eine reelle Zahl ungefähr gleich 6

(b) $\widetilde{B} := (2; 5; 0.5; 0.5)_{LR}$

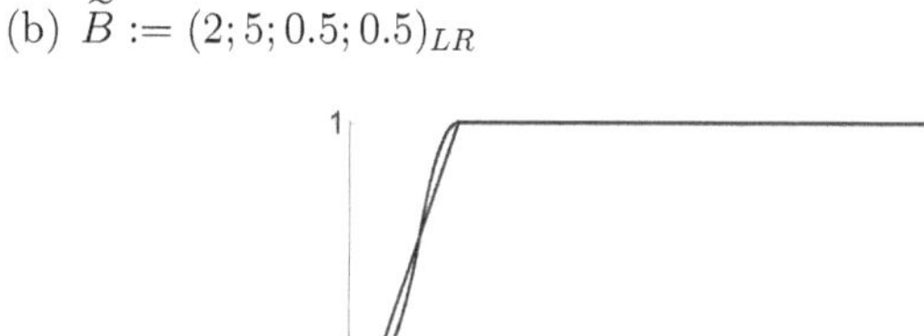

(1.1.2) Abbildung:
eine reelle Zahl ungefähr zwischen 2 und 5

(c) $\widetilde{C} := (30; 35; 2; 2)_{LR}$

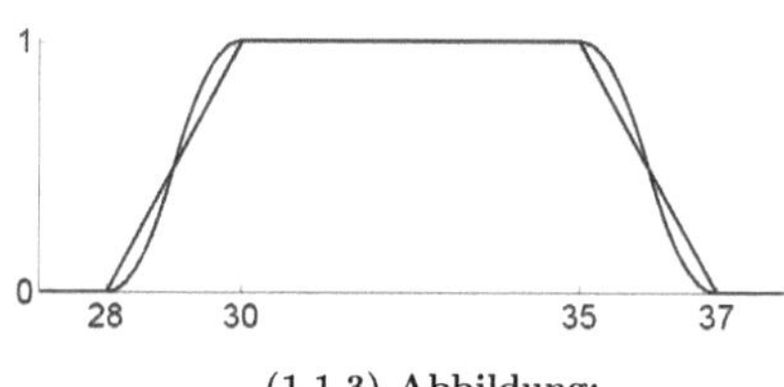

(1.1.3) Abbildung:
ein Zeitraum ungefähr zwischen 30 und 35 Minuten

(d) Betrachten wir den Zeitpunkt „20 Uhr“ bezüglich Mitternacht, so entspricht dies dem Zeitpunkt „480 Minuten“. Eine mögliche Modellierung ist dann $\widetilde{D} := (480; 10; 10)_{LR}$.

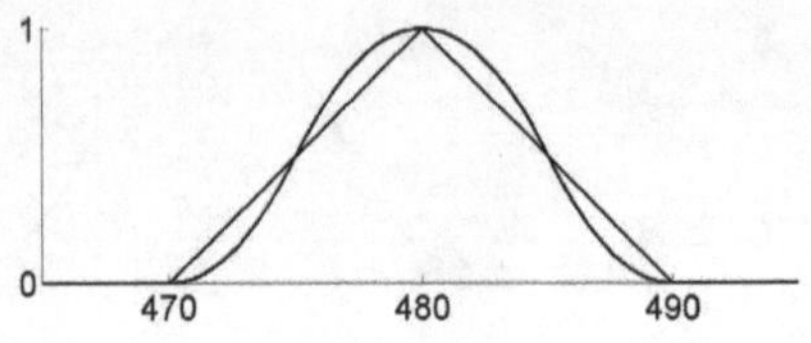

(1.1.4) Abbildung:
ein Zeitpunkt um ca. 20 Uhr

(e) Verwendet man als zugrundeliegende Maßeinheit „Zentimeter“, so ist $\widetilde{E} := (120; 10; 10)_{LR}$ eine mögliche Modellierung für „eine Länge von ca. 1.2 Meter“.

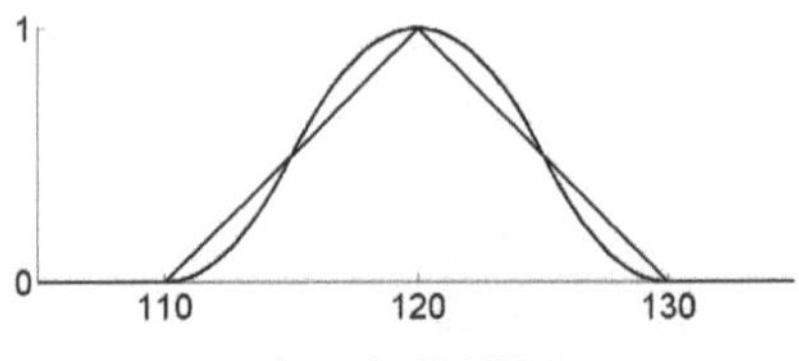

(1.1.5) Abbildung:
eine Länge von ca. 1.2 Meter

(f) $\widetilde{F} := (15000; 1000; 500)_{LR}$

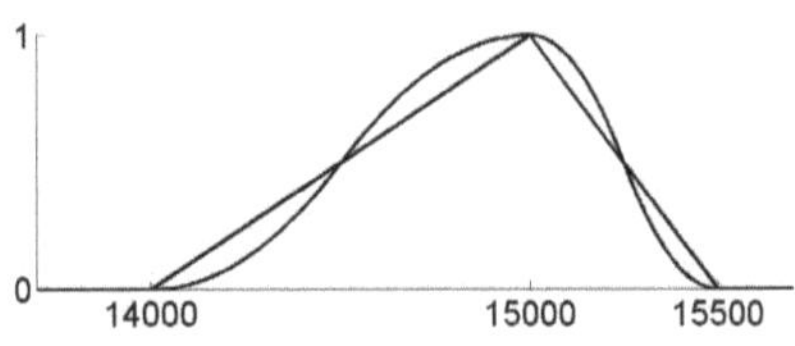

(1.1.6) Abbildung:
ein Höchstpreis von ca. 15000 €

Aufgabe 3 (Zugehörigkeitsfunktionen):

Es seien

$$\widetilde{A} := \{(0,0), (180,0), (190,0.5), (200,1), (230,1)\}$$
$$\widetilde{B} := \{(0,0), (1.5,0), (2,1), (4,1), (4.5,0), (6,0)\}$$
$$\widetilde{C} := \{(0,1), (3.5,1), (4,0), (6,0), (6.5,1), (10,1)\}$$

Fuzzy-Mengen über den reellen Zahlen.

(a) Bestimmen und visualisieren Sie für jede dieser Fuzzy-Mengen die zugehörige generelle Fuzzy-Menge über einem geeigneten Teilintervall der reellen Zahlen.

(b) Bestimmen Sie zur Fuzzy-Menge $\widetilde{B}$ die zugehörige - mit einem natürlichen kubischen Spline interpolierte - Fuzzy-Menge $\widetilde{B}_S$.

Lösung:

(a) Die generelle Fuzzy-Menge zu $\widetilde{A}$ ist

$$\mathfrak{G}(\widetilde{A}) := \{(x, \mu_{\mathfrak{G}(\widetilde{A})}(x)) : x \in \mathbb{R} \cap [0, 230]\}$$

mit

$$\mu_{\mathfrak{G}(\widetilde{A})}(x) := \begin{cases} 0 & \text{für } x \in [0, 180[\\ \frac{1}{20}(x-180) & \text{für } x \in [180, 200[\\ 1 & \text{für } x \in [200, 230]. \end{cases}$$

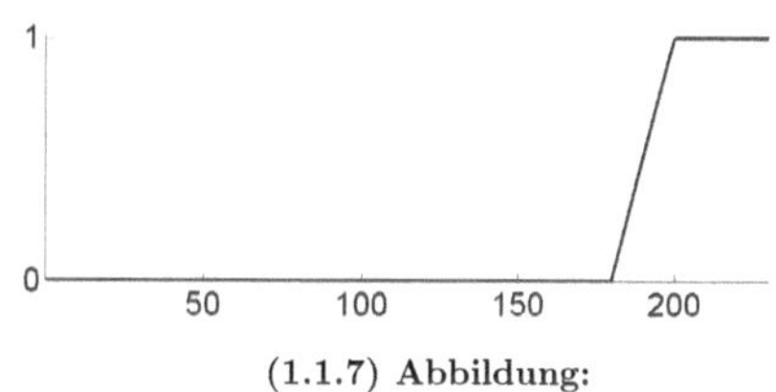

(1.1.7) Abbildung:
Generelle Fuzzy-Menge

Die generelle Fuzzy-Menge zu $\widetilde{B}$ ist

$$\mathfrak{G}(\widetilde{B}) := \{(x, \mu_{\mathfrak{G}(\widetilde{B})}(x)) : x \in \mathbb{R}\}$$

mit

$$\mu_{\mathfrak{G}(\widetilde{B})}(x) := \begin{cases} 2(x-1.5) & \text{für } x \in [1.5, 2[\\ 1 & \text{für } x \in [2, 4[\\ 1-2(x-4) & \text{für } x \in [4, 4.5[\\ 0 & \text{sonst.} \end{cases}$$

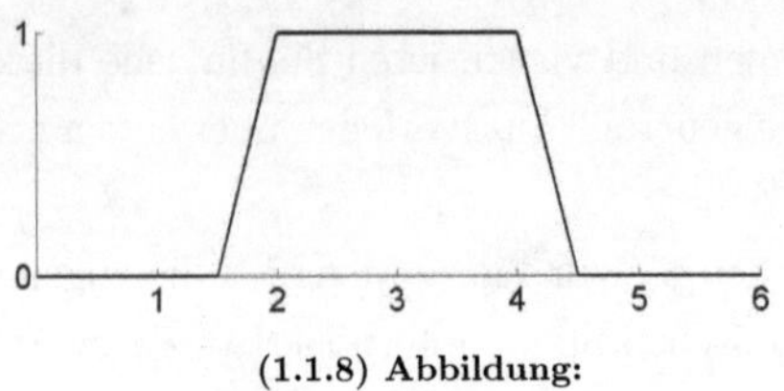

(1.1.8) Abbildung:
Generelle Fuzzy-Menge

Die generelle Fuzzy-Menge zu $\widetilde{C}$ ist

$$\mathfrak{G}(\widetilde{C}) := \{(x, \mu_{\mathfrak{G}(\widetilde{C})}(x)) : x \in \mathbb{R}\}$$

mit

$$\mu_{\mathfrak{G}(\widetilde{C})}(x) := \begin{cases} 1 - 2(x - 3.5) & \text{für } x \in [3.5, 4[\\ 0 & \text{für } x \in [4, 6[\\ 2(x - 6) & \text{für } x \in [6, 6.5[\\ 1 & \text{sonst.} \end{cases}$$

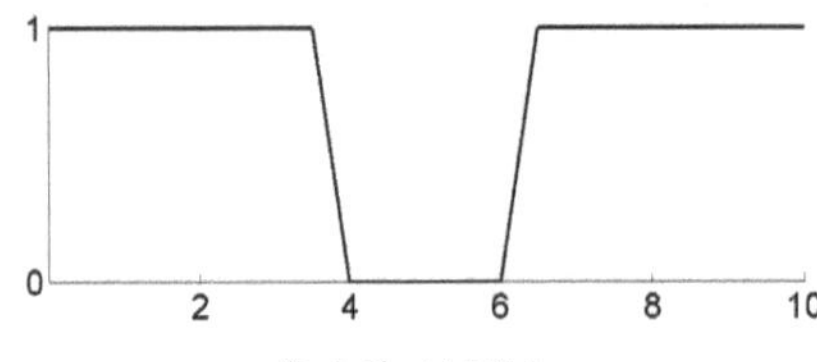

(1.1.9) Abbildung:
Generelle Fuzzy-Menge

(b) Sei analog zu den Bezeichnungen der Definition für den induzierten, kubischen Spline (Definition 1.9)

$$x_1 := 0 \quad x_2 := \tfrac{3}{2} \quad x_3 := 2 \quad x_4 := 4 \quad x_5 := \tfrac{9}{2} \quad x_6 := 6$$
$$y_1 := 0 \quad y_2 := 0 \quad y_3 := 1 \quad y_4 := 1 \quad y_5 := 0 \quad y_6 := 0.$$

Wir erhalten damit

$$\begin{array}{ll} \triangle x_1 = x_2 - x_1 = \frac{3}{2} & \triangle x_2 = x_3 - x_2 = \frac{1}{2} \\ \triangle x_3 = x_4 - x_3 = 2 & \triangle x_4 = x_5 - x_4 = \frac{1}{2} \\ \triangle x_5 = x_6 - x_5 = \frac{3}{2} & \triangle y_1 = y_2 - y_1 = 0 \\ \triangle y_2 = y_3 - y_2 = 1 & \triangle y_3 = y_4 - y_3 = 0 \\ \triangle y_4 = y_5 - y_4 = -1 & \triangle y_5 = y_6 - y_5 = 0, \end{array}$$

somit die Matrix

$$A = \begin{pmatrix} 2(\frac{3}{2}+\frac{1}{2}) & \frac{1}{2} & 0 & 0 \\ \frac{1}{2} & 2(\frac{1}{2}+2) & 2 & 0 \\ 0 & 2 & 2(2+\frac{1}{2}) & \frac{1}{2} \\ 0 & 0 & \frac{1}{2} & 2(\frac{1}{2}+\frac{3}{2}) \end{pmatrix} = \begin{pmatrix} 4 & \frac{1}{2} & 0 & 0 \\ \frac{1}{2} & 5 & 2 & 0 \\ 0 & 2 & 5 & \frac{1}{2} \\ 0 & 0 & \frac{1}{2} & 4 \end{pmatrix}$$

und dadurch das lineare Gleichungssystem

$$\begin{pmatrix} 4 & \frac{1}{2} & 0 & 0 \\ \frac{1}{2} & 5 & 2 & 0 \\ 0 & 2 & 5 & \frac{1}{2} \\ 0 & 0 & \frac{1}{2} & 4 \end{pmatrix} \begin{pmatrix} y_2'' \\ y_3'' \\ y_4'' \\ y_5'' \end{pmatrix} = \begin{pmatrix} 6(\frac{1}{\frac{1}{2}} - \frac{0}{\frac{3}{2}}) \\ 6(\frac{0}{2} - \frac{1}{\frac{1}{2}}) \\ 6(\frac{-1}{\frac{1}{2}} - \frac{0}{2}) \\ 6(\frac{0}{\frac{3}{2}} - \frac{-1}{\frac{1}{2}}) \end{pmatrix} = \begin{pmatrix} 12 \\ -12 \\ -12 \\ 12 \end{pmatrix}.$$

Daraus folgt zunächst

$$\begin{pmatrix} y_2'' \\ y_3'' \\ y_4'' \\ y_5'' \end{pmatrix} = \begin{pmatrix} 4 & \frac{1}{2} & 0 & 0 \\ \frac{1}{2} & 5 & 2 & 0 \\ 0 & 2 & 5 & \frac{1}{2} \\ 0 & 0 & \frac{1}{2} & 4 \end{pmatrix}^{-1} \begin{pmatrix} 12 \\ -12 \\ -12 \\ 12 \end{pmatrix}$$

und wegen

$$\begin{pmatrix} 4 & \frac{1}{2} & 0 & 0 \\ \frac{1}{2} & 5 & 2 & 0 \\ 0 & 2 & 5 & \frac{1}{2} \\ 0 & 0 & \frac{1}{2} & 4 \end{pmatrix}^{-1} = \frac{1}{5217} \begin{pmatrix} 1324 & -158 & 64 & -8 \\ -158 & 1264 & -512 & 64 \\ 64 & -512 & 1264 & -158 \\ -8 & 64 & -158 & 1324 \end{pmatrix}$$

somit

$$\begin{pmatrix} y_2'' \\ y_3'' \\ y_4'' \\ y_5'' \end{pmatrix} = \frac{1}{37} \begin{pmatrix} 120 \\ -72 \\ -72 \\ 120 \end{pmatrix}.$$

Wir erhalten damit für den Spline die Funktionsvorschrift

$$s(x) = \begin{cases} \frac{40}{111}x^3 - \frac{30}{37}x & \text{für } x < \frac{3}{2} \\ -\frac{192}{111}(x-\frac{3}{2})^3 + \frac{60}{37}(x-\frac{3}{2})^2 + \frac{60}{37}(x-\frac{3}{2}) & \text{für } x \in [\frac{3}{2}, 2[\\ -\frac{36}{37}(x-2)^2 + \frac{72}{37}(x-2) + 1 & \text{für } x \in [2, 4[\\ \frac{192}{111}(x-4)^3 - \frac{36}{37}(x-4)^2 - \frac{72}{37}(x-4) + 1 & \text{für } x \in [4, \frac{9}{2}[\\ -\frac{40}{111}(x-\frac{9}{2})^3 + \frac{60}{37}(x-\frac{9}{2})^2 - \frac{360}{37}(x-\frac{9}{2}) & \text{für } x \geq \frac{9}{2}. \end{cases}$$

Die Einschränkung der Funktionswerte auf das Einheitsintervall liefert uns die Zugehörigkeitsfunktion der Fuzzy-Menge $\widetilde{B}_S$:

$$\mu_{\widetilde{B}_S}(x) = \begin{cases} 0 & \text{für } x < \frac{3}{2} \\ -\frac{192}{111}(x-\frac{3}{2})^3 + \frac{60}{37}(x-\frac{3}{2})^2 + \frac{60}{37}(x-\frac{3}{2}) & \text{für } x \in [\frac{3}{2}, 2[\\ 1 & \text{für } x \in [2, 4[\\ \frac{192}{111}(x-4)^3 - \frac{36}{37}(x-4)^2 - \frac{72}{37}(x-4) + 1 & \text{für } x \in [4, \frac{9}{2}[\\ 0 & \text{für } x \geq \frac{9}{2}. \end{cases}$$

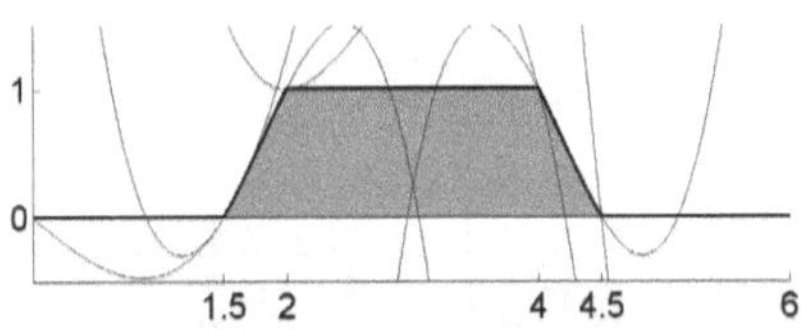

(1.1.10) Abbildung:
Spline-interpolierte Fuzzy-Menge

Aufgabe 4 (Interpretation):

Es seien

$$\widetilde{A} := \{(0,0),(180,0),(190,0.5),(200,1),(230,1)\}$$
$$\widetilde{B} := \{(0,0),(1.5,0),(2,1),(4,1),(4.5,0),(6,0)\}$$
$$\widetilde{C} := \{(0,1),(3.5,1),(4,0),(6,0),(6.5,1),(10,1)\}$$

Fuzzy-Mengen über den reellen Zahlen (vgl. Aufgabe 3 auf Seite 44). Geben Sie für jede dieser Fuzzy-Mengen eine mögliche Modellierungsabsicht an.

Lösung:

i) Die Fuzzy-Menge $\widetilde{A}$ ist eine mögliche Modellierung für „eine sehr große Person“.

ii) Die Fuzzy-Menge $\widetilde{B}$ ist eine mögliche Modellierung für „eine reelle Zahl ungefähr zwischen 2 und 4“.

iii) Die Fuzzy-Menge $\widetilde{C}$ ist eine mögliche Modellierung für „eine reelle Zahl die ungefähr nicht zwischen 4 und 6 liegt“.

A.3 Lösungen zu Kapitel 2

Aufgabe 5 (normale Fuzzy-Mengen, Normalisierung):

Gegeben seien die folgenden Mengen:

$$A := \{(1,0),(2,0.3),(3,0.6),(4,0.6),(5,1),(6,1),(7,0.3),$$
$$(8,0.5),(9,0)\}$$

$$B := \{(1,0),(2,0.4),(3,0.5),(4,0.7),(5,0.9),(6,1.1),(7,0.6),$$
$$(8,0.1),(9,0)\}$$

$$C := \{(x,f(x)) : x \in \mathbb{R}; \mathrm{f(x)} := (\tfrac{3}{4} + (\mathrm{x}-8)^2)^{-1}\}$$

$$D := \{(x,f(x)) : x \in [0,2\pi]; f(x) := |\sin x|\}$$

Welche dieser Mengen sind als Fuzzy-Mengen normal im Sinne der Definition 2.4? Normalisieren Sie die restlichen Mengen.

Lösung:

i) Es sei $f(x) := \{y : (x, y) \in A\}$. Wegen $|f(x)| = 1$ für alle $(x, y) \in A$ ist f eine Funktion und damit ist $\widetilde{A} := A$ wegen

$$\sup_{\substack{x \\ (x,y) \in A}} f(x) = \max_{\substack{x \\ (x,y) \in A}} f(x) = 1$$

eine normale Fuzzy-Menge.

ii) Wegen

$$\sup_{\substack{x \\ (x,y) \in B}} y = \max_{\substack{x \\ (x,y) \in B}} y = 1.1$$

ist B keine (normale) Fuzzy-Menge. Es sei $f(x) := \{y : (x, y) \in B\}$. Wegen $|f(x)| = 1$ für alle $(x, y) \in B$ ist f eine Funktion. Die zugehörige normalisierte Fuzzy-Menge $\widetilde{B}$ zu B können wir dann definieren durch

$$\widetilde{B} := \{(x, \mu_{\widetilde{B}}(x)) : (x, y) \in B\}$$

mit

$$\mu_{\widetilde{B}}(x) := \frac{11}{10}^{-1} f(x) = \frac{10}{11} f(x).$$

Wir erhalten dann

$$\widetilde{B} := \{(1, 0), (2, \tfrac{4}{11}), (3, \tfrac{5}{11}), (4, \tfrac{7}{11}), (5, \tfrac{9}{11}), (6, 1), (7, \tfrac{6}{11}), (8, \tfrac{1}{11}), (9, 0)\}.$$

iii) Wegen

$$\sup_{\substack{x \\ (x,y) \in C}} y = \max_{\substack{x \\ (x,y) \in C}} y = \frac{4}{3}$$

ist C keine (normale) Fuzzy-Menge. Die zugehörige normalisierte Fuzzy-Menge $\widetilde{C}$ zu C können wir definieren durch

$$\widetilde{C} := \{(x, \mu_{\widetilde{C}}(x)) : (x, y) \in C\}$$

mit

$$\mu_{\widetilde{C}}(x) := \frac{4}{3}^{-1} f(x) = \frac{3}{4} f(x).$$

Wir erhalten dann

$$\widetilde{C} := \{(x, \mu_{\widetilde{C}}(x)) : x \in \mathbb{R}; \mu_{\widetilde{C}} := \frac{3}{3+4(x-8)^2}\}.$$

iv) Wegen

$$\sup_{\substack{x \\ x \in [0,2\pi]}} |\sin x| = \max_{\substack{x \\ x \in [0,2\pi]}} |\sin x| = 1$$

ist $\widetilde{D} := D$ eine normale Fuzzy-Menge.

Aufgabe 6 (Teilmengenbeziehungen):

Es seien

$$\widetilde{A} := \{(1,0), (2,.3), (3,.6), (4,.6), (5,1), (6,1), (7,.3), (8,.5), (9,0)\}$$

und

$$\widetilde{B} := \{(1,0), (2,\tfrac{4}{11}), (3,\tfrac{5}{11}), (4,\tfrac{7}{11}), (5,\tfrac{9}{11}), (6,1), (7,\tfrac{6}{11}), (8,\tfrac{1}{11}), (9,0)\}$$

Fuzzy-Mengen über den reellen Zahlen und $\mathfrak{G}(\widetilde{A})$ bzw. $\mathfrak{G}(\widetilde{B})$ die zugehörigen generellen Fuzzy-Mengen (vgl. Aufgabe 5 auf Seite 69 und zugehörige Lösung). Gilt für die generellen Fuzzy-Mengen eine der Beziehungen $\mathfrak{G}(\widetilde{A}) \subseteq \mathfrak{G}(\widetilde{B})$ oder $\mathfrak{G}(\widetilde{B}) \subseteq \mathfrak{G}(\widetilde{A})$?

Lösung:

Wegen $\mu_{\mathfrak{G}(\widetilde{A})}(2) = 0.3 < \frac{4}{11} = \mu_{\mathfrak{G}(\widetilde{B})}(2)$ ist $\mathfrak{G}(\widetilde{B})$ keine Teilmenge von $\mathfrak{G}(\widetilde{A})$ und wegen $\mu_{\mathfrak{G}(\widetilde{A})}(3) = 0.6 > \frac{5}{11} = \mu_{\mathfrak{G}(\widetilde{B})}(3)$ ist auch $\mathfrak{G}(\widetilde{A})$ keine Teilmenge von $\mathfrak{G}(\widetilde{B})$. Deshalb gilt keine der beiden Teilmengenbeziehungen.

Aufgabe 7 (Träger, Kern und α-Schnitte):

Es seien

$$\widetilde{A} := \{(x, \mu_{\widetilde{A}}(x)) : x \in \mathbb{R}; \mu_{\widetilde{A}}(\mathrm{x}) := \frac{3}{3+4(x-8)^2}\}$$

$$\widetilde{B} := \{(x, \mu_{\widetilde{B}}(x)) : x \in [0, 2\pi]; \mu_{\widetilde{B}}(x) := |\sin x|\}$$

Fuzzy-Mengen über den reellen Zahlen.

(a) Bilden Sie für die gegebenen Fuzzy-Mengen die α-Schnitte (für $\alpha \in]0,1]$) und geben Sie diese ggf. als Vereinigung von Teilintervallen an.

(b) Bestimmen Sie für die gegebenen Fuzzy-Mengen sowohl den Träger als auch den Kern.

Lösung:

(a) Es sei $\alpha \in]0,1]$.

i) Nach Definition gilt

$$\mathrm{cut}_{\geq\alpha}(\widetilde{A}) = \{x_\alpha \in \mathbb{R} : \frac{3}{3+4(\mathrm{x}_\alpha - 8)^2} \geq \alpha\}.$$

Wegen

$$\frac{3}{3+4(x_\alpha - 8)^2} \geq \alpha \text{ gdw. } \frac{3-3\alpha}{4\alpha} \geq (x_\alpha - 8)^2$$

und $\frac{3-3\alpha}{4\alpha} \geq 0$ für alle $\alpha \in]0,1]$ gilt

$$\mathrm{cut}_{\geq\alpha}(\widetilde{A}) = [8 - \sqrt{\frac{3(1-\alpha)}{4\alpha}}, 8 + \sqrt{\frac{3(1-\alpha)}{4\alpha}}].$$

ii) Nach Definition gilt

$$\mathrm{cut}_{\geq\alpha}(\widetilde{B}) = \{x_\alpha \in [0, 2\pi] : |\sin x| \geq \alpha\}$$

und wir erhalten somit

$$\mathrm{cut}_{\geq\alpha}(\widetilde{B}) = \{[\arcsin\alpha, \pi - \arcsin\alpha] \cup [\pi + \arcsin\alpha, 2\pi - \arcsin\alpha]\}.$$

(b) i) Für den Träger erhalten wir

$$\mathrm{supp}(\widetilde{A}) = \mathrm{cut}_{>0}(\widetilde{A}) = \{x \in \mathbb{R}; \frac{3}{3+4(\mathrm{x}-8)^2} > 0\} = \mathbb{R}$$

und für den Kern zunächst $\mathrm{core}(\widetilde{A}) = \mathrm{cut}_{\geq 1}(\widetilde{A})$ und somit nach der ersten Teilaufgabe

$$\mathrm{core}(\widetilde{A}) = \{x \in \mathbb{R}; \mathrm{x} \in [8 - \sqrt{\frac{3(1-1)}{4\cdot 1}}, 8 + \sqrt{\frac{3(1-1)}{4\cdot 1}}] = \{8\}.$$

ii) Für den Träger erhalten wir

$$\begin{aligned}\operatorname{supp}(\widetilde{B}) = \operatorname{cut}_{>0}(\widetilde{B}) &= \{x \in [0, 2\pi] : |\sin x| > 0\} \\ &= [0, 2\pi] \setminus \{0, \pi, 2\pi\}\end{aligned}$$

und für den Kern

$$\operatorname{core}(\widetilde{B}) = \operatorname{cut}_{\geq 1}(\widetilde{B}) = \{x \in [0, 2\pi] : |\sin x| \geq 1\} = \{\frac{1}{2}\pi, \frac{3}{2}\pi\}.$$

Aufgabe 8 (Standard-Komplementärmenge):

Es seien

$$\widetilde{A} := \{(x, \mu_{\widetilde{A}}(x)) : x \in \mathbb{R}; \mu_{\widetilde{A}}(x) := \tfrac{3}{3+4(x-8)^2}\},$$

$$\widetilde{B} := \{(x, \mu_{\widetilde{B}}(x)) : x \in [0, 2\pi]; \mu_{\widetilde{B}}(x) := |\sin x|\}$$

Fuzzy-Mengen über den reellen Zahlen (vgl. Aufgabe 7 auf Seite 70). Bestimmen und visualisieren Sie für die gegebenen Fuzzy-Mengen jeweils die Standard-Komplementärmenge.

Lösung:

i)

$$\begin{aligned}\underset{s}{\neg}\widetilde{A} &= \{(x, 1 - \mu_{\widetilde{A}}(x)) : x \in \mathbb{R}\} \\ &= \{(x, 1 - \tfrac{3}{3+4(x-8)^2}) : x \in \mathbb{R}\}\end{aligned}$$

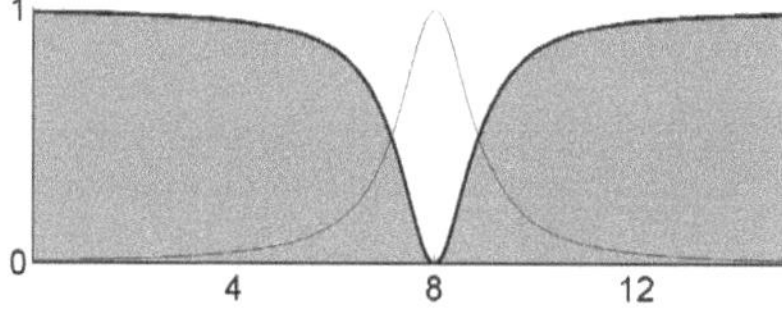

(1.2.1) Abbildung:
Standard-Komplementärmenge

ii)

$$\begin{aligned}\underset{s}{\neg}\widetilde{B} &= \{(x, 1 - \mu_{\widetilde{B}}(x)) : x \in [0, 2\pi]\} \\ &= \{(x, 1 - |\sin x|) : x \in [0, 2\pi]\}\end{aligned}$$

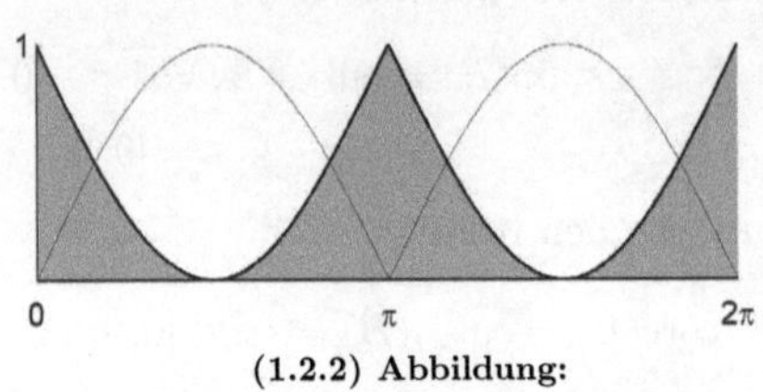

(1.2.2) Abbildung:
Standard-Komplementärmenge

Aufgabe 9 (Beweis: Eigenschaften der Teilmengenbeziehungen):

Es seien $\widetilde{A}$, $\widetilde{B}$ und $\widetilde{C}$ Fuzzy-Mengen über dem Universum U. Zeigen Sie, dass dann gilt:

1. $\widetilde{\emptyset}_U \subseteq \widetilde{A} \subseteq \widetilde{\mathfrak{U}}_U$.
2. Aus $\widetilde{A} \subset \widetilde{B}$ folgt: $\text{hgt}(\widetilde{A}) < \text{hgt}(\widetilde{B})$.
3. Aus $\widetilde{A} \subseteq \widetilde{B}$ folgt: $\text{hgt}(\widetilde{A}) \leq \text{hgt}(\widetilde{B})$.
4. Reflexivität von $\subseteq$: $\widetilde{A} \subseteq \widetilde{A}$.
5. Transitivität von $\subset$: Aus $\widetilde{A} \subset \widetilde{B}$ und $\widetilde{B} \subset \widetilde{C}$ folgt: $\widetilde{A} \subset \widetilde{C}$.
6. Transitivität von $\subseteq$: Aus $\widetilde{A} \subseteq \widetilde{B}$ und $\widetilde{B} \subseteq \widetilde{C}$ folgt: $\widetilde{A} \subseteq \widetilde{C}$.
7. Antisymmetrie von $\subseteq$: $\widetilde{A} = \widetilde{B}$ gdw. $\widetilde{A} \subseteq \widetilde{B}$ und $\widetilde{B} \subseteq \widetilde{A}$.

(vgl. Satz 2.9).

Beweis:

Es seien $\widetilde{A}$, $\widetilde{B}$ und $\widetilde{C}$ Fuzzy-Mengen über einem gemeinsamen Universum U.

ad 1) Wegen $\mu_{\widetilde{\emptyset}_U}(x) = 0$, $\mu_{\widetilde{\mathfrak{U}}_U}(x) = 1$ und $0 \leq \mu_{\widetilde{A}}(x) \leq 1$ für alle $x \in U$ gilt auch

$$\mu_{\widetilde{\emptyset}_U}(x) \leq \mu_{\widetilde{A}}(x) \leq \mu_{\widetilde{\mathfrak{U}}_U}(x)$$

für alle $x \in U$ und somit die Behauptung.

ad 2) Es sei $\widetilde{A} \subset \widetilde{B}$. Dann gilt

$$\text{hgt}(\widetilde{A}) = \sup_{x \in U} \mu_{\widetilde{A}}(x) < \sup_{x \in U} \mu_{\widetilde{B}}(x) = \text{hgt}(\widetilde{B})$$

wegen $\mu_{\widetilde{A}}(x) < \mu_{\widetilde{B}}(x)$ für alle $x \in U$.

ad 3) Es sei $\widetilde{A} \subseteq \widetilde{B}$. Dann gilt

$$\text{hgt}(\widetilde{A}) = \sup_{x \in U} \mu_{\widetilde{A}}(x) \leq \sup_{x \in U} \mu_{\widetilde{B}}(x) = \text{hgt}(\widetilde{B})$$

wegen $\mu_{\widetilde{A}}(x) \leq \mu_{\widetilde{B}}(x)$ für alle $x \in U$.

ad 4) Trivialerweise gilt $\mu_{\widetilde{A}}(x) \leq \mu_{\widetilde{A}}(x)$ für alle $x \in U$ und somit auch $\widetilde{A} \subseteq \widetilde{A}$.

ad 5) Es sei $\widetilde{A} \subset \widetilde{B}$ und $\widetilde{B} \subset \widetilde{C}$. Dann gilt nach Definition sowohl $\mu_{\widetilde{A}}(x) < \mu_{\widetilde{B}}(x)$ als auch $\mu_{\widetilde{B}}(x) < \mu_{\widetilde{C}}(x)$ für alle $x \in U$. Also gilt für alle $x \in U$ auch $\mu_{\widetilde{A}}(x) < \mu_{\widetilde{C}}(x)$ und somit $\widetilde{A} \subset \widetilde{C}$.

ad 6) Es sei $\widetilde{A} \subseteq \widetilde{B}$ und $\widetilde{B} \subseteq \widetilde{C}$. Dann gilt nach Definition sowohl $\mu_{\widetilde{A}}(x) \leq \mu_{\widetilde{B}}(x)$ als auch $\mu_{\widetilde{B}}(x) \leq \mu_{\widetilde{C}}(x)$ für alle $x \in U$. Also gilt für alle $x \in U$ auch $\mu_{\widetilde{A}}(x) \leq \mu_{\widetilde{C}}(x)$ und somit $\widetilde{A} \subseteq \widetilde{C}$.

ad 7) Es sei $\widetilde{A} = \widetilde{B}$, also $\mu_{\widetilde{A}}(x) = \mu_{\widetilde{B}}(x)$ für alle $x \in U$. Dies ist genau dann der Fall, wenn für alle $x \in U$ auch die Ungleichungen $\mu_{\widetilde{A}}(x) \leq \mu_{\widetilde{B}}(x)$ und $\mu_{\widetilde{A}}(x) \geq \mu_{\widetilde{B}}(x)$ gelten, also sowohl $\widetilde{A} \subseteq \widetilde{B}$ als auch $\widetilde{B} \subseteq \widetilde{A}$ gilt.

Aufgabe 10 (Beweis: Fuzzy-Ähnlichkeit):

Es seien $\widetilde{A}$ und $\widetilde{B}$ Fuzzy-Mengen über den reellen Zahlen mit den Zugehörigkeitsfunktionen

$$\mu_{\widetilde{A}} : \mathbb{R} \to [0,1[\text{ mit } \mu_{\widetilde{A}}(\text{x}) := \begin{cases} 1 - \frac{1}{x} & \text{für } x > 1 \\ 0 & \text{sonst} \end{cases}$$

und

$$\mu_{\widetilde{B}} : \mathbb{R} \to [0,1[\text{ mit } \mu_{\widetilde{B}}(\text{x}) := \begin{cases} 1 - \frac{1}{e^{(x-1)}} & \text{für } x > 1 \\ 0 & \text{sonst} \end{cases}$$

(vgl. Beispiel 2.8.② auf Seite 51). Zeigen Sie, dass die Fuzzy-Mengen $\widetilde{A}$ und $\widetilde{B}$ fuzzy-ähnlich sind.

Beweis:

Wie wir bereits in Beispiel 2.8.② gesehen haben, ist $\widetilde{A}$ eine Fuzzy-Teilmenge von $\widetilde{B}$. Somit gilt

$$\text{cut}_{>\alpha}(1\widetilde{A}) = \text{cut}_{>\alpha}(\widetilde{A}) \subseteq \text{cut}_{>\alpha}(\widetilde{B})$$

für alle $\alpha \in]0,1[$. Wir müssen also nur noch zeigen, dass es zu jedem $\alpha \in]0,1[\subset \mathbb{R}$ eine reelle Zahl $\alpha_{(2,\alpha)} \in]\alpha, 1]$ derart gibt, dass

$$\text{cut}_{>\alpha}(\alpha_{(2,\alpha)}\widetilde{B}) \subseteq \text{cut}_{>\alpha}(\widetilde{A})$$

gilt. Da diese Inklusionsbeziehung wegen $\mu_{\widetilde{A}}(x) = \mu_{\widetilde{B}}(x)$ für alle $x \leq 1$ offensichtlich gilt, genügt es die Zugehörigkeitsfunktionen für $x > 1$ zu betrachten. Da $\mu_{\widetilde{A}}$ und $\mu_{\widetilde{B}}$ streng monoton wachsend sind, erhalten wir mit $\alpha \in]0,1[$ für die scharfen α-Schnitte

$$\text{cut}_{>\alpha}(\widetilde{A}) = \{x \in \mathbb{R} : \text{x} > \mu_{\widetilde{\text{A}}}^{-1}(\alpha)\}$$

und mit $\alpha_{(2,\alpha)} \in]0,1] \subset \mathbb{R}$

$$\text{cut}_{>\alpha}(\alpha_{(2,\alpha)}\widetilde{B}) = \{x \in \mathbb{R} : \text{x} > \mu_{\widetilde{\text{B}}}^{-1}(\frac{\alpha}{\alpha_{(2,\alpha)}})\}$$

nach Lemma 2.13. Wir müssen nun in Abhängigkeit vom α-Niveau einen zulässigen Wert für $\alpha_{(2,\alpha)}$ bestimmen, so dass für alle $\alpha \in]0,1[$

$$\text{cut}_{>\alpha}(\alpha_{(2,\alpha)}\widetilde{B}) \subseteq \text{cut}_{>\alpha}(\widetilde{A})$$

und somit

$$\mu_{\widetilde{A}}^{-1}(\alpha) \leq \mu_{\widetilde{B}}^{-1}(\frac{\alpha}{\alpha_{(2,\alpha)}})$$

gilt. Wir erhalten damit für alle $\alpha \in]0,1[$ die Ungleichung

$$\alpha_{(2,\alpha)} \leq \frac{\alpha}{\mu_{\widetilde{B}}(\mu_{\widetilde{A}}^{-1}(\alpha))},$$

die wegen $\mu_{\widetilde{A}}^{-1}(\alpha) > 1$ und damit $\mu_{\widetilde{B}}(\mu_{\widetilde{A}}^{-1}(\alpha)) > 0$ für alle α definiert ist. Wählen wir nun für alle $\alpha \in]0,1[$ $\alpha_{(2,\alpha)}$ maximal, also

$$\alpha_{(2,\alpha)} := \frac{\alpha}{\mu_{\widetilde{B}}(\mu_{\widetilde{A}}^{-1}(\alpha))},$$

so müssen wir nur noch zeigen, dass

$$\alpha < \alpha_{(2,\alpha)} \leq 1$$

gilt. Wegen $\mu_{\widetilde{B}}(x) < 1$ für alle $x \in \mathbb{R}$ gilt

$$\alpha_{(2,\alpha)} = \frac{\alpha}{\mu_{\widetilde{B}}(\mu_{\widetilde{A}}^{-1}(\alpha))} > \alpha$$

für alle $\alpha \in]0,1[$. Es bleibt also nur noch zu zeigen, dass auch $\alpha_{(2,\alpha)} \leq 1$ für alle $\alpha \in]0,1[$ gilt. Wegen $\mu_{\widetilde{A}}(x) \leq \mu_{\widetilde{B}}(x)$ für alle $x \in \mathbb{R}$ gilt für alle $\alpha \in]0,1[$ auch $\mu_{\widetilde{B}}^{-1}(\alpha) \leq \mu_{\widetilde{A}}^{-1}(\alpha)$ und damit auch $\alpha \leq \mu_{\widetilde{B}}(\mu_{\widetilde{A}}^{-1}(\alpha))$. Somit ist

$$\alpha_{(2,\alpha)} = \frac{\alpha}{\mu_{\widetilde{B}}(\mu_{\widetilde{A}}^{-1}(\alpha))} \leq 1$$

für alle $\alpha \in]0,1[$. Damit ist alles gezeigt. Die Abbildung 1.2.3 zeigt die Fuzzy-Menge $\widetilde{A}$ und in Abhängigkeit vom α-Niveau das entsprechende Vielfache der Fuzzy-Menge $\widetilde{B}$.

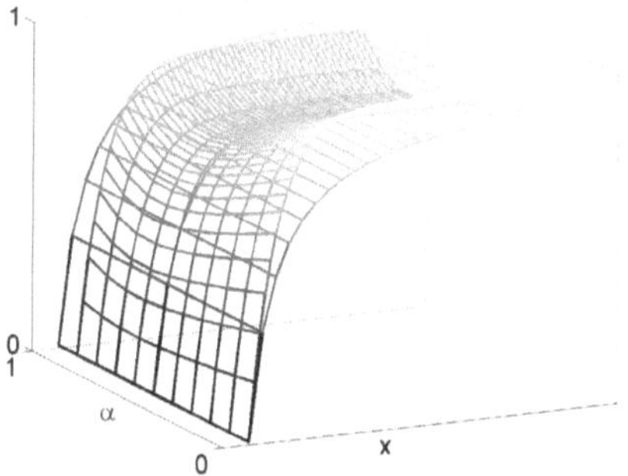

(1.2.3) Abbildung:
α-Niveaus fuzzy-ähnlicher Mengen

A.4 Lösungen zu Kapitel 3

Aufgabe 11 (Linguistische Variablen, Fuzzifizierung):

Kurz vor Semesteranfang werden einem wohnungssuchenden Studenten die folgenden Wohnungen angeboten:

Wohnung	Mietpreis	Größe	Entfernung zur Hochschule
1	102.60 €	18 m^2	1.0 km
2	108.00 €	24 m^2	3.0 km
3	189.00 €	30 m^2	1.7 km
4	222.60 €	42 m^2	2.5 km
5	225.60 €	47 m^2	3.1 km
6	311.10 €	51 m^2	0.5 km

a) Geben Sie für jeden der drei Entscheidungskriterien „Preis", „Größe" und „Entfernung zur Hochschule" eine angemessene Modellierung in Form einer linguistischen Variable (mit jeweils drei Termen) an. Gehen Sie hierbei von einer ortsüblichen Kaltmiete in Höhe zwischen 5.5 € und 6 € aus.

b) Geben Sie auf Basis Ihrer Modellierung für jede Wohnung den Zugehörigkeitsgrad zum jeweiligen Entscheidungskriterium an.

Lösung:

a) Die nachfolgende Modellierung ist nur als Beispiel gedacht.

  i) Linguistische Variable zur Modellierung der Mietpreisbewertung auf Basis des Mietpreises pro Quadratmeter (Visualisierung siehe Abbildung 1.3.1):

$$\mathfrak{l}_M := (\mathfrak{N}(\mathfrak{l}_M), \mathfrak{D}(\mathfrak{l}_M), \mathfrak{T}(\mathfrak{l}_M), \mathfrak{M}(\mathfrak{l}_M), \mathfrak{A}(\mathfrak{l}_M))$$

mit

$$\mathfrak{N}(\mathfrak{l}_M) :=\text{„}Höhe\_der\_Kaltmiete\text{“},$$

$$\mathfrak{D}(\mathfrak{l}_M) :=\mathbb{R}^+,$$

$$\mathfrak{T}(\mathfrak{l}_M) :=\{günstig,\ normal,\ teuer\},$$

$$\mathfrak{M}(\mathfrak{l}_M) :=\{\widetilde{M}_{günstige\_Miete}, \widetilde{M}_{normale\_Miete}, \widetilde{M}_{teure\_Miete}\},$$

$$\widetilde{M}_{günstige\_Miete} := \mathfrak{G}(\{(5,1),(5.5,0)\}),$$

$$\widetilde{M}_{normale\_Miete} := \mathfrak{G}(\{(5,0),(5.5,1),(6,1),(6.5,0)\}),$$

$$\widetilde{M}_{teure\_Miete}\} := \mathfrak{G}(\{(6,0),(6.5,1)\}),$$

$$\mathfrak{A}(\mathfrak{l}_M)) :=\{günstig \longmapsto \widetilde{M}_{günstige\_Miete},$$

$$normal \longmapsto \widetilde{M}_{normale\_Miete},$$

$$teuer \longmapsto \widetilde{M}_{teure\_Miete}\}$$

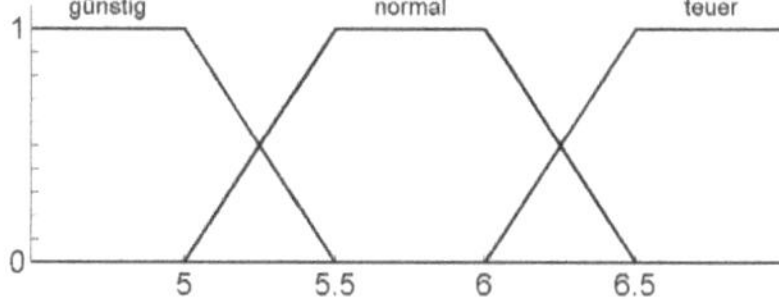

(1.3.1) Abbildung:

Satz von linguistischen Termen für die linguistische Variable „Höhe_der_Kaltmiete“

ii) Linguistische Variable zur Modellierung der Größenbewertung (Visualisierung siehe Abbildung 1.3.2):

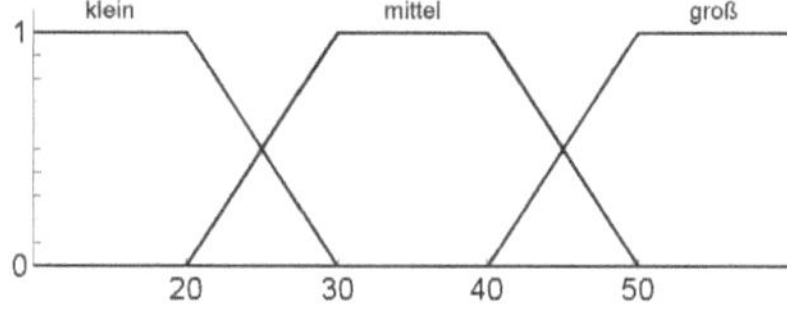

(1.3.2) Abbildung:

Satz von linguistischen Termen für die linguistische Variable „Größe_der_Wohnung“

$$\mathfrak{l}_G := (\mathfrak{N}(\mathfrak{l}_G), \mathfrak{D}(\mathfrak{l}_G), \mathfrak{T}(\mathfrak{l}_G), \mathfrak{M}(\mathfrak{l}_G), \mathfrak{A}(\mathfrak{l}_G))$$

mit

$$\begin{aligned}
\mathfrak{N}(\mathfrak{l}_G) :=& \text{„}Größe_der_Wohnung\text{“},\\
\mathfrak{D}(\mathfrak{l}_G) :=& \mathbb{R}^+,\\
\mathfrak{T}(\mathfrak{l}_G) :=& \{klein,\ mittel,\ groß\},\\
\mathfrak{M}(\mathfrak{l}_G) :=& \{\widetilde{M}_{kleine_Wohnung}, \widetilde{M}_{mittlere_Wohnung}, \widetilde{M}_{große_Wohnung}\},\\
& \widetilde{M}_{kleine_Wohnung} := \mathfrak{G}(\{(20,1),(30,0)\}),\\
& \widetilde{M}_{mittlere_Wohnung} := \mathfrak{G}(\{(20,0),(30,1),(40,1),(50,0)\}),\\
& \widetilde{M}_{große_Wohnung}\} := \mathfrak{G}(\{(40,0),(50,1)\}),\\
\mathfrak{A}(\mathfrak{l}_G)) :=& \{klein \longmapsto \widetilde{M}_{kleine_Wohnung},\\
& mittel \longmapsto \widetilde{M}_{mittlere_Wohnung},\\
& groß \longmapsto \widetilde{M}_{große_Wohnung}\}
\end{aligned}$$

iii) Linguistische Variable zur Modellierung der Entfernungsbewertung (Visualisierung siehe Abbildung 1.3.3):

$$\mathfrak{l}_E := (\mathfrak{N}(\mathfrak{l}_E), \mathfrak{D}(\mathfrak{l}_E), \mathfrak{T}(\mathfrak{l}_E), \mathfrak{M}(\mathfrak{l}_E), \mathfrak{A}(\mathfrak{l}_E))$$

mit

$$\begin{aligned}
\mathfrak{N}(\mathfrak{l}_E) :=& \text{„}Entfernung_zur_Hochschule\text{“},\\
\mathfrak{D}(\mathfrak{l}_E) :=& \mathbb{R}^+,\\
\mathfrak{T}(\mathfrak{l}_E) :=& \{klein,\ mittel,\ groß\},\\
\mathfrak{M}(\mathfrak{l}_E) :=& \{\widetilde{M}_{kleine_Entfernung}, \widetilde{M}_{mittlere_Entfernung}, \widetilde{M}_{große_Entfernung}\},\\
& \widetilde{M}_{kleine_Entfernung} := \mathfrak{G}(\{(1,1),(2,0)\}),\\
& \widetilde{M}_{mittlere_Entfernung} := \mathfrak{G}(\{(1,0),(2,1),(3,1),(4,0)\}),\\
& \widetilde{M}_{große_Wohnung}\} := \mathfrak{G}(\{(3,0),(4,1)\}),\\
\mathfrak{A}(\mathfrak{l}_E)) :=& \{klein \longmapsto \widetilde{M}_{kleine_Entfernung},\\
& mittel \longmapsto \widetilde{M}_{mittlere_Entfernung},\\
& groß \longmapsto \widetilde{M}_{große_Entfernung}\}
\end{aligned}$$

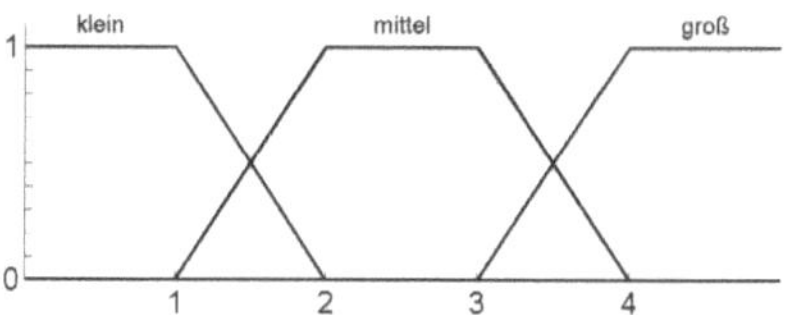

(1.3.3) Abbildung:
Satz von linguistischen Termen für die linguistische Variable „Entfernung_zur_Hochschule"

b) Zunächst berechnen wir zur Ermittlung der Zugehörigkeitsgrade der einzelnen Wohnungen zum Bewertungskriterium „Mietpreis" den Quadratmeterpreis pro Wohnung und erhalten damit folgende Zugehörigkeitsgrade:

WNr	Preis pro m^2	$\mu_{\widetilde{M}_{günstige\_Miete}}$	$\mu_{\widetilde{M}_{normale\_Miete}}$	$\mu_{\widetilde{M}_{teure\_Miete}}$
1	5.7 €	0	1	0
2	4.5 €	1	0	0
3	6.3 €	0	0.4	0.6
4	5.3 €	0.4	0.6	0
5	4.8 €	1	0	0
6	6.1 €	0	0.8	0.2

Als Zugehörigkeitsgrade zum Entscheidungskriterium „Wohnungsgröße" erhalten wir

WNr	Größe	$\mu_{\widetilde{M}_{kleine\_Wohnung}}$	$\mu_{\widetilde{M}_{mittlere\_Wohnung}}$	$\mu_{\widetilde{M}_{große\_Wohnung}}$
1	18 m^2	1	0	0
2	24 m^2	0.6	0.4	0
3	30 m^2	0	1	0
4	42 m^2	0	0.8	0.2
5	47 m^2	0	0.3	0.7
6	51 m^2	0	0	1

und zum Entscheidungskriterium „Entfernung"

WNr	Entfernung	$\mu_{\widetilde{M}_{kleine\_Entfernung}}$	$\mu_{\widetilde{M}_{mittlere\_Entfernung}}$	$\mu_{\widetilde{M}_{große\_Entfernung}}$
1	1 *km*	1	0	0
2	3 *km*	0	1	0
3	1.7 *km*	0.3	0.7	0
4	2.5 *km*	0	1	0
5	3.1 *km*	0	0.9	0.1
6	0.5 *km*	1	0	0

Aufgabe 12 (Modifikatoren):

Es sei

$$\widetilde{A} := \{(0,0),(2,1),(6,1),(10,0)\}$$

eine Fuzzy-Menge über den reellen Zahlen Bestimmen und visualisieren Sie

(a) zur Fuzzy-Menge $\widetilde{A}$ die generelle Fuzzy-Menge $\mathfrak{G}(\widetilde{A})$,

(b) zur Fuzzy-Menge $\mathfrak{G}(\widetilde{A})$ die 2-Konzentration, 2-Dilatation und 2-Kontrast-Intensivierung.

Lösung:

(a) Nach Definition 1.6 gilt für die Zugehörigkeitsfunktion $\mu_{\mathfrak{G}(\widetilde{A})}$:

$$\mu_{\mathfrak{G}(\widetilde{A})}(x) = \begin{cases} \frac{1-0}{2-0}(x-0)+0 & \text{für } x \in [0,2[\\ \frac{1-1}{6-2}(x-2)+1 & \text{für } x \in [2,6[\\ \frac{0-1}{10-6}(x-6)+1 & \text{für } x \in [6,10[\\ 0 & \text{sonst} \end{cases}$$

$$= \begin{cases} \frac{1}{2}x & \text{für } x \in [0,2[\\ 1 & \text{für } x \in [2,6[\\ -\frac{1}{4}x+\frac{5}{2} & \text{für } x \in [6,10[\\ 0 & \text{sonst.} \end{cases}$$

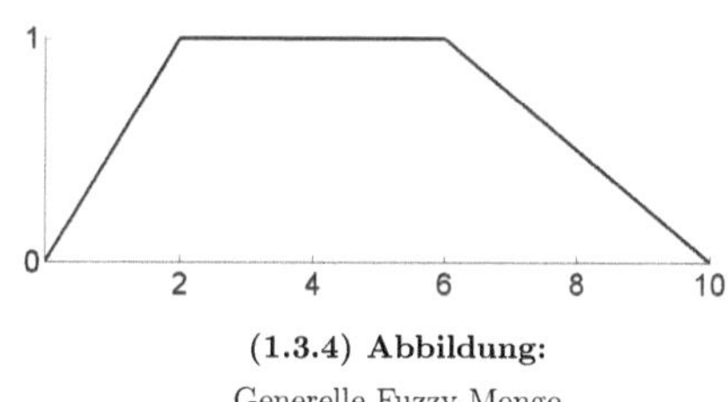

(1.3.4) Abbildung:
Generelle Fuzzy-Menge

(b) i) $\underset{\text{Con}_2}{\Xi}(\mathfrak{G}(\widetilde{A})) = \{(x, (\mu_{\mathfrak{G}(\widetilde{A})}(x))^2) : x \in \mathbb{R}\}$ mit

$$(\mu_{\mathfrak{G}(\widetilde{A})}(x))^2 = \begin{cases} \frac{1}{4}x^2 & \text{für } x \in [0,2[\\ 1 & \text{für } x \in [2,6[\\ \frac{1}{16}x^2 - \frac{5}{4}x + \frac{25}{4} & \text{für } x \in [6,10[\\ 0 & \text{sonst.} \end{cases}$$

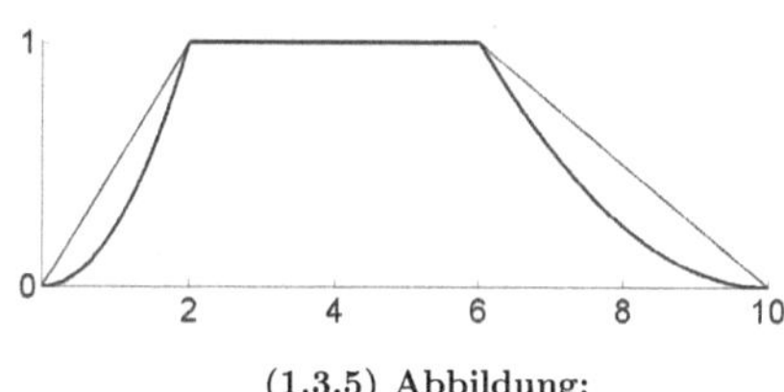

(1.3.5) Abbildung:
Konzentration

ii) $\underset{\text{Dil}_2}{\Xi}(\mathfrak{G}(\widetilde{A})) = \{(x, \sqrt{\mu_{\mathfrak{G}(\widetilde{A})}(x)}) : x \in \mathbb{R}\}$ mit

$$\sqrt{\mu_{\mathfrak{G}(\widetilde{A})}(x)} = \begin{cases} \sqrt{\frac{x}{2}} & \text{für } x \in [0,2[\\ 1 & \text{für } x \in [2,6[\\ \sqrt{-\frac{x}{4} + \frac{5}{2}} & \text{für } x \in [6,10[\\ 0 & \text{sonst.} \end{cases}$$

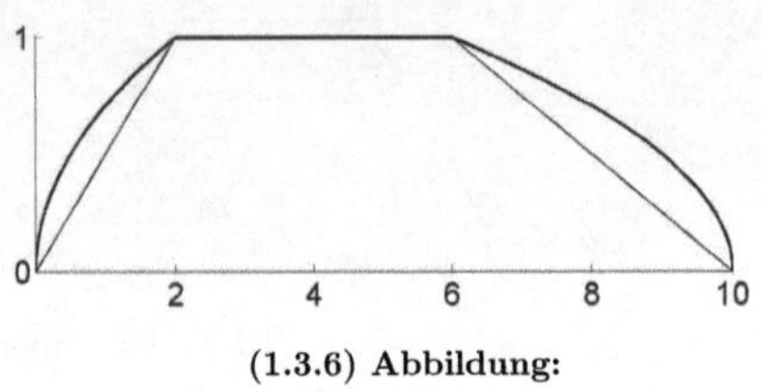

(1.3.6) Abbildung:
Dilatation

iii) $\underset{\text{Int}_2}{\Xi}(\mathfrak{G}(\widetilde{A})) = \{(x, \underset{\text{Int}_2}{\Xi}(\mu_{\mathfrak{G}(\widetilde{A})}(x))) : x \in \mathbb{R}\}$ mit

$$\underset{\text{Int}_2}{\Xi}(\mu_{\mathfrak{G}(\widetilde{A})}(x)) = \begin{cases} 2(\mu_{\mathfrak{G}(\widetilde{A})}(x))^2 & \text{für } \mu_{\mathfrak{G}(\widetilde{A})}(x) \in [0, 0.5] \\ 1 - 2(1 - \mu_{\mathfrak{G}(\widetilde{A})}(x))^2 & \text{für } \mu_{\mathfrak{G}(\widetilde{A})}(x) \in]0.5, 1]. \end{cases}$$

Damit erhalten wir zunächst

$$\underset{\text{Int}_2}{\Xi}(\mu_{\mathfrak{G}(\widetilde{A})}(x)) = \begin{cases} 2(\frac{1}{2}x)^2 & \text{für } x \in [0, 1] \\ 1 - 2(1 - \frac{1}{2}x)^2 & \text{für } x \in]1, 2[\\ 1 - 2(1 - 1)^2 & \text{für } x \in [2, 6[\\ 1 - 2(1 - (-\frac{1}{4}x + \frac{5}{2}))^2 & \text{für } x \in [6, 8[\\ 2(-\frac{1}{4}x + \frac{5}{2})^2 & \text{für } x \in [8, 10[\\ 2 \cdot 0 & \text{sonst} \end{cases}$$

und schließlich

$$\underset{\text{Int}_2}{\Xi}(\mu_{\mathfrak{G}(\widetilde{A})}(x)) = \begin{cases} \frac{1}{2}x^2 & \text{für } x \in [0, 1] \\ -\frac{1}{2}x^2 + 2x - 1 & \text{für } x \in]1, 2[\\ 1 & \text{für } x \in [2, 6[\\ -\frac{1}{8}x^2 + \frac{3}{2}x - \frac{7}{2} & \text{für } x \in [6, 8[\\ \frac{1}{8}x^2 - \frac{5}{2}x + \frac{25}{2} & \text{für } x \in [8, 10[\\ 0 & \text{sonst.} \end{cases}$$

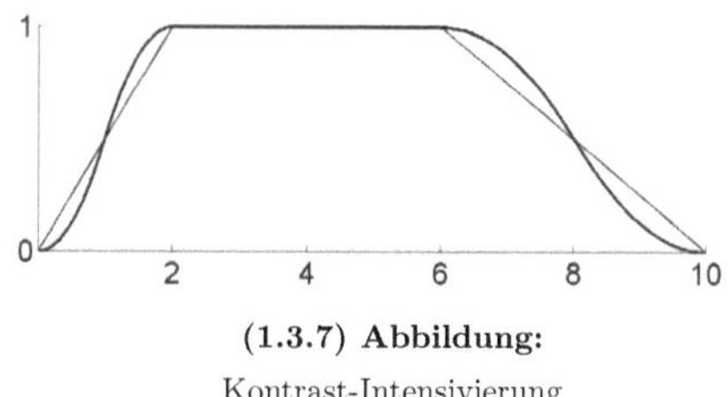

(1.3.7) Abbildung:
Kontrast-Intensivierung

A.5 Lösungen zu Kapitel 4

Aufgabe 13 (Beweis: Involution):

Es sei $\underset{s}{\neg} : [0,1] \to [0,1]$ mit $\underset{s}{\neg}(x) := 1 - x$. Beweisen Sie, dass $\underset{s}{\neg}$ eine Involution ist (vgl. Satz 4.6).

Beweis:

Wegen $\underset{s}{\neg}(0) = 1 - 0 = 1$ und $\underset{s}{\neg}(1) = 1 - 1 = 0$ ist $\underset{s}{\neg}$ eine Negation. Sind nun $a, b \in \mathbb{R}$ mit $a < b$, dann gilt zunächst $1 - a > 1 - b$ und somit $\underset{s}{\neg}(b) < \underset{s}{\neg}(a)$. Also ist $\underset{s}{\neg}$ eine strikte Negation. Da ferner für alle $a \in \mathbb{R}$ auch

$$\underset{s}{\neg}(\underset{s}{\neg}(a)) = 1 - \underset{s}{\neg}(a) = 1 - (1 - a) = a$$

gilt, ist $\underset{s}{\neg}$ eine Involution.

Aufgabe 14 (Komplementärmengen):

Es seien $\widetilde{A} := \{(x, \mu_{\widetilde{A}}(x)) : x \in \mathbb{R} \cap [0, 230]\}$ mit

$$\mu_{\widetilde{A}}(x) := \begin{cases} 0 & \text{für } x \in [0, 180[\\ \frac{1}{20}(x - 180) & \text{für } x \in [180, 200[\\ 1 & \text{für } x \in [200, 230] \end{cases}$$

(eine mögliche Modellierung für „eine sehr große Person“) und

$\widetilde{B} := \{(x, \mu_{\widetilde{B}}(x)) : x \in \mathbb{R}\}$ mit

$$\mu_{\widetilde{B}}(x) := \begin{cases} 2(x-1.5) & \text{für } x \in [1.5, 2[\\ 1 & \text{für } x \in [2, 4[\\ 1-2(x-4) & \text{für } x \in [4, 4.5[\\ 0 & \text{sonst} \end{cases}$$

(eine mögliche Modellierung für „eine reelle Zahl ungefähr zwischen 2 und 4“) Fuzzy-Mengen über den reellen Zahlen (vgl. Lösungen zu den Aufgaben 3 und 4). Bestimmen und visualisieren Sie jeweils

(a) die Standard-Komplementärmengen $\underset{s}{\neg}\widetilde{A}$ und $\underset{s}{\neg}\widetilde{B}$.

(b) die $\underset{\text{Sug}_5}{\neg}$ - Komplementärmenge.

Lösung:

(a) Die Standard-Komplementärmenge zu $\widetilde{A}$ ist

$$\underset{s}{\neg}\widetilde{A} := \{(x, \underset{s}{\neg}(\mu_{\widetilde{A}}(x))) : x \in \mathbb{R} \cap [0, 230]\}$$

mit

$$\underset{s}{\neg}(\mu_{\widetilde{A}}(x)) = 1 - \mu_{\widetilde{A}}(x) = \begin{cases} 1 & \text{für } x \in [0, 180[\\ -\frac{1}{20}(x-200) & \text{für } x \in [180, 200[\\ 0 & \text{für } x \in [200, 230]. \end{cases}$$

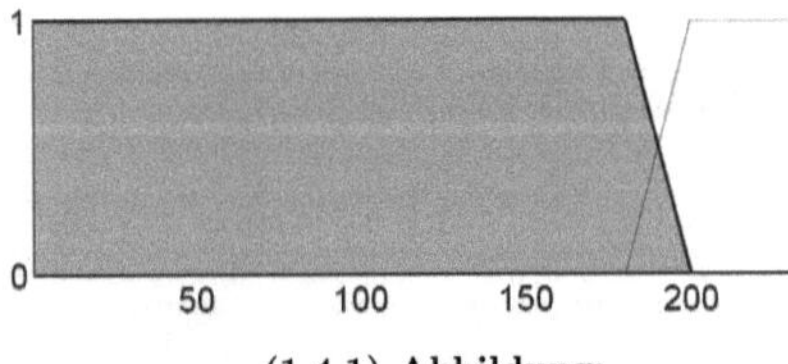

(1.4.1) Abbildung:
Standard-Komplementärmenge

Die Standard-Komplementärmenge zu $\widetilde{B}$ ist

$$\underset{s}{\neg}\widetilde{B} := \{(x, \underset{s}{\neg}(\mu_{\widetilde{B}}(x))) : x \in \mathbb{R}\}$$

mit

$$\underset{\text{S}}{\neg}(\mu_{\widetilde{B}}(x)) = 1 - \mu_{\widetilde{B}}(x) = \begin{cases} -2(x-2) & \text{für } x \in [1.5, 2[\\ 0 & \text{für } x \in [2, 4[\\ 2(x-4) & \text{für } x \in [4, 4.5[\\ 1 & \text{sonst.} \end{cases}$$

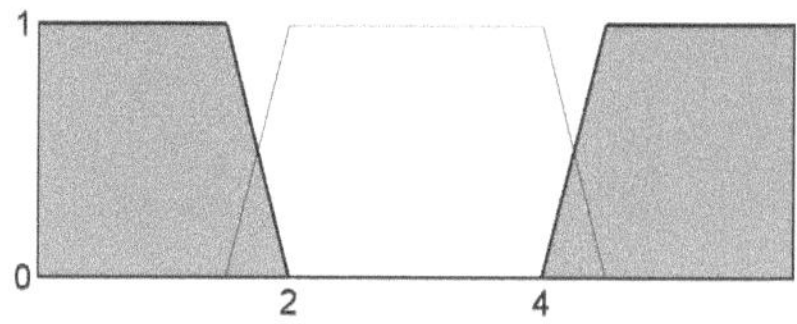

(1.4.2) Abbildung:
Standard-Komplementärmenge

(b) Die $\underset{\text{Sug}_5}{\neg}$-Komplementärmenge zu $\widetilde{A}$ ist

$$\underset{\text{Sug}_5}{\neg}\widetilde{A} := \{(x, \underset{\text{Sug}_5}{\neg}(\mu_{\widetilde{A}}(x))) : x \in \mathbb{R} \cap [0, 230]\}$$

mit

$$\underset{\text{Sug}_5}{\neg}(\mu_{\widetilde{A}}(x)) = \frac{1 - \mu_{\widetilde{A}}(x)}{1 + 5\mu_{\widetilde{A}}(x)} = \begin{cases} 1 & \text{für } x \in [0, 180[\\ -\frac{x-200}{5(x-176)} & \text{für } x \in [180, 200[\\ 0 & \text{für } x \in [200, 230]. \end{cases}$$

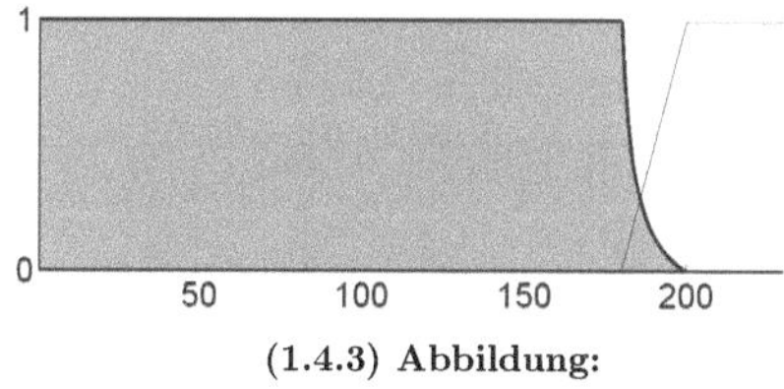

(1.4.3) Abbildung:
$\underset{\text{Sug}_5}{\neg}$-Komplementärmenge

Die $\underset{\text{Sug}_5}{\neg}$-Komplementärmenge zu $\widetilde{B}$ ist

$$\underset{\text{Sug}_5}{\neg}\widetilde{B} := \{(x, \underset{\text{Sug}_5}{\neg}(\mu_{\widetilde{B}}(x))) : x \in \mathbb{R}\}$$

mit

$$\underset{\text{Sug}_5}{\neg}(\mu_{\widetilde{B}}(x)) = \frac{1-\mu_{\widetilde{B}}(x)}{1+5\mu_{\widetilde{B}}(x)} = \begin{cases} -\frac{x-2}{5x-7} & \text{für } x \in [1.5, 2[\\ 0 & \text{für } x \in [2, 4[\\ \frac{x-2}{-5x+23} & \text{für } x \in [4, 4.5[\\ 1 & \text{sonst.} \end{cases}$$

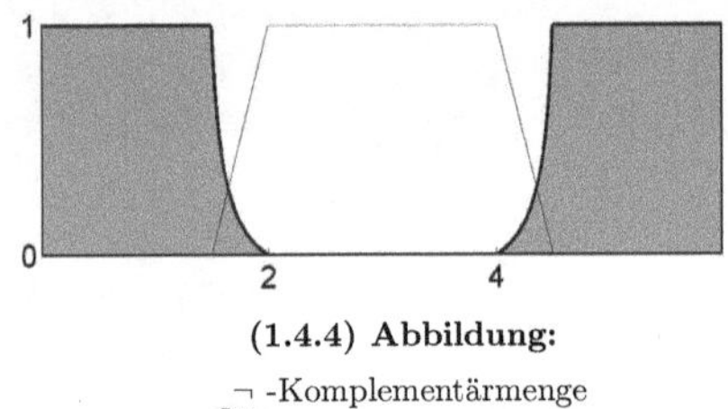

(1.4.4) Abbildung:

$\underset{\text{Sug}_5}{\neg}$-Komplementärmenge

Aufgabe 15 (Beweis: Eigenschaften von T- und S-Normen):

Es sei $\sqcap$ eine T-Norm und $\sqcup$ eine S-Norm. Zeigen Sie, dass dann

1. $\sqcap(1, a) = \sqcap(a, 1) = a$,
2. $\sqcup(1, a) = \sqcup(a, 1) = 1$,
3. $\sqcap(0, a) = \sqcap(a, 0) = 0$,
4. $\sqcup(0, a) = \sqcup(a, 0) = a$,
5. $\sqcap(a, c) \leq \sqcap(b, d)$, falls $a \leq b$ und $c \leq d$,
6. $\sqcup(a, c) \leq \sqcup(b, d)$, falls $a \leq b$ und $c \leq d$

für alle $a, b, c, d \in [0, 1]$ gilt (vgl. Satz 4.11).

Beweis:

Es sei $\sqcap$ eine T-Norm und $\sqcup$ eine S-Norm.

ad 1) Nach Definition gilt $\sqcap(a, 1) = a$ für alle $a \in [0, 1]$ und wegen der Kommutativität daher auch $\sqcap(1, a) = a$ für alle $a \in [0, 1]$.

ad 2) Es sei $a \in [0,1]$. Dann gilt wegen $a \geq 0$ aufgrund der Monotonie auch $\sqcup(1,a) \geq \sqcup(1,0) = 1$. Da aber $\sqcup$ eine binäre Operation im reellen Intervall [0,1] ist, gilt zunächst $\sqcup(1,a) = 1$ und somit aufgrund der Kommutativität $\sqcup(1,a) = \sqcup(a,1) = 1$.

ad 3) Es sei $a \in [0,1]$. Dann gilt wegen $a \leq 1$ aufgrund der Monotonie auch $\sqcap(a,0) \leq \sqcap(1,0) = 0$. Da aber $\sqcap$ eine binäre Operation im reellen Intervall [0,1] ist, gilt zunächst $\sqcap(a,0) = 0$ und somit aufgrund der Kommutativität $\sqcap(0,a) = \sqcap(a,0) = 0$.

ad 4) Nach Definition gilt $\sqcup(a,0) = a$ für alle $a \in [0,1]$ und wegen der Kommutativität daher auch $\sqcup(0,a) = a$ für alle $a \in [0,1]$.

ad 5) Es seien $a, b, c, d \in [0,1]$ mit $a \leq b$ und $c \leq d$. Dann gilt aufgrund der Monotonie sowohl $\sqcap(a,c) \leq \sqcap(a,d)$ als auch $\sqcap(d,a) \leq \sqcap(d,b)$. Wegen der Kommutativität gilt daher $\sqcap(a,d) = \sqcap(d,a) \leq \sqcap(d,b) = \sqcap(b,d)$ und somit insgesamt $\sqcap(a,c) \leq \sqcap(b,d)$.

ad 6) Es seien $a, b, c, d \in [0,1]$ mit $a \leq b$ und $c \leq d$. Dann gilt aufgrund der Monotonie sowohl $\sqcup(a,c) \leq \sqcup(a,d)$ als auch $\sqcup(d,a) \leq \sqcup(d,b)$. Wegen der Kommutativität gilt daher $\sqcup(a,d) = \sqcup(d,a) \leq \sqcup(d,b) = \sqcup(b,d)$ und somit insgesamt $\sqcup(a,c) \leq \sqcup(b,d)$.

Aufgabe 16 (Beweis: T-Normen):

Es seien

1. $\underset{\text{min}}{\sqcap}(x,y) := \min(x,y)$ (Minimum-Operator)
2. $\underset{\text{ap}}{\sqcap}(x,y) := xy$ (Algebraisches Produkt)
3. $\underset{\text{ep}}{\sqcap}(x,y) := \frac{xy}{1+(1-x)(1-y)} = \frac{xy}{2-x-y+xy}$ (Einstein-Produkt)

mit $x, y \in [0,1]$ (vgl. Satz 4.14). Zeigen Sie, dass $\underset{\text{min}}{\sqcap}, \underset{\text{ap}}{\sqcap}$ und $\underset{\text{ep}}{\sqcap}$ T-Normen sind.

Beweis:

Offensichtlich sind alle hier angegebenen Operationen binäre Operationen im reellen Intervall $[0, 1]$. Wir müssen also nach Definition nur noch zeigen, dass diese Operationen einsneutral, kommutativ, assoziativ und im zweiten Argument monoton steigend sind.

ad 1) Wegen

$$\underset{\min}{\sqcap}(a, 1) = \min(a, 1) = a$$

für alle $a \in [0, 1]$ ist $\underset{\min}{\sqcap}$ einsneutral und wegen

$$\underset{\min}{\sqcap}(a, b) = \min(a, b) = \min(b, a) = \underset{\min}{\sqcap}(b, a)$$

für alle $a, b \in [0, 1]$ kommutativ. Ferner gilt

$$\begin{aligned}\underset{\min}{\sqcap}(a, \underset{\min}{\sqcap}(b, c)) &= \min(a, \underset{\min}{\sqcap}(b, c)) = \min(a, \min(b, c)) \\ &= \min(\min(a, b), c) = \min(\underset{\min}{\sqcap}(a, b), c) \\ &= \underset{\min}{\sqcap}(\underset{\min}{\sqcap}(a, b), c)\end{aligned}$$

für alle $a, b, c \in [0, 1]$ und somit ist $\underset{\min}{\sqcap}$ assoziativ. Da ferner für alle $a, b, d \in [0, 1]$ mit $b \leq d$

$$\underset{\min}{\sqcap}(a, b) = \min(a, b) \leq \min(a, d) = \underset{\min}{\sqcap}(a, d)$$

gilt, ist $\underset{\min}{\sqcap}$ auch monoton steigend im zweiten Argument.

ad 2) Wegen

$$\underset{\mathrm{ap}}{\sqcap}(a, 1) = a1 = a$$

für alle $a \in [0, 1]$ ist $\underset{\mathrm{ap}}{\sqcap}$ einsneutral und wegen

$$\underset{\mathrm{ap}}{\sqcap}(a, b) = ab = ba = \underset{\mathrm{ap}}{\sqcap}(b, a)$$

für alle $a, b \in [0, 1]$ kommutativ. Ferner gilt

$$\begin{aligned}\underset{\mathrm{ap}}{\sqcap}(a, \underset{\mathrm{ap}}{\sqcap}(b, c)) &= a \underset{\mathrm{ap}}{\sqcap}(b, c) = abc = \underset{\mathrm{ap}}{\sqcap}(a, b)c \\ &= \underset{\mathrm{ap}}{\sqcap}(\underset{\mathrm{ap}}{\sqcap}(a, b), c)\end{aligned}$$

für alle $a, b, c \in [0,1]$ und somit ist $\underset{\text{ap}}{\sqcap}$ assoziativ. Da ferner für alle $a, b, d \in [0,1]$ mit $b \le d$

$$\underset{\text{ap}}{\sqcap}(a,b) = ab \le ad = \underset{\text{ap}}{\sqcap}(a,d)$$

gilt, ist $\underset{\text{ap}}{\sqcap}$ auch monoton steigend im zweiten Argument.

ad 3) Wegen

$$\underset{\text{ep}}{\sqcap}(a,1) = \frac{a1}{2-a-1+a} = a$$

für alle $a \in [0,1]$ ist $\underset{\text{ep}}{\sqcap}$ einsneutral und wegen

$$\underset{\text{ep}}{\sqcap}(a,b) = \frac{ab}{2-a-b+ab} = \frac{ba}{2-b-a+ba} = \underset{\text{ep}}{\sqcap}(b,a)$$

für alle $a, b \in [0,1]$ kommutativ. Ferner gilt

$$\begin{aligned}
\underset{\text{ep}}{\sqcap}(a,\underset{\text{ep}}{\sqcap}(b,c)) &= \frac{a \underset{\text{ep}}{\sqcap}(b,c)}{2-a+\underset{\text{ep}}{\sqcap}(b,c)(a-1)} \\
&= \frac{a(bc)}{(2-a+\frac{bc}{2-b-c+bc}(a-1))(2-b-c+bc)} \\
&= \frac{abc}{4-2b-2c+2bc-2a+ab+ac-abc+bca-bc} \\
&= \frac{abc}{4-2b-2c-2a+bc+ab+ac} \\
&= \frac{abc}{4-2a-2b+2ab-2c+ac+bc-cab+abc-ab} \\
&= \frac{(ab)c}{(2-c+\frac{ab}{2-a-b+ab}(c-1))(2-a-b+ab)} \\
&= \frac{\underset{\text{ep}}{\sqcap}(a,b)c}{2-c+\underset{\text{ep}}{\sqcap}(a,b)(c-1)} \\
&= \underset{\text{ep}}{\sqcap}(\underset{\text{ep}}{\sqcap}(a,b),c)
\end{aligned}$$

für alle $a, b, c \in [0,1]$ und somit ist $\underset{\text{ep}}{\sqcap}$ assoziativ. Wir zeigen nun, dass $\underset{\text{ep}}{\sqcap}$ auch monoton steigend ist. Gilt $b = 0$, dann gilt trivialerweise auch $0 = \underset{\text{ep}}{\sqcap}(a,b) \le \underset{\text{ep}}{\sqcap}(a,d)$. Gilt $d = 0$, dann folgt wegen $0 \le b \le d = 0$ sofort $b = 0$ und somit gilt ebenfalls $0 = \underset{\text{ep}}{\sqcap}(a,b) \leq \underset{\text{ep}}{\sqcap}(a,d)$. Ferner gilt

$$\begin{aligned}\underset{\text{ep}}{\sqcap}(a,b) &= \frac{ab}{2-a-b+ab} = \frac{a}{\frac{2-a}{b}-1+a} \\ &\leq \frac{a}{\frac{2-a}{d}-1+a} = \frac{ad}{2-a-d+ad} = \underset{\text{ep}}{\sqcap}(a,d)\end{aligned}$$

für alle $a, b, d \in [0,1]$ mit $0 < b \leq d$. Also ist $\underset{\text{ep}}{\sqcap}$ auch monoton steigend im zweiten Argument.

Aufgabe 17 (Beweis: induzierte T-Norm):

Es sei $\neg$ eine strikte Negation und $\sqcup$ eine S-Norm. Ferner seien $a, b \in [0,1]$. Zeigen Sie, dass dann

$$\sqcap_{(S,\neg)}(a,b) := \neg^{-1}(\sqcup(\neg(a), \neg(b)))$$

eine T-Norm ist (vgl. Satz 4.15).

Beweis:

Sei also $\sqcup$ eine S-Norm. Offensichtlich ist die Funktion $\sqcap_{(S,\neg)}$ eine binäre Operation im reellen Einheitsintervall. Wir müssen also nur im Einzelnen nachprüfen, ob diese Operation einsneutral, kommutativ, assoziativ und im zweiten Argument monoton steigend ist. Wegen

$$\begin{aligned}\sqcap_{(S,\neg)}(\sqcap_{(S,\neg)}(a,b),c) &\underset{Def.}{=} \neg^{-1}(\sqcup(\neg(\sqcap_{(S,\neg)}(a,b)), \neg(c))) \\ &\underset{Def.}{=} \neg^{-1}(\sqcup(\neg(\neg^{-1}(\sqcup(\neg(a), \neg(b)))), \neg(c))) \\ &= \neg^{-1}(\sqcup(\sqcup(\neg(a), \neg(b)), \neg(c))) \\ &\underset{Ass.}{=} \neg^{-1}(\sqcup(\neg(a), \sqcup(\neg(b), \neg(c)))) \\ &= \neg^{-1}(\sqcup(\neg(a), \neg(\neg^{-1}(\sqcup(\neg(b), \neg(c)))))) \\ &\underset{Def.}{=} \neg^{-1}(\sqcup(\neg(a), \neg(\sqcap_{(S,\neg)}(b,c)))) \\ &\underset{Def.}{=} \sqcup(a, \sqcap_{(S,\neg)}(b,c))\end{aligned}$$

für alle $a, b, c \in [0,1]$ ist $\sqcap_{(S,\neg)}$ assoziativ und wegen

$$\begin{aligned}\sqcap_{(S,\neg)}(a,b) &\underset{Def.}{=} \neg^{-1}(\sqcup(\neg(a),\neg(b))) \\ &\underset{Kom.}{=} \neg^{-1}(\sqcup(\neg(b),\neg(a))) \\ &\underset{Def.}{=} \sqcap_{(S,\neg)}(b,a)\end{aligned}$$

für alle $a, b \in [0,1]$ ist $\sqcap_{(S,\neg)}$ kommutativ. Ferner gilt

$$\begin{aligned}\sqcap_{(S,\neg)}(a,1) &\underset{Def.}{=} \neg^{-1}(\sqcup(\neg(a),\neg(1))) \\ &\underset{\neg(1)=0}{=} \neg^{-1}(\sqcap_{(S,\neg)}(\neg(a),0) \\ &\underset{Def.}{=} \neg^{-1}(\neg(a)) = a\end{aligned}$$

für alle $a \in [0,1]$ und somit ist $\sqcap_{(S,\neg)}$ einsneutral. Da $\neg$ eine strikte Negation ist, gilt zunächst

$$\neg(b) > \neg(d)$$

für alle $b, d \in [0,1]$ mit $b < d$ und somit

$$\sqcup(\neg(a),\neg(b)) \geq \sqcup(\neg(a),\neg(d))$$

für alle $a, b, d \in [0,1]$ mit $b < d$. Daher gilt aufgrund der Striktheit von $\neg$ auch

$$\begin{aligned}\sqcap_{(S,\neg)}(a,b) &= \neg^{-1}(\sqcup(\neg(a),\neg(b))) \\ &\leq \neg^{-1}(\sqcup(\neg(a),\neg(d))) = \sqcap_{(S,\neg)}(a,d)\end{aligned}$$

für alle $a, b, d \in [0,1]$ mit $b < d$ und somit ist $\sqcap_{(S,\neg)}$ monoton steigend im zweiten Argument.

Aufgabe 18 (Beweis: S-Normen):

Es sei

1. $\underset{as}{\sqcup}(x,y) := \underset{as\,(\underset{ap}{\sqcap},\underset{S}{\neg})}{\sqcup}(x,y) = x + y - xy$ (Algebraische Summe)
2. $\underset{es}{\sqcup}(x,y) := \underset{es\,(\underset{ep}{\sqcap},\underset{S}{\neg})}{\sqcup}(x,y) = \frac{x+y}{1+xy}$ (Einstein-Summe)

3. $\underset{\text{bs}}{\sqcup}(x,y) := \underset{\text{bs}(\underset{\text{bd}}{\sqcap},\underset{\text{S}}{\neg})}{\sqcup}(x,y)$ (Gebundene Summe)
$= \min(1, x+y)$

4. $\underset{\text{hs}}{\sqcup}(x,y) := \underset{\text{hs}(\underset{\text{hp}}{\sqcap},\underset{\text{S}}{\neg})}{\sqcup}(x,y)$ (Hamacher-Summe)
$$= \begin{cases} 1 & \text{falls } x = y = 1 \\ \frac{x+y-2xy}{1-xy} & \text{sonst} \end{cases}$$

mit $x, y \in [0,1]$ (vgl. Satz 4.17). Zeigen Sie, dass $\underset{\text{as}}{\sqcup}, \underset{\text{es}}{\sqcup}, \underset{\text{bs}}{\sqcup}$ und $\underset{\text{hs}}{\sqcup}$ S-Normen sind.

Beweis:

Nach Satz 4.15 sind die angegebenen Operationen Conormen und somit auch S-Normen. Wir müssen also nur noch die konkrete Operationsvorschrift nachrechnen. Sei also $\underset{\text{S}}{\neg}$ die Standard-Negation.

ad 1) Es seien $a, b \in [0,1]$. Dann gilt
$$\begin{aligned}\underset{\text{as}}{\sqcup}(a,b) &= \underset{\text{as}(\underset{\text{ap}}{\sqcap},\underset{\text{S}}{\neg})}{\sqcup}(a,b) = \underset{\text{S}}{\neg}^{-1}(\underset{\text{ap}}{\sqcap}(\underset{\text{S}}{\neg}(a),\underset{\text{S}}{\neg}(b)))\\ &= 1-(1-a)(1-b) = 1-(1-b-a+ab)\\ &= 1-1+b+a-ab\\ &= a+b-ab.\end{aligned}$$

ad 2) Es seien $a, b \in [0,1]$. Dann gilt
$$\begin{aligned}\underset{\text{es}}{\sqcup}(a,b) &= \underset{\text{es}(\underset{\text{ep}}{\sqcap},\underset{\text{S}}{\neg})}{\sqcup}(a,b) = \underset{\text{S}}{\neg}^{-1}(\underset{\text{ep}}{\sqcap}(\underset{\text{S}}{\neg}(a),\underset{\text{S}}{\neg}(b)))\\ &= 1-\frac{(1-a)(1-b)}{1+(1-(1-a))(1-(1-b))}\\ &= 1-\frac{1-b-a+ab}{1+ab} = \frac{a+b}{1+ab}.\end{aligned}$$

ad 3) Es seien $a, b \in [0,1]$. Dann gilt
$$\begin{aligned}\underset{\text{bs}}{\sqcup}(a,b) &= \underset{\text{bs}(\underset{\text{bd}}{\sqcap},\underset{\text{S}}{\neg})}{\sqcup}(a,b) = \underset{\text{S}}{\neg}^{-1}(\underset{\text{bd}}{\sqcap}(\underset{\text{S}}{\neg}(a),\underset{\text{S}}{\neg}(b)))\\ &= 1-\max(0,(1-a)+(1-b)-1)\\ &= 1-\max(0,1-a-b) = 1+\min(0,-1+a+b)\\ &= \min(1,a+b).\end{aligned}$$

ad 4) Es seien $a, b \in [0,1]$. Dann gilt

$$\underset{\text{hs}}{\sqcup}(a,b) = \underset{\text{hs}(\underset{\text{hp}}{\sqcap},\underset{\text{S}}{\neg})}{\sqcup}(a,b) = \underset{\text{S}}{\neg}^{-1}(\underset{\text{hp}}{\sqcap}(\underset{\text{S}}{\neg}(a), \underset{\text{S}}{\neg}(b)))$$

$$= \begin{cases} 1 - 0 & \text{falls } \underset{\text{S}}{\neg}(a) = \underset{\text{S}}{\neg}(b) = 0 \\ 1 - \frac{(1-a)(1-b)}{(1-a)+(1-b)-(1-a)(1-b)} & \text{sonst} \end{cases}$$

$$= \begin{cases} 1 & \text{falls } a = b = 1 \\ 1 - \frac{1-b-a+ab}{2-a-b-1+b+a-ab} & \text{sonst} \end{cases}$$

$$= \begin{cases} 1 & \text{falls } a = b = 1 \\ 1 - \frac{1-b-a+ab}{1-ab} & \text{sonst} \end{cases}$$

$$= \begin{cases} 1 & \text{falls } a = b = 1 \\ \frac{1-ab-1+b+a-ab}{1-ab} & \text{sonst} \end{cases}$$

$$= \begin{cases} 1 & \text{falls } a = b = 1 \\ \frac{a+b-2ab}{1-ab} & \text{sonst.} \end{cases}$$

Aufgabe 19 (Beweis: Eigenschaften elementarer Verknüpfungen):

Es seien $\widetilde{A}, \widetilde{B}, \widetilde{C}, \widetilde{D}$ Fuzzy-Mengen über einem gemeinsamen Universum U. Ferner sei $(\sqcap, \sqcup, \neg)$ ein duales Tripel und $\cap, \cup, \neg$ die zu den Operationen $\sqcap, \sqcup, \neg$ zugehörigen Fuzzy-Mengenverknüpfungen. Zeigen Sie, dass dann gilt:

1. $\widetilde{A} \cap \widetilde{\emptyset}_U = \widetilde{\emptyset}_U$
   $\widetilde{A} \cup \widetilde{\mathfrak{U}}_U = \widetilde{\mathfrak{U}}_U$
2. $\widetilde{A} \cap \widetilde{\mathfrak{U}}_U = \widetilde{A}$ (Identität)
   $\widetilde{A} \cup \widetilde{\emptyset}_U = \widetilde{A}$
3. $\widetilde{A} \cap \widetilde{B} = \widetilde{B} \cap \widetilde{A}$ (Kommutativität)
   $\widetilde{A} \cup \widetilde{B} = \widetilde{B} \cup \widetilde{A}$
4. $(\widetilde{A} \cap \widetilde{B}) \cap \widetilde{C} = \widetilde{A} \cap (\widetilde{B} \cap \widetilde{C})$ (Assoziativität)
   $(\widetilde{A} \cup \widetilde{B}) \cup \widetilde{C} = \widetilde{A} \cup (\widetilde{B} \cup \widetilde{C})$

5. $\widetilde{A} \cap \widetilde{C} \subseteq \widetilde{B} \cap \widetilde{D}$ falls $\widetilde{A} \subseteq \widetilde{B}, \widetilde{C} \subseteq \widetilde{D}$ (Monotonie)
   $\widetilde{A} \cup \widetilde{C} \subseteq \widetilde{B} \cup \widetilde{D}$ falls $\widetilde{A} \subseteq \widetilde{B}, \widetilde{C} \subseteq \widetilde{D}$
6. $(\widetilde{A} \cap \widetilde{B}) \subseteq \widetilde{A}$, $(\widetilde{A} \cap \widetilde{B}) \subseteq \widetilde{B}$
   $\widetilde{A} \subseteq (\widetilde{A} \cup \widetilde{B})$, $\widetilde{B} \subseteq (\widetilde{A} \cup \widetilde{B})$
7. $\neg\widetilde{B} \subseteq \neg\widetilde{A}$ falls $\widetilde{A} \subseteq \widetilde{B}$

(vgl. Satz 4.21).

Beweis:

Es seien $\widetilde{A}, \widetilde{B}, \widetilde{C}, \widetilde{D}$ Fuzzy-Mengen über einem gemeinsamen Universum U und $\mu_{\widetilde{A}}, \mu_{\widetilde{B}}, \mu_{\widetilde{C}}, \mu_{\widetilde{D}}$ deren Zugehörigkeitsfunktionen. Ferner sei $(\sqcap, \sqcup, \neg)$ ein duales Tripel und $\cap, \cup, \neg$ die zu den Operationen $\sqcap, \sqcup, \neg$ zugehörigen Fuzzy-Mengenverknüpfungen.

ad 1) Nach Satz 4.11 gilt $\sqcap(a, 0) = 0$ für alle $a \in [0, 1]$ und somit

$$\begin{aligned} \widetilde{A} \cap \widetilde{\emptyset}_U &= \{(x, \sqcap(\mu_{\widetilde{A}}(x), 0)) : x \in U\} \\ &= \{(x, 0) : x \in U\} = \widetilde{\emptyset}_U. \end{aligned}$$

Nach Satz 4.11 gilt ferner $\sqcup(a, 1) = 1$ für alle $a \in [0, 1]$ und somit

$$\begin{aligned} \widetilde{A} \cup \widetilde{\mathfrak{U}}_U &= \{(x, \sqcup(\mu_{\widetilde{A}}(x), 1)) : x \in U\} \\ &= \{(x, 1) : x \in U\} = \widetilde{\mathfrak{U}}_U. \end{aligned}$$

ad 2) Nach Definition der T-Normen gilt zunächst $\sqcap(a, 1) = a$ für alle $a \in [0, 1]$ und somit

$$\begin{aligned} \widetilde{A} \cap \widetilde{\mathfrak{U}}_U &= \{(x, \sqcap(\mu_{\widetilde{A}}(x), 1)) : x \in U\} \\ &= \{(x, \mu_{\widetilde{A}}(x)) : x \in U\} = \widetilde{A}. \end{aligned}$$

Ferner gilt nach Definition der S-Normen $\sqcup(a, 0) = a$ für alle $a \in [0, 1]$ und somit

$$\begin{aligned} \widetilde{A} \cup \widetilde{\emptyset}_U &= \{(x, \sqcup(\mu_{\widetilde{A}}(x), 0)) : x \in U\} \\ &= \{(x, \mu_{\widetilde{A}}(x)) : x \in U\} = \widetilde{A}. \end{aligned}$$

ad 3) Nach Definition der T-Normen gilt $\sqcap(a,b) = \sqcap(b,a)$ für alle $a, b \in [0,1]$ und somit

$$\begin{aligned}\widetilde{A} \cap \widetilde{B} &= \{(x, \sqcap(\mu_{\widetilde{A}}(x), \mu_{\widetilde{B}}(x))) : x \in U\} \\ &= \{(x, \sqcap(\mu_{\widetilde{B}}(x), \mu_{\widetilde{A}}(x))) : x \in U\} = \widetilde{B} \cap \widetilde{A}.\end{aligned}$$

Ferner gilt nach Definition der S-Normen $\sqcup(a,b) = \sqcup(b,a)$ für alle $a, b \in [0,1]$ und somit

$$\begin{aligned}\widetilde{A} \cup \widetilde{B} &= \{(x, \sqcup(\mu_{\widetilde{A}}(x), \mu_{\widetilde{B}}(x))) : x \in U\} \\ &= \{(x, \sqcup(\mu_{\widetilde{B}}(x), \mu_{\widetilde{A}}(x))) : x \in U\} = \widetilde{B} \cup \widetilde{A}.\end{aligned}$$

ad 4) Nach Definition der T-Normen gilt

$$\sqcap(\sqcap(a,b), c) = \sqcap(a, \sqcap(b,c))$$

für alle $a, b, c \in [0,1]$ und somit

$$\begin{aligned}(\widetilde{A} \cap \widetilde{B}) \cap \widetilde{C} &= \{(x, \sqcap(\sqcap(\mu_{\widetilde{A}}(x), \mu_{\widetilde{B}}(x)), \mu_{\widetilde{A}}(x))) : x \in U\} \\ &= \{(x, \sqcap(\mu_{\widetilde{A}}(x), \sqcap(\mu_{\widetilde{B}}(x), \mu_{\widetilde{A}}(x)))) : x \in U\} \\ &= \widetilde{A} \cap (\widetilde{B} \cap \widetilde{C}).\end{aligned}$$

Ferner gilt nach Definition der S-Normen

$$\sqcup(\sqcup(a,b), c) = \sqcup(a, \sqcup(b,c))$$

für alle $a, b, c \in [0,1]$ und somit

$$\begin{aligned}(\widetilde{A} \cup \widetilde{B}) \cup \widetilde{C} &= \{(x, \sqcup(\sqcup(\mu_{\widetilde{A}}(x), \mu_{\widetilde{B}}(x)), \mu_{\widetilde{A}}(x))) : x \in U\} \\ &= \{(x, \sqcup(\mu_{\widetilde{A}}(x), \sqcup(\mu_{\widetilde{B}}(x), \mu_{\widetilde{A}}(x)))) : x \in U\} \\ &= \widetilde{A} \cup (\widetilde{B} \cup \widetilde{C}).\end{aligned}$$

ad 5) Es sei $\widetilde{A} \subseteq \widetilde{B}$ und $\widetilde{C} \subseteq \widetilde{D}$. Nach Definition 2.7 gilt für alle $x \in U$ somit $\mu_{\widetilde{A}}(x) \le \mu_{\widetilde{B}}(x)$ und $\mu_{\widetilde{C}}(x) \le \mu_{\widetilde{D}}(x)$. Damit gilt nach Satz 4.11 für alle $x \in U$ zunächst sowohl

$$\sqcap(\mu_{\widetilde{A}}(x), \mu_{\widetilde{C}}(x)) \le \sqcap(\mu_{\widetilde{B}}(x), \mu_{\widetilde{D}}(x))$$

als auch

$$\sqcup(\mu_{\widetilde{A}}(x), \mu_{\widetilde{C}}(x)) \le \sqcup(\mu_{\widetilde{B}}(x), \mu_{\widetilde{D}}(x))$$

und damit nach Definition 2.7

$$\begin{aligned}\widetilde{A} \cap \widetilde{C} &= \{(x, \sqcap(\mu_{\widetilde{A}}(x), \mu_{\widetilde{C}}(x))) : x \in U\} \\ &\subseteq \{(x, \sqcap(\mu_{\widetilde{B}}(x), \mu_{\widetilde{D}}(x))) : x \in U\} = \widetilde{B} \cap \widetilde{D}\end{aligned}$$

und

$$\begin{aligned}\widetilde{A} \cup \widetilde{C} &= \{(x, \sqcup(\mu_{\widetilde{A}}(x), \mu_{\widetilde{C}}(x))) : x \in U\} \\ &\subseteq \{(x, \sqcup(\mu_{\widetilde{B}}(x), \mu_{\widetilde{D}}(x))) : x \in U\} = \widetilde{B} \cup \widetilde{D}.\end{aligned}$$

ad 6) Nach Satz 2.9 gilt zunächst $\widetilde{A} \subseteq \widetilde{\mathfrak{U}}_U$ und $\widetilde{B} \subseteq \widetilde{\mathfrak{U}}_U$. Somit gilt aufgrund der bereits bewiesenen Monotonie-, Kommutativitäts- und Identitätseigenschaften sowohl

$$(\widetilde{A} \cap \widetilde{B}) \subseteq (\widetilde{A} \cap \widetilde{\mathfrak{U}}_U) = \widetilde{A}$$

als auch

$$(\widetilde{A} \cap \widetilde{B}) \subseteq (\widetilde{\mathfrak{U}}_U \cap \widetilde{B}) = (\widetilde{B} \cap \widetilde{\mathfrak{U}}_U) = \widetilde{B}.$$

Desweiteren gilt nach Satz 2.9 $\widetilde{\emptyset}_U \subseteq \widetilde{A}$ und $\widetilde{\emptyset}_U \subseteq \widetilde{B}$. Somit gilt wieder aufgrund der bereits bewiesenen Monotonie-, Kommutativitäts- und Identitätseigenschaften sowohl

$$\widetilde{A} = (\widetilde{A} \cup \widetilde{\emptyset}_U) \subseteq (\widetilde{A} \cup \widetilde{B})$$

als auch

$$\widetilde{B} = (\widetilde{B} \cup \widetilde{\emptyset}_U) \subseteq (\widetilde{B} \cup \widetilde{A}) = (\widetilde{A} \cup \widetilde{B}).$$

ad 7) Es sei $\widetilde{A} \subseteq \widetilde{B}$ und somit $\mu_{\widetilde{A}} \leq \mu_{\widetilde{B}}$ nach Definition 2.7. Ferner ist nach Voraussetzung $(\sqcap, \sqcup, \neg)$ ein duales Tripel und somit $\neg$ nach Definition 4.16 eine strikte Negation. Daher gilt zunächst $\neg(\mu_{\widetilde{A}}) \geq \neg(\mu_{\widetilde{B}})$ und somit

$$\begin{aligned}\neg\widetilde{B} &= \{(x, \neg(\mu_{\widetilde{B}}(x))) : x \in U\} \\ &\subseteq \{(x, \neg(\mu_{\widetilde{A}}(x))) : x \in U\} = \neg\widetilde{A}.\end{aligned}$$

Aufgabe 20 (Mengenverknüpfungen, Interpretation):

Eine Familie möchte ihren Gebrauchtwagen, der einen Zeitwert von ca. 10000 € besitzt, veräußern. Ihre Wertvorstellungen seien durch die folgenden Fuzzy-Mengen beschrieben:

i) $\widetilde{A}$: *„angemessener Preis"* mit $\widetilde{A} := (10000; 1000; 1000)_{L_\Pi R_\Pi}$

ii) $\widetilde{B}$: *„sehr guter Preis"* mit $\widetilde{B} := \{(x, S_{(10000,500,0,1)}(x)) : x \in \mathbb{R}\}$

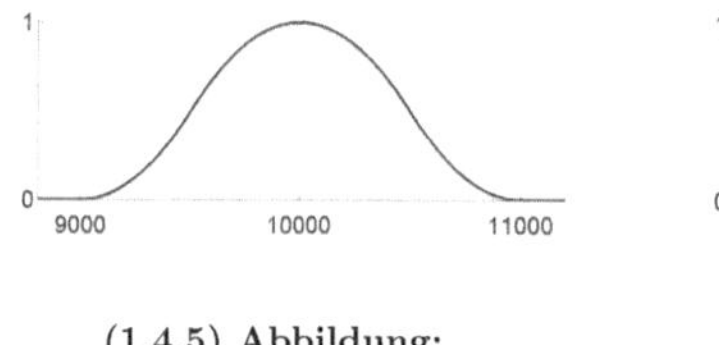

(1.4.5) Abbildung:
angemessener Preis

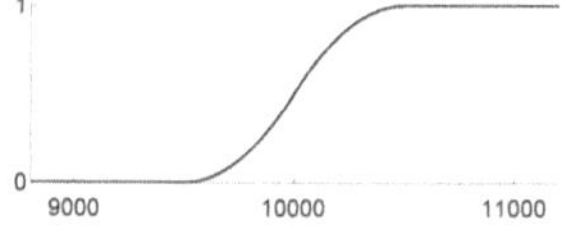

(1.4.6) Abbildung:
sehr guter Preis

Geben Sie bezüglich dieser Vorstellungen eine mögliche Modellierungsabsicht für die Fuzzy-Mengen

(a) $\underset{s}{\neg}\widetilde{A}$ (b) $\underset{s}{\neg}\widetilde{B}$ (c) $\widetilde{A} \underset{\max}{\cup} \widetilde{B}$ (d) $\widetilde{A} \underset{\text{as}}{\cup} \widetilde{B}$

(e) $(\underset{s}{\neg}\widetilde{A}) \underset{\min}{\cap} \widetilde{B}$ (f) $(\underset{s}{\neg}\widetilde{A}) \underset{\text{ap}}{\cap} \widetilde{B}$ (g) $(\underset{s}{\neg}\widetilde{A}) \underset{\min}{\cap} (\underset{s}{\neg}\widetilde{B})$

an. Wer wird bei der bestmöglichen Erfüllung eher begünstigt (die potentiellen Käufer oder die Verkäufer)?

Lösung:

(a) $\underset{s}{\neg}\widetilde{A}$: „kein angemessener Preis"
Begünstigte: Ist als alleiniges Kriterium eher ungeeignet. Je nach Art der Kombination mit dem Kriterium „sehr guter Preis" können die Begünstigten entweder die Käufer oder die Verkäufer sein (siehe Teilaufgaben (c),(d) und (g)).

(b) $\underset{s}{\neg}\widetilde{B}$: „kein sehr guter Preis"
Begünstigte: Die bestmögliche Erfüllung liegt hier im Interesse der Käufer, wobei diese normalerweise versuchen werden, den Preis so klein wie möglich zu halten.

(c) - (d) $\widetilde{A} \underset{\max}{\cup} \widetilde{B}$, $\widetilde{A} \underset{\text{as}}{\cup} \widetilde{B}$: „angemessener oder ein sehr guter Preis“
Die Begünstigten sind in beiden Fällen die Verkäufer, wobei diese im zweiten Fall wegen

$$(\widetilde{A} \underset{\max}{\cup} \widetilde{B}) \subseteq (\widetilde{A} \underset{\text{as}}{\cup} \widetilde{B})$$

(nach Korollar 4.19) höhere Erwartungen an den Verkaufspreis stellen.

(e) - (f) $(\underset{s}{\neg}\widetilde{A}) \underset{\min}{\cap} \widetilde{B}$, $(\underset{s}{\neg}\widetilde{A}) \underset{\text{ap}}{\cap} \widetilde{B}$: „kein angemessener, aber ein sehr guter Preis“
Die Begünstigten sind auch hier in beiden Fällen die Verkäufer, wobei diese im ersten Fall wegen

$$(\widetilde{A} \underset{\text{ap}}{\cap} \widetilde{B}) \subseteq (\widetilde{A} \underset{\min}{\cap} \widetilde{B})$$

(nach Korollar 4.19) höhere Erwartungen an den Verkaufspreis stellen.

(g) $(\underset{s}{\neg}\widetilde{A}) \underset{\min}{\cap} \underset{s}{\neg}\widetilde{B}$: „weder ein angemessener, noch ein sehr guter Preis“
Die Begünstigten sind in diesem Fall die Käufer.

Aufgabe 21 (Mengenverknüpfungen):

Betrachten Sie die Wohnungsangebote des Studenten aus Aufgabe 11. Gibt es unter den Angeboten

a) eine große und günstige Wohnung?
b) eine günstige Wohnung nahe zur Hochschule?
c) eine nicht teure Wohnung mit höchstens mittlerer Entfernung zur Hochschule?

Verwenden Sie hierbei die Modellierung aus der Lösung zu Aufgabe 11 und als Operatoren das Standardkomplement und den Minimumoperator. Interpretieren Sie das Ergebnis direkt als Zugehörigkeitsgrad zum Bewertungsprädikat des betroffenen Studenten. Überprüfen Sie die Modellierung jeweils auf Schwächen. Wie lassen sich diese ggf. beheben?

Lösung:

a) Mit $\mu_{\widetilde{M}_{groß\_und\_günstig}}(x) := \sqcap_{\min}\left(\mu_{\widetilde{M}_{große\_Wohnung}}(x), \mu_{\widetilde{M}_{günstige\_Miete}}(x)\right)$ erhalten wir

WNr	$\mu_{\widetilde{M}_{große\_Wohnung}}$	$\mu_{\widetilde{M}_{günstige\_Miete}}$	$\mu_{\widetilde{M}_{groß\_und\_günstig}}$
1	0	0	0
2	0	1	0
3	0	0	0
4	0.2	0.4	0.2
5	0.7	1	0.7
6	1	0	0

Der Student würde bei dieser Betrachtungsweise wohl die fünfte Wohnung anmieten, da diese im Preis / Größenverhältnis am besten abschneidet. Voraussetzung hierfür ist natürlich, dass der Gesamtmietpreis (225,60 €) etwa im Rahmen seiner Vorstellung liegt. Um diese Situation angemessen zu modellieren, wäre ein weiteres Bewertungskriterium notwendig.

b) Mit $\mu_{\widetilde{M}_{günstig\_und\_nah}}(x) := \sqcap_{\min}\left(\mu_{\widetilde{M}_{günstige\_Miete}}(x), \mu_{\widetilde{M}_{kleine\_Entfernung}}(x)\right)$ erhalten wir

WNr	$\mu_{\widetilde{M}_{günstige\_Miete}}$	$\mu_{\widetilde{M}_{kleine\_Entfernung}}$	$\mu_{\widetilde{M}_{günstig\_und\_nah}}$
1	0	1	0
2	1	0	0
3	0	0.3	0
4	0.4	0	0
5	1	0	0
6	0	1	0

In diesem Fall entspricht keine Wohnung den geforderten Kriterien. Dieses Ergebnis beruht aber hauptsächlich auf der nicht berücksichtigten (aber ggf. vorhandenen) Kompromissfähigkeit des Studenten.

c) Mit

$$\mu_{\widetilde{M}_{nicht\_weit}}(x) := 1 - \mu_{\widetilde{M}_{große\_Entfernung}}(x)$$
$$\mu_{\widetilde{M}_{nicht\_teuer}}(x) := 1 - \mu_{\widetilde{M}_{teure\_Miete}}(x)$$
$$\mu_{\widetilde{M}_{nicht\_teuer\_und\_nicht\_weit}}(x) := \underset{\min}{\sqcap}\left(\mu_{\widetilde{M}_{nicht\_teuer}}(x), \mu_{\widetilde{M}_{nicht\_weit}}(x)\right)$$

erhalten wir

WNr	$\mu_{\widetilde{M}_{nicht\_weit}}$	$\mu_{\widetilde{M}_{nicht\_teuer}}$	$\mu_{\widetilde{M}_{nicht\_teuer\_und\_nicht\_weit}}$
1	1	1	1
2	1	1	1
3	1	0.4	0.4
4	1	1	1
5	0.9	1	0.9
6	1	0.8	0.8

Bei dieser Betrachtungsweise hat der Student mehrere Wohnungen zur Auswahl, welche seinen Kriterien voll entsprechen. Um diese weiter einzuschränken, wären zusätzliche Kriterien (wie beispielsweise die Höhe des Gesamtmietpreises) hilfreich.

A.6 Lösungen zu Kapitel 5

Aufgabe 22 (Beweis: mittelnde Operatoren):

Es sei

1. $\underset{gm}{\Diamond}(x, y) := \sqrt{xy}$ (*Geometrisches Mittel*)
2. $\underset{am}{\Diamond}(x, y) := \frac{x+y}{2}$ (*Arithmetisches Mittel*)

mit $x, y, \lambda \in [0, 1]$ (vgl. Satz 5.4). Zeigen Sie, dass $\underset{gm}{\Diamond}$ und $\underset{am}{\Diamond}$ mittelnde Operatoren sind.

Beweis:

Da die angegebenen Operatoren offensichtlich sowohl kommutativ als auch monoton steigend im zweiten Argument sind, verzichten wir auf diese Teilbeweise und widmen uns im Folgenden der noch zu zeigenden Beschränktheit. Wir werden also für die einzelnen Operatoren zeigen, dass sie den Minimum-Operator als untere Schranke und den Maximum-Operator als obere Schranke besitzen.

ad 1) Es seien $a, b \in [0,1]$. Dann gilt aufgrund der Monotonie der Wurzelfunktion zunächst sowohl

$$\sqrt{ab} \geq \sqrt{\underset{\text{min}}{\sqcap}(a,b)^2} = \underset{\text{min}}{\sqcap}(a,b)$$

als auch

$$\sqrt{ab} \leq \sqrt{\underset{\text{max}}{\sqcup}(a,b)^2} = \underset{\text{max}}{\sqcup}(a,b)$$

für alle $a, b \in [0,1]$. Somit gilt für alle $a, b \in [0,1]$

$$\underset{\text{min}}{\sqcap}(a,b) \leq \sqrt{ab} = \underset{\text{gm}}{\Diamond}(a,b) \leq \underset{\text{max}}{\sqcup}(a,b).$$

ad 2) Es seien $a, b \in [0,1]$. Da $\underset{\text{am}}{\Diamond}$ streng monoton steigend ist, gilt sowohl

$$\frac{a+b}{2} \geq \frac{\underset{\text{min}}{\sqcap}(a,b) + \underset{\text{min}}{\sqcap}(a,b)}{2} = \underset{\text{min}}{\sqcap}(a,b)$$

als auch

$$\frac{a+b}{2} \leq \frac{\underset{\text{max}}{\sqcup}(a,b) + \underset{\text{max}}{\sqcup}(a,b)}{2} = \underset{\text{max}}{\sqcup}(a,b)$$

für alle $a, b \in [0,1]$. Somit gilt

$$\underset{\text{min}}{\sqcap}(a,b) \leq \frac{a+b}{2} = \underset{\text{am}}{\Diamond} \leq \underset{\text{max}}{\sqcup}(a,b)$$

für alle $a, b \in [0,1]$.

Aufgabe 23 (Beweis: Eigenschaften von Mischnormen):

Es sei $\Diamond$ eine $\sqcap$-$\sqcup$-Mischnorm. Zeigen Sie, dass dann

1. $\Diamond(a,c) \leq \Diamond(b,d)$ falls $a \leq b$ und $c \leq d$,
2. $\Diamond(a,0) \leq a \leq \Diamond(a,1)$,

3. $\Diamond(0, a) \leq a \leq \Diamond(1, a)$,

für alle $a, b, c, d \in [0, 1]$ gilt (vgl. Satz 5.5).

Beweis:

Es sei $\Diamond$ eine $\sqcap$-$\sqcup$-Mischnorm.

ad 1) Es seien $a, b, c, d \in [0, 1]$ mit $a \leq b$ und $c \leq d$. Dann gilt aufgrund der Monotonie sowohl

$$\Diamond(a, c) \leq \Diamond(a, d)$$

als auch

$$\Diamond(d, a) \leq \Diamond(d, b).$$

Wegen der Kommutativität gilt daher

$$\Diamond(a, d) = \Diamond(d, a) \leq \Diamond(d, b) = \Diamond(b, d)$$

und somit insgesamt $\Diamond(a, c) \leq \Diamond(b, d)$.

ad 2) Da $\Diamond$ eine $\sqcap$-$\sqcup$-Mischnorm ist, gilt $\sqcap \leq \Diamond \leq \sqcup$. Also gilt für alle $a \in [0, 1]$ insbesondere sowohl

$$\Diamond(a, 0) \leq \sqcup(a, 0)$$

als auch

$$\sqcap(a, 1) \leq \Diamond(a, 1)$$

und wegen

$$\sqcup(a, 0) = a = \sqcap(a, 1)$$

nach Satz 4.11 somit die Behauptung.

ad 3) Nach dem vorherigen Beweisteil gilt

$$\Diamond(a, 0) \leq a \leq \Diamond(a, 1)$$

für alle $a \in [0, 1]$. Aufgrund der Kommutativität von $\Diamond$ gilt daher

$$\Diamond(0, a) = \Diamond(a, 0) \leq a \leq \Diamond(a, 1) = \Diamond(1, a)$$

für alle $a \in [0, 1]$.

Aufgabe 24 (Beweis: Fuzzy-Oder ist mittelnder Operator):

Es sei $\lambda \in [0,1]$ beliebig aber fest. Ferner sei

$$\underset{\text{fo}_\lambda}{\sqcup}(x,y) := \lambda \max(x,y) + \frac{1}{2}(1-\lambda)(x+y)$$

(*Fuzzy-Oder*) mit $x, y \in [0,1]$. Zeigen Sie, dass $\underset{\text{fo}_\lambda}{\sqcup}$ ein mittelnder Operator ist, der dual zum Fuzzy-Und-Operator ist (vgl. Satz 5.10).

Beweis:

Es sei $\lambda \in [0,1]$ beliebig aber fest. Ferner seien $a, b \in [0,1]$. Nach Satz 5.6 ist wegen

$$\begin{aligned}
\underset{\text{fo}_\lambda}{\sqcup}(a,b) &= \lambda \max(a,b) + \frac{1}{2}(1-\lambda)(a+b) \\
&= 1 + \lambda \max(a,b) - \lambda - 1 + \lambda + \frac{1}{2}(1-\lambda)(a+b) \\
&= 1 + \lambda(\max(a,b) - 1) - (1-\lambda) - \frac{1}{2}(1-\lambda)(-a-b) \\
&= 1 + \lambda \max(a-1, b-1) - \frac{1}{2}(1-\lambda)(2-a-b) \\
&= 1 - \lambda \min(-a+1, -b+1) - \frac{1}{2}(1-\lambda)((1-a)+(1-b)) \\
&= 1 - (\lambda \min(1-a, 1-b) + \frac{1}{2}(1-\lambda)((1-a)+(1-b))) \\
&= \underset{\text{s}}{\neg}^{-1}(\underset{\text{fa}_\lambda}{\sqcap}(\underset{\text{s}}{\neg}(a), \underset{\text{s}}{\neg}(b)))
\end{aligned}$$

das Fuzzy-Oder ein zum Fuzzy-Und-Operator duale $\underset{\min}{\sqcap}$-$\underset{\max}{\sqcup}$-Mischnorm.

Aufgabe 25 (Beweis: Verknüpfungseigenschaften):

Es seien $\widetilde{A}, \widetilde{B}, \widetilde{C}, \widetilde{D}$ Fuzzy-Mengen über einem gemeinsamen Universum U. Ferner sei $(\sqcap, \sqcup, \neg)$ ein duales Mischnorm-Tripel und $\cap, \cup, \neg$ die zu den Operationen $\sqcap, \sqcup, \neg$ zugehörigen Verknüpfungen. Zeigen Sie, dass dann gilt:

1. $\widetilde{A} \cap \widetilde{B} = \widetilde{B} \cap \widetilde{A}$ (Kommutativität)
   $\widetilde{A} \cup \widetilde{B} = \widetilde{B} \cup \widetilde{A}$
2. $\neg(\widetilde{A} \cup \widetilde{B}) = \neg(\widetilde{A}) \cap \neg(\widetilde{B})$ (DeMorgan)

3. $\widetilde{A} \cap \widetilde{C} \subseteq \widetilde{B} \cap \widetilde{D}$ falls $\widetilde{A} \subseteq \widetilde{B}, \widetilde{C} \subseteq \widetilde{D}$ (Monotonie)
$\widetilde{A} \cup \widetilde{C} \subseteq \widetilde{B} \cup \widetilde{D}$ falls $\widetilde{A} \subseteq \widetilde{B}, \widetilde{C} \subseteq \widetilde{D}$

(vgl. Satz 5.12).

Beweis:

Es seien $\widetilde{A}, \widetilde{B}, \widetilde{C}, \widetilde{D}$ Fuzzy-Mengen über einem gemeinsamen Universum U und $\mu_{\widetilde{A}}, \mu_{\widetilde{B}}, \mu_{\widetilde{C}}, \mu_{\widetilde{D}}$ deren Zugehörigkeitsfunktionen. Ferner sei $(\sqcap, \sqcup, \neg)$ ein duales Mischnorm-Tripel und $\cap, \cup, \neg$ die zu den Operationen $\sqcap, \sqcup, \neg$ zugehörigen Fuzzy-Mengenverknüpfungen.

ad 1) Nach Definition der Mischnormen gilt $\sqcap(a, b) = \sqcap(b, a)$ für alle $a, b \in [0, 1]$ und somit

$$\begin{aligned} \widetilde{A} \cap \widetilde{B} &= \{(x, \sqcap(\mu_{\widetilde{A}}(x), \mu_{\widetilde{B}}(x))) : x \in U\} \\ &= \{(x, \sqcap(\mu_{\widetilde{B}}(x), \mu_{\widetilde{A}}(x))) : x \in U\} = \widetilde{B} \cap \widetilde{A}. \end{aligned}$$

Der Beweis von $\widetilde{A} \cup \widetilde{B} = \widetilde{B} \cup \widetilde{A}$ verläuft hierzu völlig analog.

ad 2) Nach Voraussetzung ist $(\sqcap, \sqcup, \neg)$ ein duales Mischnorm-Tripel und somit ist $\neg$ eine strikte Negation. Also gilt nach Satz 5.6

$$\sqcup(a, b) = \sqcup_{(\sqcap,\neg)}(a, b) = \neg^{-1}(\sqcap(\neg(a), \neg(b)))$$

und somit

$$\begin{aligned} \neg(\widetilde{A} \cup \widetilde{B}) &= \{(x, \neg(\sqcup(\mu_{\widetilde{A}}(x), \mu_{\widetilde{B}}(x)))) : x \in U\} \\ &= \{(x, \neg(\neg^{-1}(\sqcap(\neg(\mu_{\widetilde{A}}(x)), \neg(\mu_{\widetilde{B}}(x)))))) : x \in U\} \\ &= \{(x, \sqcap(\neg(\mu_{\widetilde{A}}(x)), \neg(\mu_{\widetilde{B}}(x)))) : x \in U\} \\ &= \neg(\widetilde{A}) \cap \neg(\widetilde{B}). \end{aligned}$$

ad 3) Es sei $\widetilde{A} \subseteq \widetilde{B}$ und $\widetilde{C} \subseteq \widetilde{D}$. Nach Definition 2.7 gilt für alle $x \in U$ somit $\mu_{\widetilde{A}}(x) \leq \mu_{\widetilde{B}}(x)$ und $\mu_{\widetilde{C}}(x) \leq \mu_{\widetilde{D}}(x)$. Damit gilt nach Satz 5.5 für alle $x \in U$ zunächst sowohl

$$\sqcap(\mu_{\widetilde{A}}(x), \mu_{\widetilde{C}}(x)) \leq \sqcap(\mu_{\widetilde{B}}(x), \mu_{\widetilde{D}}(x))$$

als auch

$$\sqcup(\mu_{\widetilde{A}}(x), \mu_{\widetilde{C}}(x)) \leq \sqcup(\mu_{\widetilde{B}}(x), \mu_{\widetilde{D}}(x))$$

und damit

$$\begin{aligned} \widetilde{A} \cap \widetilde{C} &= \{(x, \sqcap(\mu_{\widetilde{A}}(x), \mu_{\widetilde{C}}(x))) : x \in U\} \\ &\subseteq \{(x, \sqcap(\mu_{\widetilde{B}}(x), \mu_{\widetilde{D}}(x))) : x \in U\} = \widetilde{B} \cap \widetilde{D} \end{aligned}$$

und

$$\begin{aligned} \widetilde{A} \cup \widetilde{C} &= \{(x, \sqcup(\mu_{\widetilde{A}}(x), \mu_{\widetilde{C}}(x))) : x \in U\} \\ &\subseteq \{(x, \sqcup(\mu_{\widetilde{B}}(x), \mu_{\widetilde{D}}(x))) : x \in U\} = \widetilde{B} \cup \widetilde{D} \end{aligned}$$

nach Definition 2.7.

Aufgabe 26 (Mengenverknüpfungen):

Betrachten Sie wieder die Wohnungsangebote des Studenten aus Aufgabe 11 und 21. Gibt es unter den Angeboten

a) eine große und günstige Wohnung?

b) eine günstige Wohnung nahe zur Hochschule?

Verwenden Sie hierbei wieder die Modellierung aus der Lösung zu Aufgabe 11 und als Operatoren diesmal das Fuzzy-Und (mit $\lambda = 0.5$). Interpretieren Sie auch hier das Ergebnis direkt als Zugehörigkeitsgrad zum Bewertungsprädikat des betroffenen Studenten. Vergleichen Sie Ihre Ergebnisse mit denen aus Aufgabe 21.

Lösung:

a) Mit $\mu_{\widetilde{M}_{groß\_und\_günstig_k}}(x) := \underset{\text{fa},5}{\sqcap}\left(\mu_{\widetilde{M}_{große\_Wohnung}}(x), \mu_{\widetilde{M}_{günstige\_Miete}}(x)\right)$ erhalten wir

WNr	$\mu_{\widetilde{M}_{große\_Wohnung}}$	$\mu_{\widetilde{M}_{günstige\_Miete}}$	$\mu_{\widetilde{M}_{groß\_und\_günstig_k}}$
1	0	0	0
2	0	1	0.25
3	0	0	0
4	0.2	0.4	0.25
5	0.7	1	0.775
6	1	0	0.25

Der Student würde im Rahmen dieser Modellierung wohl die gleiche Wohnung anmieten wie bei der früheren Modellierung aus Aufgabe 21 (fünfte Wohnung). Im Gegensatz zur vorherigen Modellierung hat hier aber beispielsweise die zweite Wohnung einen von Null verschiedenen Zugehörigkeitsgrad, da die sehr günstige Miete die Entfernung etwas kompensiert.

b) Mit $\mu_{\widetilde{M}_{günstig\_und\_nah_k}}(x) := \underset{fa,5}{\sqcap}\left(\mu_{\widetilde{M}_{günstige\_Miete}}(x), \mu_{\widetilde{M}_{kleine\_Entfernung}}(x)\right)$ erhalten wir

WNr	$\mu_{\widetilde{M}_{günstige\_Miete}}$	$\mu_{\widetilde{M}_{kleine\_Entfernung}}$	$\mu_{\widetilde{M}_{günstig\_und\_nah_k}}$
1	0	1	0.25
2	1	0	0.25
3	0	0.3	0.075
4	0.4	0	0.1
5	1	0	0.25
6	0	1	0.25

Im Gegensatz zur früheren Modellierung, bei der keine Wohnung den geforderten Kriterien entsprach, hat der Student hier sogar mehrere entsprechende Wohnungen zur Auswahl.

Anhang B

Symbole und Abkürzungen

Intervalle

$[a,b] \subseteq G$	$\{x \in G : a \leq x \leq b\}$
$]a,b] \subseteq G$	$\{x \in G : a < x \leq b\}$
$[a,b[\subseteq G$	$\{x \in G : a \leq x < b\}$
$]a,b[\subseteq G$	$\{x \in G : a < x < b\}$

Crisp-Mengen

$\mathbb{N}$	Menge der natürlichen Zahlen, $\mathbb{N} = \{1,2,3,\ldots\}$
$\mathbb{R}$	Menge der reellen Zahlen
$\mathbb{R}^+$	Menge der positiven reellen Zahlen, $\mathbb{R}^+ := \mathbb{R} \cap [0,+\infty[$
$(M)^c$	Komplementärmenge zur Crisp-Menge M

Fuzzy-Mengen

$\widetilde{M}$	Fuzzy-Menge (S. 8)
$\alpha\widetilde{M}$	α-Vielfache der Fuzzy-Menge $\widetilde{M}$ (S. 50)
$\widetilde{\emptyset}_U$	leere Fuzzy-Menge über U (S. 48)
$\widetilde{\mathfrak{U}}_U$	universelle Fuzzy-Menge über U (S. 48)
$\Gamma(\widetilde{M})$	normalisierte Fuzzy-Menge zu $\widetilde{M}$ (S. 50)

$\mathfrak{G}(\widetilde{M})$	generelle Fuzzy-Menge (S. 14)
$\neg\widetilde{M}$	$\neg$-Komplementärmenge zur Fuzzy-Menge $\widetilde{M}$ (S. 97)
$\underset{\mathrm{Dil}_n}{\Xi}(\widetilde{M})$	n-Dilatation der Fuzzy-Menge $\widetilde{M}$ (S. 83)
$\underset{\mathrm{Con}_n}{\Xi}(\widetilde{M})$	n-Konzentration der Fuzzy-Menge $\widetilde{M}$ (S. 83)
$\underset{\mathrm{Int}_n}{\Xi}(\widetilde{M})$	n-Kontrast-Intensivierung der Fuzzy-Menge $\widetilde{M}$ (S. 85)

Zugehörigkeitsfunktionen

χ_M	charakteristische Funktion der Crisp-Menge M (S. 5)
$\mu_{\widetilde{M}}$	Zugehörigkeitsfunktion der Fuzzy-Menge $\widetilde{M}$ (S. 8)
$\Lambda_{(m_l,m_r,\delta_1,\delta_2,y_{min},y_{max})}$	Trapez-Funktion (S. 27)
$\Lambda_{\mathrm{S}(m_l,m_r,\delta,y_{min},y_{max})}$	symmetrische Trapez-Funktion (S. 28)
$\Lambda_{\mathrm{N}(a,\delta_1,\delta_2,y_{min},y_{max})}$	Dreiecksfunktion (S. 28)
$\Lambda_{\mathrm{SN}(a,\delta,y_{min},y_{max})}$	symmetrische Dreiecksfunktion (S. 28)
$S_{(a,\delta,y_{min},y_{max})}$	sigmoide Funktion (S. 32)
$Z_{(a,\delta,y_{min},y_{max})}$	Z-Funktion (S. 34)
$\Pi_{(m_l,m_r,\delta_1,\delta_2,y_{min},y_{max})}$	PI-Funktion (S. 35)
$\Pi_{\mathrm{S}(m_l,m_r,\delta,y_{min},y_{max})}$	symmetrische PI-Funktion (S. 36)
$\Pi_{\mathrm{N}(a,\delta_1,\delta_2,y_{min},y_{max})}$	PI-Funktion mit genau einer Maximalstelle (S. 36)
$\Pi_{\mathrm{SN}(a,\delta,y_{min},y_{max})}$	symmetrische PI-Funktion mit genau einer Maximalstelle (S. 36)

Fuzzy-Zahlen und Intervalle in L-R-Darstellung

$(a;\delta_1;\delta_2)_{LR}$	Fuzzy-Zahl mit den Referenzfunktionen L,R (S. 41)
$(m_l;m_r;\delta_1;\delta_2)_{LR}$	Fuzzy-Intervall mit den Referenzfunktionen L,R (S. 41)
L_Λ, R_Λ	linke bzw. rechte trapezförmige Referenzfunktion (S. 41)
L_Π, R_Π	linke bzw. rechte PI-förmige Referenzfunktion (S. 41)

Operatoren

$\underset{s}{\neg}$	Standard-Negation (S. 98)
$\underset{Sug_\lambda}{\neg}$	λ-Komplement nach SUGENO (S. 95)
$\underset{sw_s}{\neg}$	Schwellenwert-Negation (S. 95)
$\underset{min}{\sqcap}$	Minimum-Operator (S. 108)
$\underset{ap}{\sqcap}$	Algebraisches Produkt (S. 108)
$\underset{ep}{\sqcap}$	Einstein-Produkt (S. 108)
$\underset{bd}{\sqcap}$	Gebundene Differenz (S. 108)
$\underset{hp}{\sqcap}$	Hamacher-Produkt (S. 108)
$\underset{dp}{\sqcap}$	Drastisches Produkt (S. 108)
$\underset{fa_\lambda}{\sqcap}$	Fuzzy-Und (S. 152)
$\underset{gam}{\Diamond}$	Gewichtetes Arithmetische Mittel (S. 142)
$\underset{hm}{\Diamond}$	Harmonisches Mittel (S. 143)
$\underset{gm}{\Diamond}$	Geometrisches Mittel (S. 143)
$\underset{am}{\Diamond}$	Arithmetisches Mittel (S. 143)
$\underset{max}{\sqcup}$	Maximum-Operator (S. 115)
$\underset{as}{\sqcup}$	Algebraische Summe (S. 115)
$\underset{es}{\sqcup}$	Einstein-Summe (S. 115)
$\underset{bs}{\sqcup}$	Gebundene Summe (S. 115)
$\underset{hs}{\sqcup}$	Hamacher-Summe (S. 115)
$\underset{ds}{\sqcup}$	Drastische Summe (S. 115)
$\underset{fo_\lambda}{\sqcup}$	Fuzzy-Oder (S. 152)

Charakterisierung von Fuzzy-Mengen

$\mathrm{cut}_{\geq\alpha}(\widetilde{M})$	α-Schnitt der Fuzzy-Menge $\widetilde{M}$ (S. 46)
$\mathrm{cut}_{>\alpha}(\widetilde{M})$	scharfer α-Schnitt der Fuzzy-Menge $\widetilde{M}$ (S. 46)
$\mathrm{supp}(\widetilde{M})$	Träger (bzw. Support) der Fuzzy-Menge $\widetilde{M}$ (S. 46)
$\mathrm{core}(\widetilde{M})$	Kern der Fuzzy-Menge $\widetilde{M}$ (S. 46)
$\mathrm{hgt}(\widetilde{M})$	Höhe der Fuzzy-Menge $\widetilde{M}$ (S. 49)

Textuelle Abkürzungen

bzw.	beziehungsweise
d.h.	das heißt
gdw.	genau dann wenn
ggf.	gegebenenfalls
o.B.d.A.	ohne Beschränkung der Allgemeinheit
u.a.	unter anderem
vgl.	vergleiche
z.B.	zum Beispiel

Literaturverzeichnis

[1] ALTROCK, C.V.; ZIMMERMANN, H.-J.: *Fuzzy Logic.* Band II (Anwendungen). Oldenbourg, 1995. ISBN 3-486-23413-7.

[2] BANDEMER, H.; GOTTWALD, S.: *Einführung in Fuzzy-Methoden: Theorie und Anwendungen unscharfer Mengen.* 4. Auflage. Akademischer Verlag, 1993. ISBN 3-05-501601-7.

[3] BENEDIKT, J.; REINBERG, S.; RIEDL, L.: *Operationalisierung natürlichsprachlicher geographischer Konzepte mit visuell-sprachlichen EDV-Werkzeugen.* Symposium für angewandte geographische Informationsverarbeitung AGIT'99. Technische Universität Wien, 1999.

[4] BIETHAHN, J.; HÖNERLOH, A.; KUHL, J.; NISSEN, V.: *Fuzzy Set Theorie.* Vahlen, 1997. ISBN 3-8006-2135-5.

[5] DRIANKOV, D.; HELLENDOORN, H.; REINFRANK, M.: *An introduction to fuzzy-control.* 2. Auflage. Springer-Verlag, 1996. ISBN 3-540-60691-2.

[6] DUBOIS, D.; PRADE, H.: *Fuzzy Sets and Systems: Theory and Applications.* Mathematics in science and engineering, Vol. 144. Academic Press, 1980. ISBN 0-12-222750-6.

[7] EIDEN, W.: *Similarities in fuzzy modeling.* MPS: Applied mathematics/0210004, 2002.

[8] ESTEVA, F.; GODO, L.; HÁJEK, P.; NAVARA, M.: *Residuated fuzzy logics with an involutive negation.* Arch. Math. Logic, Vol. 39. Springer, 2000.

[9] FEURING, T.: *Fuzzy-Systeme.* Institut für Informatik. Westfälische Wilhems Universität Münster, 1996.

[10] FRANK, H.: *Fuzzy-Mengen, Fuzzy-Logik und ihre Anwendungen.* Ergebnisbericht Nr. 104. Universität Dortmund, 1992.

[11] FRIEDRICH, A.: *Logik und Fuzzy-Logik.* Expert Verlag, 1997. ISBN 3-8169-1405-5.

[12] GOTTWALD, S.: *Fuzzy Sets and Fuzzy Logic.* Vieweg, 1993. ISSN 0940-699. ISBN 3-528-05311-9.

[13] HÁJEK, P.: *Metamathematics of fuzzy logic.* Kluwer Academic Publishers, 1998. ISBN 0-7923-5238-6.

[14] JAANINCH, G.; MAIHOHANN, M.: *Fuzzy-Logik und Fuzzy-Control.* Vogel Buchverlag, 1996. ISBN 3-8023-1535-9.

[15] KAHLERT, J.: *Fuzzy Control für Ingenieure - Analyse, Synthese und Optimierung von Fuzzy-Regelungssystemen.* Vieweg Verlag, 1995. ISBN 3-528-05460-3.

[16] KLAWONN, F.; KRUSE, R.; NAUCK, D.: *Neuronale Netze und Fuzzy-Systeme.* 2.Auflage. Vieweg Verlag, 1996. ISBN 3-528-15265-6.

[17] KNAPPE, H.: *Nichtlineare Regelungstechnik und Fuzzy-Control.* Expert Verlag, 1994. ISBN 3-8169-1052-1.

[18] MAYER, A.; MECHLER B.; SCHLINDWEIN, A.; WOLKE, R.: *Fuzzy Logic.* Addison-Wesley, 1993. ISBN 3-89319-443-6.

[19] REGHIS, M.; ROVENTA, E.: *Classical and fuzzy concepts in mathematical logic and applications.* CRC Press LLC, 1998. ISBN 0-8493-3197-8.

[20] ROMMELFANGER, H.: *Fuzzy Decision Support-Systeme. Entscheiden bei Unschärfe..* Springer, 1994. ISBN 3-540-57793-9.

[21] ROMMELFANGER, H.: *Fuzzy Control und Fuzzy Logic-basierte Expertensysteme.* Frankfurter Volkswirtschaftliche Diskussionsbeiträge. Working Paper No. 19. Johann Wolfgang Goethe Universität Frankfurt, 1991.

[22] ROMMELFANGER, H.; UNTERHARNSCHEIDT, D.: *Zur Kompensation divergierender Kennzahlenausprägungen bei der Kreditwürdigkeitsprüfung mittelständiger Unternehmen.* Operations Research Proceedings 1986. Berlin - Heidelberg - New York (1987), pp. 361-369.

[23] SCHWEIGERT, D.: *Some aspects of optimization and decision theory.* Science Research Education, SRE'2000, Zielona Góra, Poland, 2000.

[24] SCHWEIZER B.;SKLAR A.: *Associative functions and statistical triangle inequalities.* Publications Mathematicae Vol 8, pp.169-186. Debrecen 1961.

[25] SPIES, M.: *Unsicheres Wissen.* Spektrum Akademischer Verlag, 1993. ISBN 3-86025-006-X.

[26] THIELE, H.: *Einführung in die Fuzzy-Logik.* Vorlesung. Universität Dortmund, 1995.

[27] WEBER, S.: *A general concept of fuzzy connectives, negations and implications based on t-norms and t-conorms.* Fuzzy Sets and Systems 11 (1983), pp. 115-134.

[28] WERNERS, B.: *Interaktive Entscheidungsunterstützung durch ein flexibles mathematisches Programmiersystem.* Minerva-Publikation München, 1984. ISBN 3-597-10431-2.

[29] ZADEH, L.A.; ET AL.: *Fuzzy Logic for management of uncertainty.* John Wiley & Sons, 1992. ISBN 0-471-54799-9.

[30] ZADEH, L.A.: *Fuzzy Sets.* Information and Control 8 (1965), pp. 338-353.

[31] ZADEH, L.A.; ZIMMERMANN, H.-J.; ET AL.: *Fuzzy Sets and decision analysis.* Elsevier Science Publishing B.V., 1984. ISBN 0-444-86593-4.

[32] ZADEH, L.A.; ET AL.: *Fuzzy Sets and their applications to cognitive and decision processes.* Academic Press, 1975. ISBN 0-12-775260-9.

[33] ZIMMERMANN, H.-J.: *Fuzzy set theory and its applications.* Kluwer-Nijhoff Publishing, 1985. ISBN 0-89838-150-9.

[34] ZIMMERMANN, H.-J; ET AL.: *Fuzzy Technologien: Prinzipien, Werkzeuge, Potentiale.* VDI-Verlag, 1993. ISBN 3-540-62199-7.

Stichwortverzeichnis

Zeitfracht Medien GmbH
Ferdinand-Jühlke-Straße 7
99095 Erfurt, Deutschland
produktsicherheit@kolibri360.de